陕西师范大学中国语言文学“世界一流学科建设”成果

LUOJIXUE JIAOCHENG

主 编◎赵 颖

逻辑学教程（第二版）

中国人民大学出版社

·北京·

前　言

逻辑学，旧称名学、论理学。联合国教科文组织将逻辑学列为与数学、物理学、化学、天文和天体物理学、地理科学和空间科学、生命科学并列的七大基础学科之一。而呈现在读者面前的这本书，严格来说它属于一本定位于实用、适用的辅导教材，不仅传达逻辑学的知识，更加注重培养读者的实际应用能力。同时，本书的另一个特点在于力求从时效性上展望未来，从知识面上拓宽视野，以便使读者能从发展的角度提高自己的思维水平。

编写本书的动机如下：

第一，在竞争激烈的当今社会，我们同时面临着巨大的机遇和挑战，然而，不论应对何种挑战，个人的思维能力和表达水平都起着至关重要的作用，在这种背景下，学点逻辑学，能动地提高自己的思维水平不失为明智之举。比如学生在学校读书，很少去仔细评判学习内容，因为总觉得它肯定正确，看报纸、电视也一样，仅仅是被动地吸收信息，很少去研究它。逻辑学的学习采取的完全是另一种态度。当读者学习了逻辑学之后，在日常生活中看到或听到信息后，能以更敏感的态度去审视，就将是逻辑学带来的直接好处和乐趣。简而言之，逻辑学就是教会人们怎样用严谨的思维和科学的方法去证明或者推翻他人的观点。

第二，逻辑学作为思维形式及其规律的科学，也是一门工具性学科，它可以帮助我们掌握逻辑学的基础知识、基础理论，运用给出的信息和已掌握的综合知识，通过理解、分析、综合、判断、归纳等过程，引出概念、寻求规律，对事物间的关系或事件的走向作出合理判断与分析，确定解决问题的途径和方法，从而提高我们的思维能力和表述能力，准确地表达思想，防止日常生活和工作中的逻辑错误。与此同时，加强逻辑思维的训练，提高分析问题与解决问题的能力，可为学习其他知识打下坚实的基础。

“学以致用，知行结合”是逻辑学教学的基本原则之一。逻辑学的学习过程不是抽象的理解和记忆，对于学习这门课程的人而言，重点是把逻辑知识转入实践，实现生活的逻辑和应用的逻辑。逻辑学对于思维素质培养是具有普遍意义的，更是科学精神与人文精神的统一。它不仅是求真的途径，亦是求善的工具。

第三，关于批判性思维的培养。我国现在的教育仍主要采用以知识的记忆为主的应试教育模式。中国传统的文化、教育理念和当前的教育模式制约了中国人的创新能力。在我国教育特别是高等教育中需要培育批判性精神，树立学生采用批判性思维对所学知识的真实性、精确性、价值等进行评价。因此，对当代学生进行批判性思维的培养，是刻不容缓的历史任务。

20 世纪初，美国现代批判性思维之父杜威把批判性思维界定为“积极地、持续地和细致地审视任何信念或被假定的知识形式，洞悉支持它的理由以及它所指向的进一步结论”。简单来说，批判性思维就是通过一定的标准评价思维，进而改善思维。批判性思维的认知技能的核心包括解释、分析、评估、推论、说明和自我调控六个方面。批判性思维的基本理论预设是：任何观点或思想都可以并且应该受到质疑和批判；任何观点或思想都应该通过理性的论证来为自身辩护；在理性和逻辑面前，任何人或思想都没有对于质疑、批判的豁免权。批判性思维要培养学生这样的品质：不盲从、不迷信，遇事问为什么；清楚地、有条理地思考，追求合理性；注重推理和论证的实际运用。

批判性思维的态度实际上是一种哲学态度。它对一切问题都要追本溯源、寻根究底，作一番反省性或前瞻性的思考；它在别人从未发现问题的地方发现问题，对人们通常未加省察和批判就加以接受的一切成见、常识等进行批判和省察，质疑它们的合理性和存在权利。

第四，近年来，本人一直在进行逻辑学的教学实践工作，在教学过程中，接触到了不同类型的教材。本人拙见，一本适合当前社会需要的逻辑学教材既不能过于深奥、枯燥，让广大的读者望而却步，又不能太俗、太浅，止步于点到为止，而必须理论联系实际，达到指导读者日常工作和学习的目的。在知识架构上，包含各种概念、命题、推理，能帮助读者进行正确的推理和论证；在能力素质方面，能做到理性精神的培养和锻炼。

本书在内容安排上，秉持从理论到应用的思路，将全书内容分为九章，第一章为导论，第二章至第六章侧重基本理论的阐释，其余章节则侧重逻辑理论的应用，通过对学科知识脉络清晰、深入浅出地讲授，力求做到既有知识性，又有趣味性。

因此，建议读者在使用本书时，在学习逻辑知识的过程中解题，在解题的过程中巩固自己的逻辑知识。换而言之，就是要勤于思考，善于学习，尤其在学习逻辑知识的时候，要考虑每一个知识点常用来做什么，在做逻辑学的练习题时，考虑它的逻辑推理的角度是什么。逻辑学是一门很有意思的课程，不要为了学习而学习，我们要提高的是分析问题的能力。

在本书的编写过程中，笔者一方面查阅了国内外许多逻辑学教材和相关文献资料，另一方面采纳了教学过程中学生的意见反馈。在此，对相关的学者和学生谨表谢意。倘若本教材能引起读者对逻辑学进一步的思考和兴趣，成为一本大家能读懂的逻辑学教材，让逻辑学真正“飞入寻常百姓家”，我想这本书的使命也算完成了。

赵　颖

目 录

第一章

导　论

逻辑学是一门日用而不知的学问。我们每天都在自觉或不自觉地运用大脑进行思维。对这种思维方式的运用和对思维规律性的研究就是逻辑学的任务。

本章知识点

1.“逻辑”一词的含义

2.逻辑学的三大发源地

3.逻辑学的研究对象

4.命题和推理的形式结构

学习要求

理解“逻辑”这一语词在不同语境下表达的含义。了解逻辑学的三大发源地，并能结合历史文化现象分析每个发源地创生逻辑学的特点。把握逻辑学的形式结构，熟练辨识逻辑常项和逻辑变项。

第一节　“逻辑”的含义与历史

一、“逻辑”的含义

“逻辑”是一个外来词，它是由英文 Logic 音译过来的，就像“沙发”“咖啡”这类词一样。英文 Logic 又源于希腊文 λσγος（逻各斯）。

λσγος→Logic→逻辑

“λσγος”是个多义词，原意指“理性”“理念”“谈话”“判断”“概念”“定义”“根据”“关系”“词”“思想”“规律性”等。赫拉克利特最早将这个概念引入哲学，在他的著作残篇中，这个词也具有上述多种含义，但他主要是用这个词来说明万物的生灭变化具有一定的尺度，虽然万物变幻无常，但人们依然能够把握它的规律。在这个意义上，“逻各斯”是西方哲学史上最早提出的关于规律性的哲学范畴。亚里士多德用这个词表示事物的定义或公式，具有事物本质的意思。西方各门科学如“生物学”“地质学”中词尾的“学”字（-logy），均起源于“逻各斯”这个词，“逻辑”一词也是由它引申出来的。欧洲中世纪时，一些西方学者使用“逻辑”专指研究推理论证的学问。

我国近现代学者曾用“名学”“辩学”“理则学”“伦理学”来翻译英文Logic。西方的逻辑学传入我国，始于明朝李之藻翻译《名理探》一书。但由于文字晦涩难懂，该书并没有在国内引起过多关注。西方的逻辑学真正系统地传入中国是在19世纪末20世纪初。这一时期的代表作有1896年艾约瑟的《辩学启蒙》，1905年和1908年严复的《穆勒名学》《名学浅说》。严复在翻译《穆勒名学》时，首次将“Logic”翻译为“逻辑”，但并没有将“逻辑”这个词定为这门学科的名称，他将逻辑学称为“名学”，是因为中国先秦时期就有了“名学”的概念。直到20世纪30年代以后，中国才逐渐通用“逻辑”这一译名。

20世纪的中国逻辑学受到了西方逻辑学的影响，但较之前有了更强的独立性，甚至出现了一个研究形式逻辑的高潮。以金岳霖为首的清华学派运用和倡导逻辑分析法，强调在哲学研究中注重逻辑分析。冯友兰在20世纪30年代出版的《中国哲学史》中运用了逻辑分析法，其创立的“新理学”在澄清传统哲学的概念、注重论证的严密性、追求科学思想形式上的系统性等方面独树一帜。张申府、张岱年也把逻辑解析视为哲学的题中应有之义。

在现代汉语里，“逻辑”是个多义词。一般来说，它有以下四种含义：

(1) 某种理论观点。例如：“不经历风雨，怎能见彩虹，这是强者的逻辑。”

(2) 思维的规律性。例如：“应该合乎逻辑地思维，明确地表达思想。”“这篇论文的逻辑性很强。”这里的“逻辑”是指思维要合乎思维的规律。

(3) 客观事物的规律性。例如：“谦虚使人进步，骄傲使人落后，这是生活的逻辑。”“龟兔赛跑，兔子居然跑不过乌龟，这是什么逻辑？”

(4) 与“逻辑学”一个意思，指研究思维形式及其规律的科学。例如：“大学生必须学好逻辑课。”“逻辑学之父是亚里士多德。”“逻辑很难学。”这里的“逻辑”便是指逻辑学。

二、逻辑学的历史和现状

逻辑学是一门古老的科学，从它产生至今已有2 000多年的历史了。在公元前6世纪左右，古代中国、古代印度和古希腊的学者，就各自独立地建立了自己的逻辑学说。它们分别是“名辩之学”“因明”和古希腊的逻辑学。其中，古希腊的逻辑学最为系统，因而在世界逻辑学发展史上影响也最大、最深。

（一）中国

中国春秋战国时期，诸侯林立，各诸侯国为强国图治广招贤士，由此产生了一批古代思想家。他们提出各种政治、伦理、经济学说，形成了百家争鸣的繁荣局面。争辩之风导致对争辩方法的研究，产生了先秦名辨学说，也就是中国古代的逻辑思想。其主要内容表现在惠施、公孙龙、墨子、荀况、韩非等人的著述或言论中，他们对名辩逻辑的产生做出了重要贡献。其中墨家的著作《墨经》和荀子的《正名篇》在逻辑上的贡献最为卓著。

先秦的逻辑意识集中于墨家的著作《墨经》中，它全面论述了“辩”的对象、范围和性质，提出了名、辞、说等基本思维方式，总结了假、或、效、譬、侔、援、推等具体论式，揭示了推理论证中的思维规律等。墨子提出要把“辩”（逻辑的推理和论证）作为一门专门的技术加以学习和研究。同时，《墨经》提出了“以名举实，以辞抒意，以说出故”

的光辉思想。这里所谓“名”，相当于概念；所谓“辞”，相当于命题；所谓“说”，相当于推理。这说明，在人们的思维和论证过程中，概念是用来反映事物的，命题是用来表达思想认识的，推理是用来推导事物的因果联系的。显然，这是对概念、命题、推理的本质和作用所作的精辟说明。

又如，《墨经·经说（上）》说：“或谓之牛，或谓之非牛，是争彼也，是不俱当。不俱当，必或不当。”这就是说，“是牛”和“不是牛”这两个论断不能都成立，必有一个不能成立，这里实际上表述了矛盾律的基本思想。再如，墨家善于使用类比推理。《墨子·非攻（上）》中谈道，杀一人、十人、百人，谓之不义，天下君子皆知而非之，攻国是大不义而不知非，却谓之义，是不懂得义与不义的区别。这里把杀人与攻国同归于不义一类，从杀人应当“非之”推出攻国亦应“非之”的结论，这就是使用类比推理。这些都说明《墨经》中具有丰富的逻辑思想。《墨经》所提出的关于“名”的分类思想和划分原则，关于由“故”“理”“类”三物构成的“三物论式”在“立辞”（论证）中的推论形式关系，关于“假”“或”“效”等假言、选言、直言等基本命题性质和演绎推理形式，关于对当关系中的直接推理，关于词项的周延理论和对形式逻辑同一律、矛盾律、排中律的全面揭示，都已达到或接近古代希腊亚里士多德逻辑学的水平，这无疑是中国逻辑学史上最光辉和最值得骄傲的一页。

战国时期的公孙龙（约公元前 320 年—约公元前 250 年）第一个从理论的高度提出了“唯乎其彼此”的正名理论和同一律原则，并精辟地揭示了种名（“白马”）与属名（“马”）在内涵、外延方面的种属差别及包含关系，公孙龙力倡“白马非马”之说，在《公孙龙子》一书中对这一命题作了详细的分析和论证：“白马为非马者，言白所以名色，言马所以名形也；色非形，形非色也。夫言色则形不当与，言形则色不宜从，今合以为物，非也。如求白马于厩中，无有，而有骊色之马，然不可以应有白马也。不可以应有白马，则所求之马亡矣；亡则白马竟非马。”这一论证的主要意思是：第一，“马”这一名是只命形不命色的；“白马”这一名是既命形又命色的。但“马”之不命色并不是否定马有色，而只是强调“马”不取其确定的颜色，它实际上是包括各种颜色的。“白马”之命色，是专取其确定的白色的，可以不包括黄色、黑色等非白色。从逻辑上分析，“白马”与“马”虽然具有马形的共性，却又有“包括各种颜色”与“仅指白色”的区别，这就从内涵上区别了“白马”和“马”这两个种属概念。第二，“求马，黄、黑马皆可致；求白马，黄、黑马不可致。”即黄马与黑马都可以视为马，但不能视为白马，因此求马与求白马是不能等同的。即“马”中是包括黄马、黑马的，“白马”中不包括黄马、黑马，从而在外延上揭示了“白马”与“马”这两个概念的区别。公孙龙还在《白马论》中指出，“马固有色，故有白马”，这就明确肯定了马中是包括白马的。由此表明，公孙龙从类的种属关系上，承认“白马是（包含于）马”这一常识命题，并确定“白马”与“马”的区别不是排斥和全异的关系，而是种概念和属概念的关系。第三，根据公孙龙的分析，“非”在“白马非马”这一命题中只是当作“有异”“不等同”解释，并不当作“全异”“不包含于”解释。因此，“白马非马”这一命题也明确揭示了一般与个别的辩证关系。

此外，《庄子·杂篇·天下》中有“狗非犬”“孤驹未尝有母”“火不热”“矩不方，规不可以为圆”“飞鸟之景未尝动也”等著名的逻辑论断。

古代中国形成了比较完整的名辩学体系，在概念、命题、推论、论证等思维形式及其规律方面都有相当丰富、相当系统的思想和理论，使中国自己创立的逻辑思想和理论达到了中国古代逻辑思想的高峰，与欧洲形式逻辑、印度因明逻辑并称为世界三大传统逻辑。可惜的是，秦汉以后，由于种种原因，我国古代曾经兴盛一时的逻辑学说走向了衰落，没有获得进一步发展。

（二）印度

古代印度的逻辑学主要是“正理论”和“因明”，它起源于古印度公元 1 世纪左右盛行的辩论术，以婆罗门的“正理论”和佛教的“因明”为代表。“正理论”的发展包括古正理和新正理。“因名”是佛家逻辑的专称。“因”指推理的依据。“明”即知识、智慧。“因明”就是古代印度关于推理、论证的学说，它在形成和发展的过程中，是和认识论结合在一起的。

古代印度的逻辑学的代表著作有：陈那的《因明正理门论》、商羯罗主的《因明入正理论》等。在这些著作中，作者研究了推理和论证的方法，形成了古代印度特有的逻辑理论和体系。例如，陈那提出的“三支论式”，认为每一个推理形式都是由“宗”“因”“喻”这三部分组成的。这里所谓的“宗”，相当于三段论的结论；所谓“因”，相当于三段论的小前提；所谓“喻”，相当于三段论的大前提。如：

宗：此山有火。

因：此山有烟。

喻：（固喻）凡有烟的地方皆有火，如厨房；

（异喻）凡无烟的地方都无火，如湖。

由此例可见，“三支论式”虽与三段论有所不同，但是它们在推理形式上是基本一致的。

值得一提的是，古代印度的逻辑学，不管是早期富差延那、乔达摩、乌地阿达克拉所代表的正理派逻辑，还是陈那及其弟子们所创立的新因明，都是十分注重论证的逻辑学。唐玄奘翻译的《因明正理门论》开篇便是：“为欲简持能立能破义中真实，故造斯论。”所谓“能立”，便是证明，所谓“能破”，便是驳斥，二者都是论证的主要方式。

但是，在历史的进程中，古代中国和古代印度的逻辑都有中断，没有进入世界逻辑的主流；中国古代推崇“通人之学”，讲求融会贯通的学科体系，没有将逻辑学作为一个独立的学科分离出来系统化。因此，古代中国和古代印度都无缘“逻辑学诞生地”的美称。

（三）古希腊

古希腊是逻辑学的主要诞生地，有相对完整的历史，后来成为世界历史逻辑发展的主流。但是，在古希腊，并不是一个而是一批学者对逻辑学作出了贡献。例如，德谟克利特（约公元前 460—公元前 370 年）研究了概念的定义以及类比、假设、归纳等逻辑问题；苏格拉底（约公元前 469—公元前 399 年）对于演绎和归纳的意义做了实质性的探讨；柏拉图（约公元前 427—公元前 347 年）继续研究了定义、划分以及判断的逻辑形式。

但是真正对逻辑学进行了全面的研究，并且在历史上建立了第一个演绎逻辑系统的是柏拉图的学生亚里士多德。他著有《范畴篇》《解释篇》《前分析篇》《后分析篇》《论辩篇》《辨谬篇》，后人把它们收集在一起，合称《工具论》。这是一部划时代的逻辑学著作。其中，《范畴篇》主要研究了概念、范畴和定义问题，《解释篇》主要研究了命题及其种类和关系问题，《前分析篇》《后分析篇》主要研究了推理和证明问题。《论辩篇》和《辨谬篇》主要研究了辩论的方法以及如何驳斥诡辩的问题，此外，亚里士多德在其主要哲学著作《形而上学》中，明确地提出并表述了矛盾律和排中律，同时也涉及同一律。亚里士多德的逻辑系统着重于从形式结构方面探讨思维，因此他所创立的逻辑又被称为形式逻辑。同时，亚里士多德的逻辑是以对概念（词项）的研究为基础的，所以，现在也有人将其逻辑称为“词项逻辑”。亚里士多德对逻辑学的重大贡献，奠定了西方逻辑学的发展基础，因此他被称为“逻辑学之父”。

例如，亚里士多德只使用第一格的 AAA 式、EAE 式和 E 命题换位律三条公理，就推出了三段论的所有 24 个有效式，这就证明三段论是一个自足的公理系统。更值得关注的是，亚里士多德的三段论又是一个与现代逻辑中命题逻辑、一阶谓词逻辑都不相同的、关于词项关系的、特殊的推理系统。亚里士多德创立的以三段论为核心的演绎逻辑学，是人类历史上第一个较为完整的逻辑学体系。人类历史上第一门成形的科学——几何学就是欧几里得在逻辑演绎法的指导下构造的。欧几里得从少数被认为是不证自明的公理出发，按照逻辑原理，推演出一系列定理或命题。这正是演绎式科学方法的基本特征。近代的牛顿效仿欧几里得，用公理方法把前人的力学知识加以系统化，形成了一个逻辑体系，牛顿的经典著作《自然哲学的数学原理》就是由许多概念、命题、推理组成的。后来拉格朗日的力学著作、克劳修斯的热力学著作、斯宾诺莎的哲学著作，也都是用类似方法写成的。

在亚里士多德之后，古希腊的斯多噶学派着重研究了亚里士多德逻辑学体系中所欠缺的有关假言命题、选言命题、联言命题以及由它们所组成的推理形式，并且提出了不同类型的推理规则和逻辑公式，这是传统形式逻辑的一个重大发展，由于这部分内容是建立在对命题进行研究的基础上的，所以人们称之为“命题逻辑”。命题逻辑推动了亚里士多德所创立的逻辑体系的发展和完善。

欧洲中世纪时，为教会服务的经院哲学束缚着人们的思想，亚里士多德逻辑被歪曲，变成了论证上帝存在的工具，然而，即使在这一时期，逻辑学作为一门独立的科学仍在顽强地发展，内容也进一步地丰富起来。这一时期的逻辑学家进一步研究了词项理论（包括对范畴词与非范畴词的研究、指代理论的研究等），创立了推论的学说。这一时期出现了一些有影响的逻辑教本，如西班牙彼得的《逻辑大全》；对一些逻辑问题进行了新的探讨，发展了斯多噶学派的命题逻辑；研究了语义悖论及其解决方法等。

然而，由于科学发展水平的限制，亚里士多德及其后继者所创立的逻辑学呈现出重视演绎逻辑、轻视甚至贬低归纳逻辑的特点，以至于被后世称为演绎主义者。这是因为在当时，演绎逻辑可以在正确的前提下得出正确的结论，例如：

是人都会死，

苏格拉底是人，

所以，苏格拉底会死。

但是，同样正确的前提，在归纳逻辑那里却不一定得到正确的结论，例如：

德谟克利特会思维，

苏格拉底会思维，

柏拉图会思维，

德谟克利特、苏格拉底、柏拉图是人，
所以，是人就会思维。

17 世纪，随着经验自然科学的兴起和发展，归纳逻辑的意义日益凸显。英国哲学家弗朗西斯·培根提出了归纳法，奠定了归纳逻辑的基础，培根的主要著作是《新工具》，在这部著作中，培根批评了亚里士多德的演绎逻辑，陈述了“三表法”和“排除法”，所谓“三表”，是指“存在和具有表”“差异表”“程度表”。通过这三个表，把观察到的事物现象加以整理和排列。所谓“排除”，就是从三表中把那些不相干的性质舍弃掉，进而找到事物现象间的因果联系，发现事物的一般规律。培根认为，这才是“真正的归纳法”。同时，培根把逻辑学的重要性上升到一个非常重要的阶段，在他的著作《论读书》中，他说道：“读史使人明智，读诗使人灵秀，数学使人周密，自然哲学使人深奥，伦理学使人庄重，逻辑修辞学使人善辩”。

公元 1662 年，法国出版了安托尼·阿尔诺和皮埃尔·尼古拉合著的《波尔·罗亚尔逻辑》，这是一本逻辑学教科书，包括四大部分，分别讨论了概念、命题、推理和方法问题，至此，演绎、归纳和一般方法融为一体的传统逻辑便有了一个雏形。

此后，英国哲学家约翰·穆勒继承并发展了培根的归纳逻辑，在他所著的《逻辑体系：归纳和演绎》（我国近代学者严复译为《穆勒名学》）中系统地阐述了寻求现象间因果联系的五种方法，即契合法、差异法、契合差异并用法、共变法和剩余法，逻辑史上称为“穆勒五法”。这就进一步丰富了传统逻辑的内容，弥补了亚里士多德及其后继者创建和发展起来的逻辑体系的不足，穆勒也因此成为传统的归纳逻辑的集大成者。

但是，必须指出的是，比起亚里士多德及其后继者，培根和他的后继者走向了另一个极端：强调归纳法的重要意义，忽视甚至贬低演绎逻辑的意义，这是由于他们认为演绎的结论早就蕴藏在前提之中，不可以带给人们新的知识，但是归纳相反，其结论超出前提的范围，所以培根才会针对亚里士多德的《工具论》，把自己的逻辑学著作称做《新工具》，以至于被人们称为归纳主义者。

经过长时间的归纳与演绎之争，逻辑学逐步走向繁荣，同时，逻辑学者们发现，不论是演绎逻辑，还是归纳逻辑，都有着各自独特的价值，无所谓相互代替，于是，二者相互协调统一的新逻辑体系随之诞生。

所谓现代逻辑，就是数理逻辑，也称符号逻辑。通常理解的数理逻辑包括一阶逻辑、模型论、公理集合论、递归论和证明论。广义的数理逻辑还包括高阶逻辑，包括现在统称的哲学逻辑的各种非经典逻辑，以及现代归纳逻辑。

数理逻辑的发展有两个源泉：一是作为数学，它来源于对数学基础研究的推动。早在 17 世纪末，德国哲学家莱布尼茨就提出了用数学方法处理演绎逻辑，他希望创造一种“万能的数学”，可以用计算代替思考，人们之间万一发生争执，只需要拿起笔来算一算就行了。他在 1666 年发表的《论组合术》一书中，提出了建立一种表意的普遍语言及思维演算，并成功地把命题表达为符号式，因而他成为数理逻辑的开拓者和奠基人。一百多年以后，英国数学家布尔建立了第一个逻辑演算系统“逻辑代数”（即布尔代数），把莱布尼茨的思想变成了现实，成为全新的现代演绎逻辑体系即数理逻辑的早期形式。20 世纪初，英国人罗素和德国人弗雷格等人在总结前人的基础上，建立起命题演算和谓词演算这两个基础演算，使数理逻辑进一步系统和完善起来，发展成为一门新兴的学科。1910—1913

年出版的巨著《数学原理》，就是这方面的主要成果。20 世纪 30 年代初，歌德尔证明了两条不完全性定理，这一成果标志着数理逻辑已发展到一个新的阶段。20 世纪 40 年代以来，数理逻辑又得到迅速发展，主要表现在两个方面：第一，集合论、证明论、递归论和模型论作为数理逻辑的主要分支学科，应运而生并发展起来；第二，在命题演算和谓词演算的基础上，从二值的外延逻辑向非二值或非外延的逻辑发展，出现了模态逻辑、时态逻辑、道义逻辑、多值逻辑、相干逻辑、模糊逻辑等。人们把二值的外延逻辑称为经典逻辑或标准逻辑，把非二值或非外延的逻辑称为非经典逻辑或非标准逻辑。

数理逻辑发展的第二个源泉是思维科学，它来源于人类对日常思维的命题形式和推理规则做精确化、严格化研究的推动。在数理逻辑长足发展的时候，辩证逻辑的理论和体系开始建立起来。19 世纪德国古典哲学家黑格尔在批评旧逻辑中的形式主义和形而上学的基础上，用极大的精力研究了人类辩证思维的形式和规律，提出了第一个辩证逻辑的体系，虽然这个体系是建立在唯心主义基础上的，但是，其中却包含有不少合理的内容和深刻的思想。19 世纪中叶以后，马克思、恩格斯和列宁对辩证逻辑有许多精辟的论述，他们运用辩证唯物主义的观点和方法来研究逻辑问题，在批判黑格尔辩证逻辑体系中的唯心主义观点的同时，吸收了其中合理的因素，为科学的辩证逻辑奠定了坚实的基础。

在数理逻辑大发展的同时，归纳逻辑也有了新的发展，其主要趋势是归纳方法与概念统计方法相结合，并且运用了数理逻辑工具。1921 年，凯恩斯构造了一个归纳概率的公理系统。20 世纪 30 年代，赖兴巴赫又构造了一个新的归纳逻辑体系。20 世纪 40 年代以后，卡尔纳普等人对概率逻辑作出了重要贡献。此外，归纳逻辑还有一个发展方向，即从科学方法论的角度来研究归纳逻辑在科学发现中的表现模式和作用，当前科学逻辑的兴起就是这方面的新趋势。

恩格斯曾经说过："每一时代的理论思维，包括我们这个时代的理论思维，都是一种历史的产物，它在不同的时代具有完全不同的形式，同时具有完全不同的内容。因此，关于思维的科学，也和其他各门科学一样，是一种历史的科学，是关于人的思维的历史发展的科学。"[①] 逻辑学从传统逻辑向现代逻辑的发展，正好说明了这一点。传统逻辑和现代逻辑属于逻辑发展的不同阶段，二者既有密切联系，形式和内容又有不同。从亚里士多德逻辑到数理逻辑产生以前的逻辑统称为传统逻辑，数理逻辑和归纳概率逻辑等统称为现代逻辑。

传统逻辑与现代逻辑有联系，这不仅指现代逻辑是传统逻辑的发展，也指两者对象与内容的相关。传统逻辑又与现代逻辑有区别，它们的重要区别是：首先，传统逻辑与现代逻辑的研究对象不完全相同，例如类比与假说是传统逻辑的重要内容，一个公理系统的完全性与无矛盾性则是现代逻辑研究的内容。其次，传统逻辑与现代逻辑在人们的实践中所起的认识作用有些区别，传统逻辑是一般思维中的便利工具，而现代逻辑是数学研究中的有用工具，它运用一些数学方法对思维形式类型进行研究，这种研究的成果对数学、计算机科学、人工智能等科学的发展有重要意义。最后，传统逻辑和现代逻辑所使用的工具语言不同，传统逻辑的研究主要运用自然语言，因为自然语言本身具有模糊、歧义性等特

① 马克思，恩格斯. 马克思恩格斯选集：第 3 卷. 北京：人民出版社，2012：873-874.

点，使得传统逻辑在理论上有某些缺陷。但是自然语言同我们的日常经验比较接近，更有亲和力，而现代逻辑由于使用符号语言和数学方法，所以较传统逻辑更为精确，研究的内容也更为宽泛和深刻，甚至在现代科技，特别是计算机科学中有所应用，可以说，在不同历史和文化背景下产生的传统逻辑与现代逻辑，既有区别的一面，也有相连与互补的一面。

练习：

请指出下列命题中“逻辑”一词的含义。

1. 写文章要讲逻辑，就是要注意整篇文章的布局，开头部分、主体部分、结尾部分要有一种内在的联系，不要互相冲突。

2. 令我佩服的是列宁演说中那种不可战胜的逻辑力量，这种逻辑力量紧紧地抓住听众，一步一步地感染听众，然后把听众俘虏得一个不剩。

3. “人不为己，天诛地灭”，这是极端个人主义者的逻辑。

4. 帝国主义的逻辑和人民的逻辑是这样的不同。捣乱、失败、再捣乱、再失败，直至灭亡，这就是帝国主义和世界上一切反动派对待人民事业的逻辑，他们是决不会违背这个逻辑的。

5. 在以往的全部哲学中还仍旧独立存在的，就只有关于思维及其规律的学说——逻辑和辩证法。

6. 只有更多地深入实际、深入生活，创作出的作品才能真实地反映现实生活的逻辑。

7. 这样，对于已经从自然界和历史中被驱逐出去的哲学来说，要是还留下什么的话．那就只留下一个纯粹思想的领域：关于思维过程本身的规律的学说，即逻辑和辩证法。

8. 在有些人看来，贪官奸，清官要更奸——做个很坏的好人，这真是个奇怪的逻辑。

9. 虚构、夸张是文学创作的必要手段，但它不曾离开现实生活的逻辑，其目的在于更概括、更真实、更典型地表现事物的本质。

10. 只论立场，不论是非：人人都会犯的十二个逻辑错误。

第二节　逻辑学的研究对象

一、逻辑学与思维

逻辑学属于思维科学。逻辑学的研究对象主要是思维的形式结构及其规律的简单的逻辑方法。人之所以为人，是因为人会思维，会制造和使用工具，正如笛卡儿所说：“我思故我在”。那么，什么是思维？

从广义看，思维是一个与存在相对应的概念，是对客观事物的概括的、间接的反映。逻辑学专门研究的思维是狭义理解的思维，即只是与感性相对应的一个概念，专指人的理性认识。辩证唯物主义的认识论告诉我们，人的认识分为两个阶段：第一个阶段是感性认识阶段；第二个阶段是理性认识阶段，在感性认识的基础上形成概念，进而构成判断和推理，这个阶段就是思维阶段。

思维有着不同于感性认识的特点，具体如下：

首先，思维具有间接性。思维和感知不同，它是建立在过去的知识经验上的对客观事物的反映，因此具有间接性。例如，看到地上湿，推断刚才下过雨；根据各种数据推测其他星球状况等。正是由于思维的间接性，人们才可能超越感知提供的信息，认识那些没有直接作用于人的感官的事物的属性，从而揭示事物的本质和规律，实现推理。

其次，思维具有概括性。思维在大量的感性材料的基础上，把一类事物的共同特征和规律抽离出来加以认识，它使人们的认识活动摆脱了对具体事物的局限性和对事物的直接依赖性，扩大了人们认识的范围和深度。概括性的水平反映着思维的水平，它也是人们形成概念的前提，是思维活动得以进行的基础。

最后，思维和语言密不可分。思维和语言是紧密联系在一起的，人借助语言进行思维是人的思维与动物思维的最本质的区别，人类思维的高度发展与人类语言的高度发展是分不开的。没有无任何语言表达的赤裸裸的思维，也没有无任何思维内容的语言。

二、思维的形式结构

思维内容是指思维所反映的特定的对象及其属性。思维形式是指思维内容的反映方式（即概念、命题和推理等），思维的逻辑形式就是不同内容的命题和推理自身所具有的共同的形式结构。

思维是人脑的机能，它看不见，听不到，也摸不着。思维必须借助于语言这个物质外壳才具有直接的现实性，也才能成为一门学科的研究对象，逻辑学是通过研究语言的形式结构来实现对思维形式结构的研究的，它对思维形式结构的认定必须借助于对相关语言形式的分析。

（1）所有的商品都是劳动产品。

（2）所有的树都是植物。

（3）所有的球迷都是体育爱好者。

上述三句都是命题，它们分别陈述三类不同的对象具有不同的属性，内容各不相同。但它们却有共同的形式结构：

所有 S 都是 P

其中，“S”和“P”是可变的部分，可以用任何具体的词项去代换它们；“所有……都是……”是不变的部分，是这类命题所共同具有的，是“S”和“P”所表示的各不相同的具体思维内容间共同的联系方式。

（4）如果张山是案犯，那么张山有作案时间。

（5）如果下雨，那么地上就会湿。

（6）如果考试不及格，那么就要补考。

这三个命题各有不同的内容，但也有共同的形式结构：

如果 p，那么 q

其中，“p”和“q”是可变的部分，可以用任何具体命题去代换它们；“如果……那么……”是不变的部分，是这一类命题所共同具有的，是“p”和“q”所表示的各不相同的具体思维内容间共同的联系方式。

（7）所有违法行为都是要受法律追究的，
所有贩毒行为都是违法行为，
所以，所有贩毒行为都是要受法律追究的。

（8）所有的学生都要学习逻辑，
张山是学生，
所以，张山要学习逻辑。

以上两例是推理，它们的具体内容不同，但也有共同的形式结构，它们都由三个命题组成，其中包含三个不同的词项。它们所具有的形式结构可表示为：

所有的 M 都是 P
所有的 S 都是 M
所以，所有的 S 都是 P

其中，“M”“P”“S”是可变的部分，可以用任何具体的词项去代换它们；其余的部分则是不变的部分，是这一类推理所共同具有的，是“M”“P”“S”所表示的具体内容间的共同联系方式。

（9）如果考试不及格，那么就要补考，
王武考试不及格，
所以，王武要补考。

（10）如果张山是案犯，那么张山有作案时间，
张山是案犯，
所以，张山有作案时间。

以上两例也是推理，它们的具体内容也不相同，但有着共同的形式结构：

如果 p，那么 q
p
所以，q

其中，“p”和“q”是可变的部分，可以用任何具体的命题去代换它们；其余的部分则是不变的部分，是这一类推理所共同具有的，是“p”和“q”所表示的具体内容间的共同联系方式。

从上面所举的例子可知，具体来说，思维的形式结构就是指：由词项构成的各种不同内容的命题自身所具有的共同结构，以及由命题构成的各种不同内容的推理自身所具有的共同结构。它是由逻辑常项和逻辑变项组成的。

逻辑常项是指逻辑形式中不变的部分，即在同一种逻辑形式中都存在的部分，它有着固定的意义，是区分不同种类的思维形式结构的唯一依据。逻辑变项是指逻辑形式中可变的部分，即在逻辑形式中可以表示任一具体内容的部分，变项不论代入何种具体内容，都不会改变其逻辑形式。例如，在“所有 S 都是 P”这一逻辑形式中，“所有……都是……”不能任意改变，是逻辑常项；“S”和“P”是逻辑变项。

显然，思维的形式结构是思维具体内容的一种抽象。因此，思维形式结构自身具有特殊的规律性，人们如果要通过思维获得正确认识，就必须遵循这方面的规律。

逻辑学对思维形式结构的考察，是从它所表现的思维的真假关系方面来进行的。思维形式结构本身无所谓真假，但其中的变项代入具体内容后，便形成了有真有假的具体思想。同一思维形式结构在不同的变项代入后，成为有不同内容的具体思想。这些具体思想事实上是真是假，即是否符合客观事物情况，逻辑学并不能解决。逻辑学关心的是，当变项代入具体内容时，基于思维形式结构的不同，其真假情况所表现出的规律性，这种规律性在于：有一类思维形式结构在任意代入下都表达真实的思想内容，这类思维形式结构称为逻辑规律。

三、演绎和归纳

如前所述，逻辑形式结构是思维形式组成要素的联系方式，是各种具体思维形式中最一般、最共同的东西。而逻辑规律是思维的具体内容在联系方式上的必然性、强制性，是我们进行推理时必须遵守的。逻辑学就是提供一种方法，使我们能够判定什么样的推理论证是有效的，哪些又是无效的。而推理的有效性表现为推理的前提与结论之间的一种逻辑关联。逻辑关联的方式有两种，即演绎与归纳。

例如，逻辑学在研究推理时，把推理分为两大类：一类是必然性推理，即演绎推理；另一类是或然性推理，包括归纳推理和类比推理。逻辑学研究推理的中心任务是：保证演绎推理形式的有效性，提高归纳推理和类比推理结论的可靠性。

（一）关于演绎推理的有效性

在一个演绎推理中，推理的有效性表现为由前提的真必然地推导出结论真，那么前提和结论的逻辑关联就是演绎的，这种前提和结论之间的必然联系保证了推理前提真时结论必然真，绝不会出现前提真而结论假的情况。当所有的前提为真时，其结论必然为真，这样的演绎推理形式就是有效的；否则，便是无效的。我们看下面几组例子：

（1）所有金属都是导体，
所有塑料都是金属；
所以，所有的塑料都是导体。

（2）所有金属都是导体，
所有人体都是导体；
所以，所有人体都是金属。

（3）所有金属都是导体，
所有铁都是金属；
所以，所有铁都是导体。

（1）前提虚假，形式有效，结论为假。（2）前提真实，但是形式无效，结论为假。（3）前提真实，形式有效，结论为真。我们可以看出，一个推理要保证得到一个真实的结论，需要满足两个条件：一是前提真实，二是形式有效。

（二）关于归纳推理和类比推理的可靠性

在归纳推理和类比推理中，前提与结论的联系是或然的，即使前提真，结论也未必真。例如：

我在文学院看到有爱好体育的学生；
在政治经济学院看到有爱好体育的学生；

在教育科学学院看到有爱好体育的学生；

在我所到过的学院都看到有爱好体育的学生；

所以，这个学校所有学院都有爱好体育的学生。

显然，这个推理的所有前提都真时，结论有可能是真的，但是否一定真不能确定。如果“我所到过的学院”的外延小于“这个学校的所有学院”，这相当于从部分推论全体，它的结论超出了前提，由前提真不能保证结论一定真。

因此，逻辑学在研究归纳推理和类比推理时，主要解决如何提高其结论的可靠性程度的问题。

练习：

请指出下列命题或推理的逻辑常项和逻辑变项分别是什么。

1. 填空题。

（1）任何逻辑形式都是由________和________两个部分组成的。逻辑形式的不同是由________的不同决定的。

（2）在“所有S不是P”这个命题形式中，逻辑变项是________；在（P∧q)→r中，逻辑常项是________。

（3）逻辑学作为一门古老的学科，其三大发源地是________、________、________。

（4）古希腊学者____________是传统逻辑的奠基人，被后世尊称为“逻辑之父”。

（5）p∨q与r∨s这两个逻辑形式，常项是___________，变项是___________。

2. 请指出下列命题或推理的形式结构，以及逻辑常项和逻辑变项分别是什么。

（1）所有真知都是来源于实践的。

（2）并非所有变量都已绑定。

（3）这个季度居民消费的统计数字有误，或者由于材料不可靠，或者由于计算有偏差。

（4）如果一部作品获奖，那么，它一定是优秀作品；《金瓯缺》是获奖作品；所以，它是一部优秀作品。

（5）一个数只有能被2整除，才能被4整除。

（6）所有偶数都能被2整除，所有奇数都不能被2整除，所以所有奇数都不是偶数。

（7）任何金属都是有光泽的；铜是金属，所以，铜是有光泽的。

（8）鸟都是有脊椎骨的；麻雀是鸟；所以，麻雀是有脊椎骨的。

（9）生命中真正重要的不是你遭遇到什么，而是你记住了哪些事，又是如何记住的。

第三节　逻辑与语言

一、逻辑形式与语言形式

思维对世界的反映是借助于语言来实现的，语言是表达思想的物质载体，思维的形式结构通过语言的合乎语言规则的构造得到体现。逻辑与语言之间的联系十分密切，无论是思维的产生，还是思维活动的实现以及思维成果的表达，都离不开语言。人们在运用概念、命题进行推理的思维活动时，是一刻也离不开语言的。没有言词、语句、句群，也就没有概念、命题和推理。

逻辑形式与语言形式之间也是有区别的。逻辑形式是不同的思维内容所具有的共同结构。语言形式是某种语言的具体表达方式。二者不是等同的，主要区别有以下两点：

第一，同样一种逻辑形式可以用不同的语言形式来表达。例如，“有些 S 是 P”可以用“有些学生是陕西人”“并非所有学生都不是陕西人”等不同的语言形式来表达。

第二，同样一个语言形式在不同的场合能表达不同的逻辑形式。例如，同样一个词语“白头翁”，在有些场合下指一种鸟，在另一些场合下指老年男性。

二、自然语言与人工语言

语言是形成、贮存和传递信息的表意符号系统，它是人们进行交际的主要工具。语言可以分为自然语言和人工语言。

自然语言是在社会长期发展中形成的、各个民族日常使用的语言，如汉语、英语、日语、俄语等都是自然语言。自然语言十分丰富，并且具有极强的表达力。人类各种知识的记载、保存和传播主要是借助自然语言实现的。但是，自然语言有其缺陷，它带有一定程度的多义性和模糊性，从而造成自然语言有时是不精确的，人们难以把握其确切的含义。综上，它有如下两个特点：

第一，自然语言是人们在长期社会实践中约定俗成的，语词或语句表达的意思常常多样而模糊。

第二，自然语言通常有歧义，同一语词、语句在不同语境下可以表达不同的意思，自然语言的这些特性，可能导致日常交际中的误会，也会给研究带来一些不便。

例如，有人向楚王敬献了一种长生不老药，传达官捧着药走向楚王，一位侍卫随口问道：“可以吃吗?”传达官回答道：“可以吃”，侍卫一把抢过药来吞下肚去，楚王大怒，下令将其处死，侍卫申辩道：“我吃那药前明明问过传达官‘可以吃吗’，他说‘可以吃’，我才吃的，因此，罪不在我而在传达官。况且，别人献的是不死之药，我吃了药而被处死，这药岂不是成了送死之药? 大王处死我这个无罪之人，只能证明献药人欺骗了您”。楚王只好赦免了他。

人工语言是为了达到某种目的而在自然语言的基础上人工构造的表意符号系统，又称为符号语言。在人工语言中，用特制的符号表达它所陈述的思想内容，用公式表达对象间的某种关系。人工语言具有单义性，它虽没有自然语言那样丰富，也没有自然语言那么强的表达力，然而它避免了自然语言的多义性和模糊性，带来了精确性、简洁性和直观性等优点。

同样一个命题或推理，其形式可以用自然语言表达，也可以用人工语言表达。例如：

如果今天不下雨，那么我就去上街；

今天不下雨；

所以，我今天去上街。

这种推理的形式可以表达为

如果 P，那么 Q；
P；
所以，Q。

也可以表达为

$$[(P \to Q) \land P] \to Q$$

前者是用自然语言表达的，后者是用人工语言表达的。

第四节　逻辑学的性质和作用

一、逻辑学的性质

（一）工具性

逻辑学的研究对象是思维的逻辑形式，思维的逻辑形式是从思维内容中抽象出来的，因此我们可以说逻辑学是一门具有较高抽象性的科学，在这一点上，它和语法很相似。因此，有人把逻辑称作“思维的语法”。同时，从逻辑学的研究对象可知，这门科学提供给人们的是认识事物、表达论证思想时必须运用的一种思维工具，所以，它是一门工具性质的科学。亚里士多德讲述逻辑学知识的著作被命名为《工具论》，培根将他的逻辑学著作称作《新工具》，都算是极好的例证。

（二）基础性

作为一门给人们提供思维工具的科学，逻辑学本身虽然并不能直接提供任何具体的科学知识，但任何科学知识都需要借助思维形式结构来承载具体的思维内容，所以逻辑学的基本理论在其他科学里被当作一些普遍适用的原则和方法。从这个意义上说，逻辑学是各门科学建立的基础。联合国教科文组织在 1974 年就指出“基础学科包括数学、逻辑学、天文和天体物理学、地理科学和空间科学、物理学、化学、生命科学”，其中，逻辑学作为第二大基础学科名列其中。

（三）全人类性

逻辑学所研究的思维形式结构是通过对各种不同民族语言的分析而抽象出来的，它们是全人类所共有的，它渗透在社会生活的方方面面。任何一个民族、任何一个国家的任何一个人，要进行思维活动，要表述论证思想、交流信息，都要运用共同的思维结构形式，都要遵守共同的思维规律，否则，思维活动无法进行，思想交流无法实现。这就是说，逻辑学这一工具是具有全人类性的，它不以任何民族、国家、阶层、政党、集团的意志为转移，它所提供的知识是全人类进行思维的一种共同的、必要的工具，它的规范作用对所有人一视同仁。

二、逻辑学的作用

如前所述，逻辑学作为人们进行思维所必须运用的思维工具，是任何学科都离不开的，它的学科特点使逻辑学承担着双重任务，不仅要广泛传播逻辑学知识，还要通过严格的逻辑训练提高学习者的思维水平，从而进一步提高思维素质与思维能力，为其他学科的学习和实践活动打下坚实的基础。因此，它对提高人们的思维能力具有重要作用。

（1）学习逻辑学可以帮助人们获取新知识。人们在认识客观事物的过程中，要想获得对客观事物的正确认识，除了必须参加一定的实践活动，并以辩证唯物主义世界观为指导外，具有一定的逻辑知识也是必不可少的。学习逻辑学可以帮助人们根据来源于实践并经过实践检验过的真实知识，经过正确的推理，推出新知识，这是认识世界所不可缺乏的逻辑环节，是获取正确知识的必要条件。

例如，门捷列夫提出“化学元素周期表”以后，人们根据元素的原子量和原子价的对比关系，又推出许多当时尚未发现的新元素，如推算出在钾和钠之间还存在一个“类硼”元素，后来果然在试验中发现了它。再比如，居里夫人是从沥青矿中提炼出铀的，她发现提炼铀之后的沥青矿石仍然有放射线射出，由此她进行了逻辑推断：有放射线就有放射元素，没有放射线就没有放射元素。既然沥青矿石中有放射线，所以里面一定有除了铀之外的其他放射性元素，经过反复实验，果然发现了新元素——镭。在这个过程中，她利用的就是演绎推理，其实其他学科研究也是如此，虽然研究者不学习专门的逻辑学知识，但都在自觉或不自觉地使用逻辑学的方法。

（2）学习逻辑学可以帮助人们准确、严密地表述和论证思想，有助于提高人们的逻辑思维能力。任何一个正常的人都具有进行逻辑思维的能力，但水平有很大差异。一个人的逻辑思维能力越强，对知识的理解越透，掌握得越牢固，运用得越灵活。因此，培养和提高人们的逻辑思维能力，是提高我们整个民族科学文化水平的一个重要方面。学习逻辑学可以使人们由自发地上升为自觉地运用逻辑形式进行思维活动，这对防止和纠正错误具有很重要的意义。

例如，相声大师刘宝瑞的相声里曾经演绎过韩复榘在山东大学的演讲：

“诸位、各位、在齐位：今天是什么天气，今天就是演讲的天气，来宾十分茂盛，敝人也实在感冒。今天来的人不少咧，看样子大体有 8/5 啦，来到的不说，没来的把手举起来！很好，都来了！

今天兄弟召集大家来训一训，兄弟有说得不对的，大家应该相互原谅。你们是文化人，都是大学生、中学生、留洋生。你们这些乌合之众是科学科的，化学化的，都懂得七八国英文，兄弟我是大老粗，连中国的英文都不懂。你们大家都是笔杆子里爬出来的，我是炮筒子里钻出来的。今天来这里讲话，真使我蓬荜生辉，感恩戴德。其实，我没有资格给你们讲话，讲起来嘛，就像对牛弹琴，也可以说是鹤立鸡群了。

今天，不准备多讲，先讲三个纲目：蒋委员长的新生活运动，兄弟我举双手赞成。就一条，行人靠右走，着实不妥。大家想想，行人都靠右走，那左边留给谁呢？还有件事，兄弟我想不通，外国人在北京东交民巷都建立了大使馆，就缺我们中国的，我们中国为什么不在那儿建个大使馆呢？说来说去，中国人真是太软弱了。第三个纲目，学生篮球赛，肯定是总务长贪污了，那学校为什么会那么穷酸？十来个人穿着裤衩抢一个球，像什么样？多不雅观。明天到我公馆领笔钱，多买几个球，一人发一个，省得再你争我抢的。

今天这里没有外人，也没有坏人，所以我想告诉大家三个机密：第一个机密暂时不能告诉大家，第二个机密的内容跟第一个机密一个样，第三个机密前面两点已经讲了，今天的演讲就到这里，谢谢诸位。”

（3）学习逻辑学有助于人们正确地表达思想，反驳谬论，揭露诡辩。人们在学习和工作中，为了坚持真理、捍卫真理，就不仅需要论证正确的东西，也需要揭露和批判错误的东西，同各种谬误和诡辩作斗争。谬误有各种各样，其中不少是和逻辑直接、间接有关的，是由于违反逻辑规律、规则而产生的。所谓诡辩，是指有意识地违反逻辑规律、规则，利用逻辑错误颠倒黑白、混淆是非的做法。例如，《哥达纲领》是一篇充满逻辑混乱的纲领，其中“劳动所得应当不折不扣和按着平等的原则属于社会一切成员”这是自相矛盾的。马克思反驳道：劳动所得应当不折不扣和按着平等的原则属于社会一切成员，也属于不劳动的成员吗？那么，不折不扣的劳动产品又在哪里呢？只属于社会中劳动的成员吗？那么，怎么按着平等的原则属于社会一切成员？

再如，古希腊著名的诡辩论者普罗泰戈拉和一个跟他学法律的学生关于学费问题的商定是这样的：开学交一半，另一半在学生毕业后出庭并第一次取得胜诉之后交付。但这位学生毕业后一直未出庭，故一直未付另一半学费。于是，老师向学生索要，结果二人发生了争执。老师说：“明天我告你去，如果你在法庭上胜诉，依照先前的商定，那么你得还我另一半学费；如果你败诉，依照法庭判决，那么你得还我另一半学费；明天你或胜诉或败诉，总之得还我另一半学费。”学生说：“对不起。如果明天我胜诉，依照法庭判决，那么就不付你另一半学费了；如果我败诉，依照先前商定，那么就不付另一半学费了；明天我或胜诉或败诉，总之另一半学费我不付了。”其实，二人的推理都故意违反了逻辑规律的要求。

（4）学习逻辑学有助于应对社会思维能力素质考试。当前社会的各种考试如GCT、MPA、MBA等逻辑考试，国家公务员“行政职业能力测验”，都有思维能力素质的内容，主要就是逻辑学的内容。而国家公务员“申论”考试也需要逻辑思维的分析概括能力，如果缺乏逻辑思维能力，就有可能答得风马牛不相及。因此，系统学习逻辑学以及做一些逻辑思维训练题，有助于提高应对社会思维能力素质考试的能力。

三、学习逻辑学的方法

诚如前述，逻辑学属于具有基础性和工具性的科学。它的基本知识是各门学科所共同预设的基础知识，它为各门学科提供共同使用的推理和论证工具，因此，学好这门课就显得极为重要，对于学习方法，我们可以从以下方面着手。

第一，要坚持理论联系实际的学习方法。逻辑学所研究的思维形式和思维规律是从人们思维活动的实际过程中总结和概括出来的。因而只有联系人们（包括自己）思维活动中的实际过程，特别是联系读者日常思维活动的实际过程及表现，才能真正理解和掌握逻辑学所研究的思维形式和思维规律，理解逻辑学所探讨的日常生活领域中的那些特殊逻辑问题和逻辑现象。

第二，要保持循序渐进的学习路径。学习者要通过多复习、多思考，加深对于各种逻辑知识和逻辑方法的理解，巩固对于它们的记忆，努力更多了解各种逻辑知识和逻辑方法之间的相互联系。事实上，有些学习者对学习逻辑学抱着一种急功近利的心态，若短期内达不到自己的期望值，就会十分失望甚至放弃。实际上，逻辑学的学习是一个理性、渐进的过程，尽管在刚刚接触的时候会产生枯燥或者畏难的心理，但是只要拥有良好的心态，坚持下去，就会体会到其中的滋味和乐趣。

第三，要多做习题、勤总结。逻辑学不是死记硬背，更不需要临阵磨枪。事实上，积累综合应用的经验，把握综合应用的规律，提高综合应用的技能和技巧都离不开反复的练习。

综合拓展题

1. 各种逻辑形式之间的区别，取决于（　　）。

   A. 逻辑常项　　B. 思维内容　　C. 逻辑变项　　D. 语言形式

2. “如果 p，那么 q”和“除非 p，那么 q”两个命题相比较（　　）。

   A. 逻辑常项相同，逻辑变项相同　　B. 逻辑常项相同，逻辑变项不同

   C. 逻辑常项不同，逻辑变项相同　　D. 逻辑常项不同，逻辑变项不同

3. 原命题：有些学生不是党员，因此，有些党员不是学生。

   下列命题与原命题有着相同的结构的是（　　）。

   A. 有些人不是犯罪分子，因此，有些犯罪分子不是人

   B. 所有的大象都是动物，因此，所有动物都是大象

   C. 有些北方人性格豪爽，因此，有些性格豪爽的人是北方人

   D. 没有迷信是科学，因此，没有科学是迷信

4. 法制的健全或者执政者强有力的社会控制能力，是维持一个国家社会稳定的必不可少的条件。Y 国社会稳定但法制尚不健全。因此，Y 国的执政者具有强有力的社会控制能力。

   以下哪项论证方式，和题干的最为类似？（　　）

   A. 一个影视作品，要想有高的收视率或票房价值，作品本身的质量和必要的包装宣传缺一不可。电影《青楼月》上映以来票房价值不佳但实际上质量堪称上乘。因此，看来它缺少必要的广告宣传和媒介炒作

   B. 必须有超常业绩或者 30 年以上服务于本公司工龄的雇员，才有资格获得 X 公司本年度的特殊津贴。黄先生获得了本年度的特殊津贴但在本公司仅供职 5 年，因此他一定有超常业绩

   C. 如果既经营无方又铺张浪费，则一个企业将严重亏损。Z 公司虽经营无方但并没有严重亏损，这说明它至少没有铺张浪费

   D. 一个罪犯要实施犯罪，必须既有作案动机，又有作案时间，在某案中，W 先生有作案动机但无作案时间。因此，W 先生不是该案的作案者

5. 美国在遭受“9·11”恐怖袭击后采取了这样的政策：要么与我们站在一起去反对恐怖主义，那你是我们的朋友；要么不与我们站在一起，那你是我们的敌人。

   下面哪一项与题干中的表达方式不相同？（　　）

   A. 有一则汽车广告“或者你开凯迪拉克，那么你是富人；或者你根本不开车，那么你是穷人！”

   B. 以足球为职业的人只有两种命运：要么赢，那你是英雄，面对鲜花、欢呼、金钱、美女；要么输，那么你是孬种、笨蛋，面对责难、愤怒、谩骂，打落牙齿往肚里吞

   C. 如果一位教授有足够的能耐，他甚至能够把笨学生培养合格，因此，如果他不能把

笨学生培养合格，就说明他的能耐不够大

D. 要么你做一个道德高尚的人，那你就无私地贡献自己的一切，要么你做一个卑鄙的人，那你就不择手段地谋私利

6. 任何一条鱼都比一条比它小的鱼游得快，所以有一条最大的鱼就有一条游得最快的鱼。下面哪项陈述中的推理模式与上述推理式最为类似？（　　）

A. 任何父母都有至少一个孩子，所以，任何孩子都有并且只有一对父母

B. 任何一个偶数都比任何一个比它小的奇数至少大 1，所以，没有最大的偶数就没有只比它小 1 的最大奇数

C. 任何自然数都有一个只比它大 1 的后继，所以，有一个正偶数就有一个只比它大 1 的正奇数

D. 在国家行政体系中，任何一个人都比任何一个比他职位低的人权力大，所以，有一位职位最高的人就有一位权力最大的人

本章小结

所谓逻辑分析能力，就是把一件事情、一种现象分成较简单的组成部分，找出这些部分的本质属性和彼此之间的关系单独进行剖析、分辨、观察和研究的一种能力。分析能力是一种综合能力，因此要求同学们对于逻辑常项和逻辑变项做到敏感而准确的把握。

第二章

概　念

人类的思维通过概念、判断和推理等形式抽象地反映对象世界。概念是反映事物特有属性的思维形式。清晰而准确的概念是进行有效思维的基础。

本章知识点

1. 概念及其特征
2. 概念间的关系
3. 定义
4. 划分

学习要求

理解同一个语词可以表达不同的概念，分析概念的确切含义。熟练掌握概念之间的关系，灵活利用概念之间的关系解题。熟练掌握下定义的方法和规则，了解划分的构成及规则。

第一节　概念及其特征

一、概念的定义

概念是反映对象特有属性或本质属性的思维形式。

概念所反映的对象是一切能被思考的事物。客观世界存在许许多多、形形色色的事物，如日月星辰、山川河流、商品货币、阶级国家、感觉表象等。这些事物一旦纳入人们的思考领域，就成了思维的对象。

事物与其属性是不可分离的，属性都是属于一定事物的属性，事物都是具有某些属性的事物。属性是指事物的性质特点以及事物与事物之间的关系，包括：形式和关系，事物都具有一定的性质，如形象、颜色、气味、动作、好坏、美丑、善恶等，事物都要与其他事物发生一定的关系，如大于、小于、等于、战胜、在……之前等。

事物的属性包括本质属性和非本质属性。本质属性就是决定一事物之所以成为该事物并区别于它事物的属性，例如，“哺乳动物”这个概念，本质属性是哺乳，而不是恒温、有皮毛、胎生等。概念就是舍去对象的非本质属性，抽象地反映本质属性。

必须指出的是，由于人对事物的认识是一个不断深化的过程，所以，认识过程中形成的概念所反映出来的对象本质属性也是不断深化的。例如，人们对于“人”这个概念的形成就反映了这样的道理。古代先贤总想把人和其他动物从本质上区别开来，古希腊哲学家柏拉图曾为人类下过这样的定义：人就是两足而无羽毛的动物。于是，第欧根尼提了一只拔光羽毛的鸡，挂在雅典学院的墙上，后来，柏拉图的后继者将这个定义修正为“人是有宽平指甲的，无羽毛的两足动物”。无独有偶，中国的古代哲学家荀况与柏拉图的观点有惊人的相似之处，“人之所以为人者，非特以其二足而无毛也，以其有辨也”。18 世纪法国戏剧家博马舍曾在一个剧本里说：人是“四季有性欲的动物”。然而神志正常的人有谁会将四季交配的鸽子、鹦鹉之流视作同类呢？即便我们今天这样定义“人是会制造和利用工具的动物”，也不是完美的。食蚁兽会折断草棒，将其伸入蚁穴“垂钓”蚂蚁，这种低等的动物的确为自己的生存而制造并利用了工具，那么，食蚁兽是人吗？

二、概念与语词

概念和语词既有联系又有区别。其中二者的联系是非常密切的，概念是语词的思想内容，语词是概念的表达形式。概念的形成和存在必须依赖于语词，不依赖语词、赤裸裸的概念是不存在的，而它们的区别也是很大的。

第一，概念是思维形式，语词是语言形式，反映客观事物的是概念，语词只是用来表达概念，只是一个符号。

第二，任何概念都必须通过语词来表达，但不是所有语词都表达概念。反映一定事物、具有实在意义的实词一般表达概念，如山、水、虫、鸟表达概念，而不反映一定事物、没有实在意义的虚词，如的、地、得、吗等，一般不表达概念。具体来说，名词、动词、形容词、数词、量词、代词（指人称代词和指示代词）表达概念，副词、介词、连词、助词、叹词一般不表达概念。

第三，同一个概念可以用不同的语词来表达。例如，维生素又称维他命；土豆又称洋芋、洋山芋、山药蛋、马铃薯；玉米又称包谷、棒子、玉蜀；等等。

有这样一个讽刺迂腐秀才的笑话：从前有一个秀才，步行外出，走到一条小水沟跟前，过不去了，他问路旁的农民怎样才能过沟。农民说：“跳过去就是了。”于是，这位秀才便站立沟沿，双脚并拢，向上一跳，“扑通”一声，跳到沟里了，农民禁不住笑了，说：“你为什么不一脚在前，一脚在后，偏要双脚并拢呢？”秀才责怪农民说：“两足并腾谓之跳，一足先腾谓之跃，你告诉我的是跳，而不是跃。”这位秀才的确够迂腐可笑的了。他只会咬文嚼字，很显然，这里的“跳”和“跃”表达的是同一个概念。

在鲁迅先生的小说《孔乙己》中，孔乙己是个与众不同的人物，他满口之乎者也却穷困潦倒。他明明偷了人家的东西，却死要面子，不肯承认是“偷”，却说：“你怎么这样凭空污人清白……窃书不能算偷，窃书！……读书人的事，能算偷吗？”他的回答引得众人哄笑。如果我们将概念“窃书”和“偷书”进行分析，可知是用不同语词反映的同一概念。

第四，同一个语词可以表达不同的概念。例如，“青”这个语词，和“铜”组合为“青铜”时，表达的是“黄”的概念，“青铜”就是黄铜；和“砖”组合为“青砖”时，表达的是“灰”的概念，“青砖”就是灰砖，和“草”组合为“青草”时，表达的是“绿”

的概念，“青草”就是绿色的草；和“天”组合为“青天”时，表达的是“蓝”的概念，“青天”就是“蓝天”。在个别情况下，同一个语词甚至还可以表达相反的概念，例如，“沽”这个语词可以作“买”讲，也可以作“卖”讲，“沽酒”“沽名钓誉”中的“沽”就作买讲，“待价而沽”的“沽”就作卖讲。

我们再看一个三段论：

辩证法是马克思主义的精髓，

黑格尔的方法是辩证法，

所以，黑格尔的方法是马克思主义的精髓。

“辩证法”在大小前提中各出现了一次，但表达的却是不同的概念，前者特指“马克思主义辩证法”，后者指“一般意义上的辩证法”，两者表达的仍不是一个概念。

还有这样一个故事，阿凡提开了个理发店，可村长每次来理发都不给钱。这天，村长又来了，阿凡提在给他刮脸时问道：胡子要不要？村长回答说：要！阿凡提一刀将他的胡子割下来递给他：要就拿去吧！村长大怒，阿凡提说：不是你自己说要吗？村长气得干瞪眼。这时，阿凡提又问他：眉毛要不要？村长赶紧说：不要！不要！阿凡提“嗖嗖”两刀刮下村长的眉毛，顺手扔到地上：不要，那就丢地上吧！村长气得要死，可又没办法，从此再也不敢进阿凡提的理发店了。

在这个故事里，“要”是个多义词。阿凡提问村长：“胡子要不要?”村长把“要不要”理解为“留着不留着”，因此回答“当然要”，此时阿凡提却故意把“要不要”解释为“要不要剃下来给你”，后来阿凡提又问：“眉毛要不要?”村长吃了一次亏，连忙回答：“不要”，可是这一次阿凡提又故意把“要不要”解释为“要不要留眉毛”，村长既然说：“不要”，那就剃掉。这样，阿凡提既把村长狠狠地整了一顿，可又不违背村长的吩咐。

关于这一点，有这样一段诗坛佳话。汪伦仰慕李白诗名，写信请李白来作客。他在邀请信里利用“同一个词语可以用不同的概念来表达”的现象，跟李白开了一个善意的玩笑：“先生好游乎？此地有十里桃花，先生好饮乎？此地有万家酒店。”这里，明明是十里桃花潭，他偏偏写成“十里桃花”；明明是有一家姓万的人开的酒店，他却写作“万家酒店”。李白到后才知道所谓“桃花者，潭水名也，并无桃花。万家者，店主人姓万也，并无万家酒店。”由于主人的盛情款待，李白倒也尽欢而去，临走时还写了一首绝句赠给汪伦：“李白乘舟将欲行，忽闻岸上踏歌声。桃花潭水深千尺，不及汪伦送我情。”

例题：

对同一事物，有的人说“好”，有的人说“不好”，这两种人之间没有共同语言。可见，不存在全民族通用的共同语言。

以下除哪项外，都与题干推理所犯的逻辑错误类似？（　　）

A. 甲：厂里规定，工作时禁止吸烟。乙：当然，可我吸烟时从不工作。

B. 有的写作教材上讲，写作中应当讲究语言形式的美，我的看法不同。我认为语言就应该朴实，不应该追求那些形式主义的东西。

C. 有意杀人者应处死刑，行刑者是有意杀人，所以行刑者应处死刑。

D. 这种观点既不属于唯物主义，又不属于唯心主义，我看两者都有点像。

这个例题中，考查了“同一个语词可以表达不同的概念”这一情况。题干部分两次提到“共同语言”，但是在概念的表达中同一个语词可以表达不同的概念，本题中两个“共同语言”的意思是不一样的，却被错误地当作同一概念来使用了。这种情况称做“偷换概念”。

答案中，A 的“工作时与从不工作”，B 的“语言形式的美与形式主义”，C 的“有意杀人者”都表达的是两个概念。

三、概念的内涵和外延

任何概念都有内涵和外延两个基本逻辑特征，明确一个概念就是要明确概念的内涵和外延。

概念的内涵是指反映在概念中的对象的本质属性。它回答的是关于“what”（是什么）的问题。概念的外延是指具有概念所反映的特有属性或本质属性的对象。它回答的是关于“how”（有哪些）的问题。例如，概念“人”的外延就是它所指称的一个个的生物学意义上的具体的人，如李白、乔丹、拿破仑、姚明等。而“人”的内涵是有语言、能思维、能制作和使用生产工具。再比如，概念“商品”的外延是所有用来交换的具有不同使用价值的所有劳动产品，如脸盆、肥皂、布匹、服装等。而“商品”的内涵是为交换而生产的劳动产品。

同时，任何概念都是内涵和外延的统一。概念的内涵规定了概念的外延，概念的外延也影响着概念的内涵。一个概念的内涵越多，即一个概念所反映的事物的特性越多，那么，这个概念的外延就越少，即这个概念所指的事物的数量就越少；反之，如果一个概念的内涵越少，那么，这个概念的外延就越多。

概念的内涵和外延必须明确，否则会闹笑话。例如，老师对学生进行思想品德教育时，讲到“给予胜于接受”，一个学生即抢着说：“是的，我爸爸在工作中总是努力给予别人，竭力避免接受。”老师说：“太好了，向你爸爸学习。随便问一句，他是干什么工作的?”学生说：“拳击运动员。”

一位女士走进婚姻介绍所，对介绍人说：“我要找的丈夫必须满足这些条件，他要能说会道，又很风趣，擅长文体活动，能使我的生活增色添彩，并且还是个消息灵通人士，使我不出家门也能知天下事。但我特别强调一点，他还必须经常待在家里，而且……当然，当我不要他说话时，他就应该立刻住口。”听到这些，婚姻介绍所的工作人员笃定地说：“你买台彩色电视机就是了。”在这个案例中，介绍人就是根据这位女士所描述的一系列内涵为其确定“一台彩色电视机”这个外延的。

必须指出的是，概念的外延是一个类。这是由于客观事物彼此相同或相异，每一个事物都分别属于一定的类。在逻辑学中把同一类的对象称做“类”，把从属于“类”中的每个对象称做“分子”，把一个“类”中包含的小类称做“子类”。例如，“人”这个类中，“男人”“女人”是子类，“刘翔”“布什”是分子，类可以由几个或许许多多分子组成，也可以由一个分子组成，甚至可以不包括任何分子。例如，“《共产党宣言》的作者”有两个分子，“自然数”有许许多多的分子，“中华人民共和国的首都”有一个分子。此外，还有一种类在客观事物中不存在任何对应的事物，其外延为空，这就是空类，如“鬼”“永动机”等。

例题：

墙角放着半桶水，被张山、李斯和王武三人看到了，张山说："这是一个半空的桶。"李斯说："这是一个半满的桶。"王武说："半满的桶＝半空的桶等式成立，两边各乘以 2，就会得出：一个全满的桶＝一个全空的桶，因此，空桶和满桶一样。"

思考：王武错在哪里了？

王武犯的是概念模糊的错误。具体来讲，从笑话中"半空的桶、半满的桶"这两个概念的内涵看，都是指半桶水，是一致的，从外延而言，只指墙角的半桶水，除此之外没有其他全空和全满的桶。从概念的内涵而言，半空的桶（不是全空的一半）和半满的桶（不是全满的一半）的内涵是一样的，因此，张山、李斯二人所指的是一个桶，都正确，而王武的说法是错误的，他没有准确把握"半空的桶"和"半满的桶"的内涵和外延。

练习：

下列命题括号内的内容是从内涵方面，还是从外延方面说明画横线部分的概念的？

（1）社会关系是（人们在社会活动过程中结成的各种关系的总称），（包括经济、政治、思想、文化以及家庭等各方面的关系）。

（2）宗教是（现实世界在人们主观意识里的虚妄的、颠倒的反映）。（从它的表现方式来说，就是对神灵、魔鬼、偶像等"超人间力量"的崇拜）。（历来的剥削阶级总是根据他们的需要，有意识地扶植宗教，把它变成统治人们和维护剥削制度的精神力量）。（目前世界上最流行的宗教有基督教、佛教和伊斯兰教）。有些国家和民族还有另外的宗教，（如中国的道教、日本的神道教、印度的印度教、犹太人的犹太教等）。

（3）"经"，是我国古籍的通称；凡（带有原理、原则性质的著述），皆可称作"经"。现在所指的"十三经"，是历经各代到宋代时候才逐步形成的。它指的是（《尔雅》《公羊传》《谷梁传》《左传》《周礼》《仪礼》《礼记》《诗经》《书经》《易经》《孝经》《论语》《孟子》）。

（4）基础科学是（研究自然现象和物质运动基本规律的科学），它包括（数学、物理学、化学、天文学、地学、生物学）六大学科。

（5）纺织品就是（用各种纤维作原料经过纺织加工而成的产品）。纺织品中以棉纤维做原料的称为（棉纺织品），以麻纤维做原料的称为（麻纺织品），以羊毛之类做原料的称为（毛纺织品），以蚕丝做原料的称为（丝纺织品），这些纺织品统称为（天然纤维纺织品）。随着化学工业的发展，出现了多种以化学纤维做原料的（化学纤维纺织品），例如，（人造棉、锦纶、涤纶、维纶）等。

第二节 概念的种类

根据不同的标准，概念可以分成不同的种类，普通逻辑根据概念内涵与外延的一般特征，可把概念分成若干种类，研究概念的种类及其特征，有助于我们搞清楚概念的内涵和外延，有助于我们准确地使用概念。

一、集合概念和非集合概念

根据概念所反映的对象是否为同一种事物个体组成的群体，可把概念分为集合概念和非集合概念。

客观事物中，存在两种不同的联系：一是类与分子的联系；二是群体与个体的联系。事物的类是由分子组成的，属于这个类的每一个分子都必定具有该类的属性；事物的群体是由同样的许多个体构成的，作为群体的个体并不具有该群体的属性，因此，事物的类与事物的群体是不相同的。

集合概念就是以事物的群体为反映对象的概念，如森林、丛书、舰队、群岛等。非集合概念就是不以事物的群体为反映对象的概念，如树、书、军舰、岛等。

了解集合概念与非集合概念的区别，对于准确地使用概念是很有帮助的。

（1）在实际思维中，一个普通名词既可能表达集合概念，也可能表达非集合概念，有时容易把二者混淆。例如："鲁迅的作品不是一天能读完的，《祝福》是鲁迅的作品；所以，《祝福》不是一天能读完的。"在这个推理中就混淆了这两类不同的概念。

"鲁迅的作品"在第一句话中表达集合概念，在第二句话中表达非集合概念。这样就导致了错误的结论。

再比如下面一组例子：

1）中国人是勤劳智慧的。

2）国有企业一直控制着我国国民经济的命脉。

3）我们的干部来自五湖四海。

这三个例子中，"中国人""国有企业""我们的干部"等词项所指称的对象是集合体，它们都是集合词项。

再看下面一组例子：

1）我是中国人。

2）国有企业是可以破产的。

3）我们的干部应当全心全意为人民服务。

这三个例子中，"中国人""国有企业""我们的干部"等词项所指称的对象是非集合体，它们都是非集合词项。

可见，集合词项和非集合词项的判定要依据一定的语境。

（2）集合概念所反映的事物的属性，是从整体上反映一个集体的共性，集合概念所反映的属性只适合于集合体，而不适合于该集合体的个体。如"中国人勤劳勇敢。"这个集合概念反映的属性对应"中国人"这个整体，而不是每一个"中国人"都"勤劳勇敢"。

非集合概念所反映的属性，既适用于它所反映的类，也适用于该类中的分子。例如："狗是动物，这是一只狗，所以，这是动物。"

（3）集合概念不具有传递性，在三段论中不能作为中项。例如：

群众是真正的英雄。

我是一个群众。

所以，我是真正的英雄。

二、单独概念和普遍概念

根据概念所反映的对象数量的不同，概念分为单独概念、普遍概念和空概念。

单独概念是指反映某一个事物的概念，它的外延仅有一个单独的对象。如“黄河”“北京”“世界上最高的山峰”“中华人民共和国教育部”……这些概念的外延都只由一个单独的对象构成，因而都是单独概念。

普遍概念是指反映某一类事物的概念，它的外延不是由一个单独的分子构成，而是由两个乃至许许多多的分子组成的。如“工厂”“国家”“商品”……

从概念外延反映的数量上看，还有一种特殊的概念，称做空概念。空概念反映的对象是一个空类，也就是实际不存在的概念。如“天堂”“地狱”等。

从语言角度看，用专有名词和摹状词表达单独概念。其中摹状词是指通过对某一个别事物某方面特征的描述而指称该事物的语词。例如，“我国人口最多的城市”“文学院个子最高的男生”。一般用普通名词、形容词、动词表达普遍概念。

三、正概念和负概念

根据概念所反映的事物具有某种属性还是不具有某种属性，概念可分为正概念和负概念。

在思维中反映对象具有某种属性的概念称做正概念（或称做肯定概念）。例如，正义战争、红色、金属、正常死亡等。

在思维中反映对象不具有某种属性的概念称做负概念（或称做否定概念）。例如，非正义战争、非红色、非金属、非正常死亡等。

从语言角度看，表达负概念的语词往往带有“非”“不”“无”等字样，但带有“非”“不”“无”字样的并不都是负概念，例如，“非洲”“无锡”“不列颠”等，这要看是否把这些词当作否定词来使用。

负概念总是相对于某个特定的范围而言的，这个特定的范围，逻辑上称为论域，论域实际上是指一个负概念与其相对应的正概念所指称的对象组成的类。例如，非红色的论域就是非红色和红色组成的类——颜色。“未成年人”的论域就是未成年人与成年人组成的类——人。由此也可以说，一个负概念的论域恰好是这一负概念同与其相对应的正概念的外延之和，明确负概念的论域十分重要，因为只有弄清其论域，才能明确负概念的内涵与外延，才能避免诡辩。

上述概念的各种分类是从不同角度来划分的，目的在于了解概念各个方面的特征，一个概念可以属于某种划分中的一个种类，也可以分别属于几种不同划分中的一个种类。例如，“中国共产党”这个概念既是一个单独概念，又是一个集合概念，也是一个正概念。

四、实体概念与属性概念

根据所反映的对象是否是具体事物，概念分为实体概念与属性概念。

实体概念是反映具体事物的概念。例如，“泰山”“长城”等都是实体概念，可以用名词或者名词词组表示。属性概念是反映事物属性的概念。它包括事物本身的性质和事物之间的关系。在实际运用中，两者不可以混淆，例如，“武松的性格是个强者”这一提法有误，“强者”是实体概念，不可以将表示属性概念的“武松的性格”与之联系起来。

实际上，对所有概念我们都可以运用这些标准来判定它究竟是属于哪类概念，例如，“西安是个古老的城市”。该命题中出现了两个概念“西安”和“古老的城市”，首先依据概念的外延是单独一个还是若干个来分析，“西安”是单独概念，“古老的城市”是普遍概念。再根据概念指称的对象是否是集合体分析，“西安”是集合概念，“古老的城市”是非集合概念。根据概念指称的对象是否客观存在分析，这两个概念都是实体概念。最后，很显然两个概念都是正概念。

练习：

1. 下列命题中画横线的部分是集合概念还是非集合概念？

（1）人贵有自知之明。

（2）人是有思维能力的。

（3）人是由猿变来的。

（4）人非圣贤，孰能无过？

（5）群众是真正的英雄，而我们自己则往往是幼稚可笑的。

（6）知识分子是国家的宝贵财富。

（7）工程师是知识分子。

（8）西安是省会城市。

2. 下列命题中画横线的部分是单独概念还是普遍概念？

（1）美术作品是通过线条、色彩、形象反映社会生活，表现思想感情的艺术作品。

（2）中国女子排球队夺得了世界冠军。

（3）《孔乙己》是鲁迅的作品。

第三节　概念间的关系

普通逻辑讲的概念的关系仅仅是其概念外延间的关系。根据两个概念的外延有无重合部分或重合部分的多少，概念间的关系可分为全同关系、真包含于关系、真包含关系、交叉关系、全异关系。下面依次说明，并用欧拉图表示它们。

瑞士逻辑学家欧拉（Leonhard Euler，1707—1783 年）使用两个圆圈表示概念的外延。这种图表表示概念外延关系的方法被称为欧拉图法。

一、全同关系

全同关系是指两个概念的外延完全重合的关系。即存在 S、P 两个概念，如果 S 概念的全部外延都是 P 概念的外延；P 概念的全部外延都是 S 概念的外延，则这两个概念之间的关系就是全同关系。具有全同关系的两个概念是从不同方面反映同一类对象的。例如：

S：等角三角形　P：等边三角形

S：北京　P：中华人民共和国的首都

S：金庸　P：《射雕英雄传》的作者

上列各行概念之间的关系，就是全同关系，它们的外延是完全重合的。就“等角三角形”和“等边三角形”这两个概念来说，所有的等角三角形都是等边三角形，所有的等边三角形都是等角三角形，它们从“等角”和“等边”这两个不同的方面反映了同一类对象，外延是完全重合的。

概念的全同关系可用图 2－1 表示，图中 S、P 表示两个概念。

使用具有全同关系的概念，有助于我们从不同的方面加深对对象的认识，并能把概念使用得更确切，语言表达得更生动。需要指出的是，具有全同关系的两个概念，尽管外延一样，但是内涵是不同的。例如，“北京”反映的是地名的属性，“中华人民共和国的首都”反映的是行政的属性。如果内涵和外延都一样，那就是同样一个概念了。

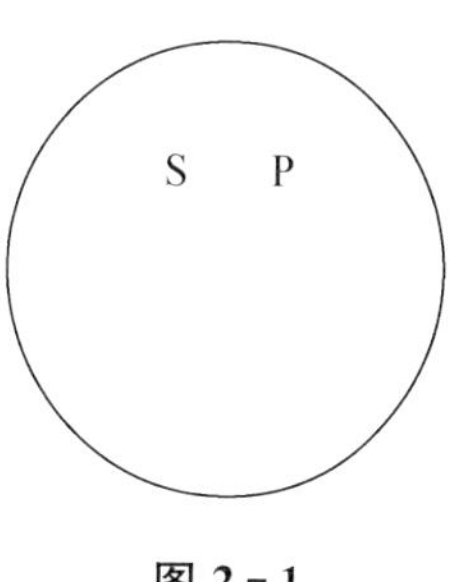

图 2－1

二、真包含于关系

真包含于关系是指一个概念的全部外延与另一个概念的部分外延重合的关系。即存在 S、P 两个概念，S 概念的外延小，P 概念的外延大，而且 S 概念的全部外延包含在 P 概念的外延之内，则 S 与 P 之间就具有真包含于关系。例如：

S：大学生　P：学生

S：纺织工人　P：工人

S：学生　P：人

概念间的真包含于关系可用图 2－2 表示，图中 S 表示外延小的概念，P 表示外延大的概念，而且所有的 S 都包含在 P 中。

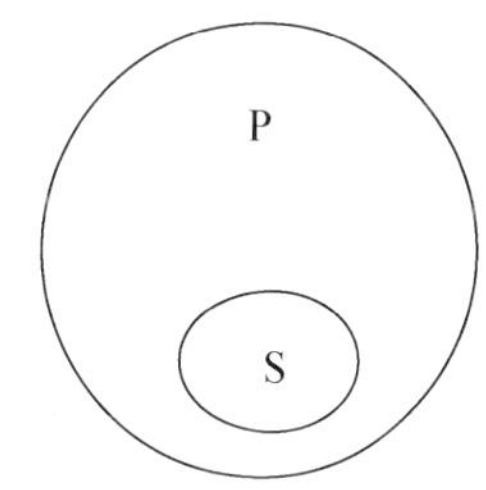

图 2－2

三、真包含关系

真包含关系是指一个概念的部分外延与另一个概念的全部外延重合的关系。即存在 S、P 两个概念，S 概念的外延大，P 概念的外延小，并且 S 概念的部分外延与 P 概念的全部外延重合，即 S 概念的外延包含了 P 概念的全部外延，则 S 与 P 之间的关系就是真包含关系。例如：

S：学生　P：陕西学生

S：规律　P：经济规律

S：人　P：学生

概念间的真包含关系可用图 2－3 表示，图中 S 表示外延大的概念，P 表示外延小的概念，而且 P 包含在 S 中。

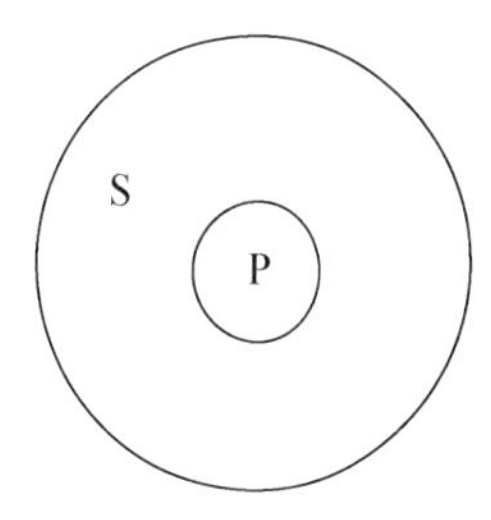

图 2－3

传统的逻辑把真包含关系与真包含于关系统称为属种关系。其中，外延大的概念称做属概念，外延小的概念称做种概念。这种属概念和种概念的区分不是绝对的，而是相对的。例如，“学生”对于“人”来说是种概念，但相对于“大学生”来说又是“属概念”。再比如，社会主义国家对于“国家”是种概念，对于“中华人民共和国”是属概念。

从概念的外延关系来看，概念的属种关系是一个类与它的子类之间的关系；从概念所反映的对象来看，具有属种关系的两个概念所反映的对象是一般与特殊的关系、类与子类的关系。属种概念不同于事物整体和部分的关系，因为每一个子类都具有类的属性，每一个特殊也都具有一般的属性，即属概念所具有的属性，种概念必须有。而事物整体的属性却不必然为部分所具有。所以，不能把整体和部分的关系与属种关系相混同。

四、交叉关系

交叉关系是指一个概念的部分外延与另一个概念的部分外延相重合的关系。即存在S、P两个概念，S概念只有部分外延与P概念的外延重合，而P概念也只有一部分外延与S概念的外延重合，则S、P这两个概念之间的关系就是交叉关系。例如：

S：共青团员　　P：大学生

S：工人　　P：妇女

S：医生　　P：科学家

概念的交叉关系可用图2-4表示，图中S、P两个概念的外延有一部分相同，也各有一部分不相同。

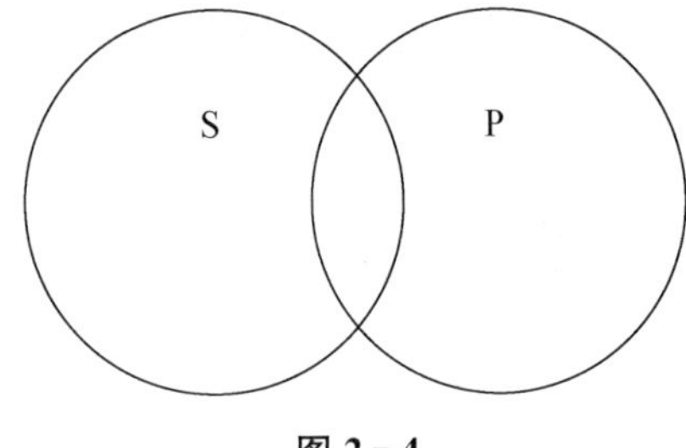

图2-4

五、全异关系

全异关系是指两个概念的外延没有任何一部分重合的关系。即存在S、P两个概念，S概念的全部外延不与P概念的外延重合，P概念的全部外延也不与S概念的外延重合，则S、P两个概念之间的关系就是全异关系。例如：

S：学生　　P：白菜

S：正义战争　　P：非正义战争

S：社会主义国家　　P：资本主义国家

概念间的全异关系可以用图2-5表示，图中S、P表示两个概念，它们的外延都各不相同，毫无共同之处。

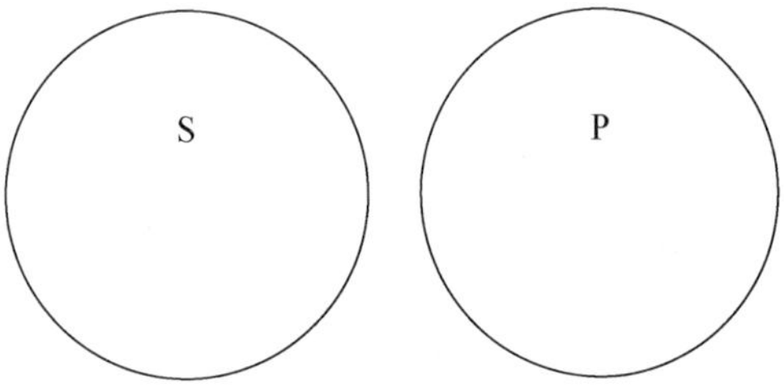

图2-5

具有全异关系的两个概念，有的是属于同一论域的，如“正义战争”与“非正义战争”、“社会主义国家”与“资本主义国家”等，有的不是属于同一论域的，如学生与白菜等。

就同一论域来说，概念的全异关系又可以分为两种：矛盾关系和反对关系。

（1）矛盾关系：

S：正义战争　　P：非正义战争

S：无产阶级　　P：非无产阶级

S：白色　　P：非白色

（2）反对关系：

S：无产阶级　　　　P：资产阶级

S：白色　　　　　　P：黑色

矛盾关系和反对关系都属于全异关系，它们的区别在于：

（1）具有矛盾关系的两个种概念的外延之和等于它们的属概念的外延。具有反对关系的两个种概念的外延之和小于它们的属概念的外延。

（2）从语言形式上看一般是（如图 2－6 所示）：

“S”—“非 S”　反义词

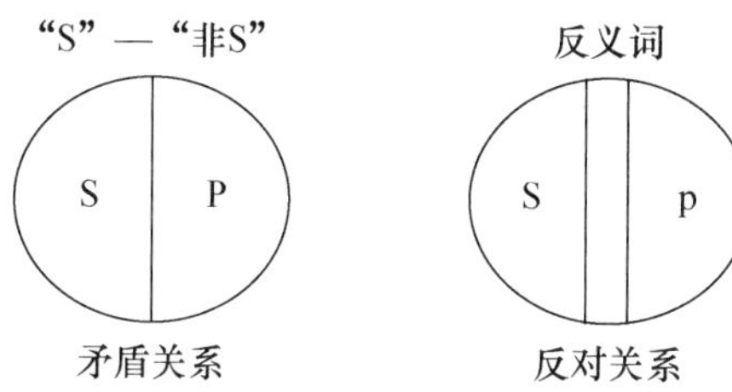

图 2－6

例如，“导体”“非导体”不是矛盾关系，而是反对关系，因为还有“半导体”的存在。又如“唯物主义哲学”和“唯心主义哲学”、“重工业”和“轻工业”，它们不是反对关系，而是矛盾关系。

一般来说，正词项与负词项之间具有矛盾关系。“非合法行为”是“合法行为”的负词项，“非生物”则是“生物”的负词项，它们都是矛盾关系。

综上所述，我们把概念间的关系总结如图 2－7 所示。

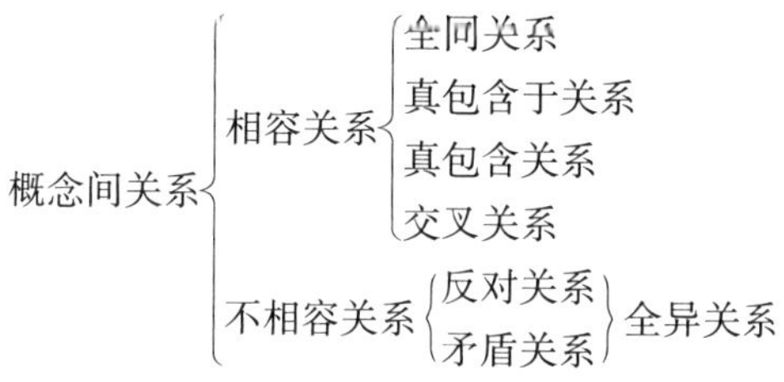

图 2－7

例题：

在某大型理发店内，所有的理发师都是北方人，所有的女员工都是南方人，所有的已婚者都是女员工，所以，所有的已婚者都不是理发师。

下面哪一项为真，将证明上述推理的前提至少有一个是假的？（　　）

A. 该店内有一位出生于北方的未婚的男理发师。

B. 该店内有一位不是理发师的未婚女员工。

C. 该店内有一位出生于南方的女理发师。

D. 该店内有一位出生于南方的已婚女员工。

这个例题考查的就是概念间的关系。题目要求寻找一个选项，代入题干后，导致推理结构中的前提相互矛盾。采用欧拉图解题比较明了，即找一个不能按照题设放置在图 2-8 中的对象就可以了。A、B、D 都可以，C 不能，故选之。

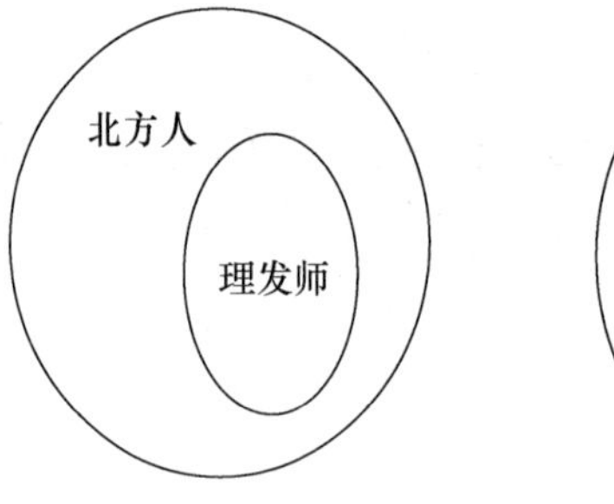

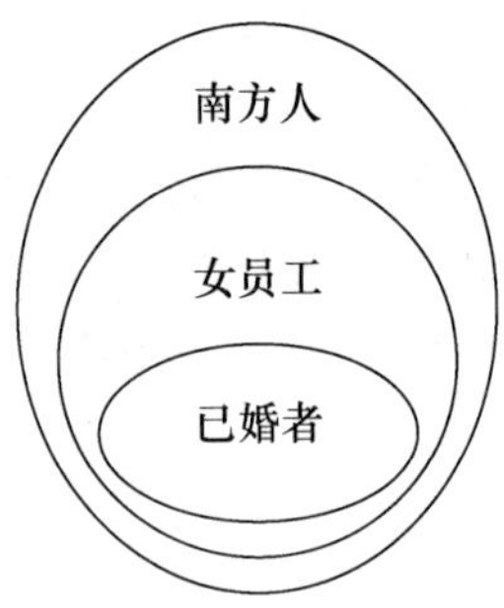

图 2-8

练习：

1. 填空题。

(1) 如果“所有的 A 是 B”与“有的 B 不是 A”均真，则 B 与 A 之间的外延关系是________；A 与 B 之间的外延关系是________。

(2) 设“A 命题与 B 命题具有矛盾关系”“B 命题与 C 命题也具有矛盾关系”，则 A 命题与 C 命题具有________。

(3) 若“A 可以分为 B、C、D”是一个正确的划分，则 B 和 C 的外延关系是________。

2. 下列各组概念是什么关系？

中国和亚洲　　青年作家与中国诗人

小麦和粮食　　战场和士兵

3. 请指出下列概念间的关系，并用欧拉图将这种关系表示出来。

(1) A. 概念　B. 普遍概念　C. 实体概念　D. 正概念

(2) A. 大学生　B. 共产党员　C. 优秀大学生　D. 西安人

(3) A. 中国小说　B. 古代小说　C. 爱情小说　D.《西游记》

(4) A. 学校　B. 学生　C. 大学生　D. 党员

4. 欧拉图解题。

(1) 已知：A 与 B 具有交叉关系，B 与 C 具有真包含关系。请分析 A 与 C 概念之间可能具有的各种关系，并用欧拉图表示出来。

(2) 已知：所有的 B 是 A，但有的 A 不是 B；所有的 C 是 A，但有的 A 不是 C；有的 B 是 C，有的 C 不是 B，并且有的 B 不是 C；所有的 D 是 C，但有的 C 不是 D；所有的 D 不是 B。根据这些已知条件，用欧拉图表示 A、B、C、D 之间的关系。

(3) 已知：S 真包含于 P，M 与 P 交叉，M 真包含 S，用欧拉图表示 S、M 和 P 之间的三种外延关系。

第四节 概念的限制和概括

一、内涵与外延之间的反变关系

如前所述，具有属种关系的两个概念、内涵和外延之间具有反变关系。即一个概念的外延越大、内涵越小；反之，外延越小、内涵越大。

我们看这样三个概念“学生”“大学生”“陕西师范大学的学生”，其中“学生”这个概念内涵最少，外延最大；“大学生”这个概念内涵较少，外延较大，而“陕西师范大学的大学生”这个概念的内涵最多，外延最小。

反变关系，是概念限制和概括的逻辑根据。

二、概念的限制和概括

（一）概念的限制

概念的限制是通过增加概念内涵以缩小概念的外延的，使一个外延较大的概念过渡到一个外延较小的概念。例如，“工人”限制为“建筑工人”。

需要注意的是，有时仅仅增加附加语词，并不是概念的限制，例如，“中国共产党”限制为“伟大、光荣、正确的中国共产党”。概念的限制不是通过增加限制语词的方式，如“动物”限制为“人”。限制只适用于普遍概念，不适用于单独概念。

概念的限制的作用是：有助于人们对事物的认识从一般过渡到特殊，从而使认识越来越具体。

（二）概念的概括

概念的概括是指通过减少概念的内涵以扩大概念的外延，由一个外延较小的概念过渡到一个外延较大的概念。例如，“中国民族资产阶级”概括为“民族资产阶级”“民族资产阶级”再概括为“资产阶级”。

再如“楚王失弓”的故事：楚王出游丢了弓，他的手下人要求去把弓找回来，楚王说：“不必去了，楚人丢失弓，捡到的仍是楚人，何必去找?”孔子听到这件事，就说：“可惜楚王的胸襟还不够广阔，说人丢失弓，仍是人捡到弓就行了，何必加个‘楚’字呢?”这个故事里，从“楚王”概括为“楚人”，“楚人”又概括为“人”。

同样需要注意的是，仅仅减少了附加语词但并不是概括的情况，例如，“雄伟壮丽的天安门广场”概括为“天安门广场”。概念的概括并不是通过减少语词的方式，如“人”概括为“动物”。

概念的概括的作用是：有助于人们对事物的认识从特殊过渡到一般，把认识提高到应有的高度。

三、限制和概括的规则

在对概念进行限制或概括时，必须注意如下三点：

（1）概括或限制得到的概念与原概念之间必须具有属种关系。由于概括是要得到一个概念的属概念，限制则是要得到其种概念，如果所得到的概念与原概念之间不具有属种关系，那么一定是错误的概括或限制。

例如，把“圆桌”概括为“圆形”就是错误的，因为“圆桌”指称的是桌子，是形状为圆形的桌子，显然桌子是实体。而“圆形”指称的是一种形状，形状是属性，实体与属性是完全不同的对象，因此概念“圆桌”与“圆形”之间不具有属种关系，把“圆桌”概括为“桌子”则是正确的。

（2）概括和限制可以连续进行，但不可以无限地进行。

例如，有这样一个连续进行的限制：

作品→文学作品→小说→武侠小说→《天龙八部》

限制最后得到的概念《天龙八部》是一个单独概念，它指称的就是一个单独的个体，不存在一个比它指称范围还小的概念，因此不能够对它进行限制，这意味着单独概念不能限制。

（3）哲学范畴是不能概括的概念。

哲学范畴如“属性”“存在”等，它指称的是最普遍的东西，一般来说，没有比它们指称范围还要广的概念。

练习：

1. 请对下列概念各做一次限制和概括。

脑力劳动者	社会科学
诗歌	教育部
鲸	社会主义国家

2. 下列限制或概括是否正确？为什么？

（1）文学家→中国文学家→鲁迅→伟大的鲁迅

（2）全国人民代表大会→省人民代表大会→市人民代表大会→县人民代表大会

（3）思维形式→推理→演绎推理

（4）教育部→教育部直属高校→陕西师范大学

（5）动物→哺乳动物→鲸

（6）历史学家→中国历史学家→冯承钧→《中国南洋交通史》的作者冯承钧

第五节　定义

一、定义及其结构

定义是明确概念内涵的逻辑方法。例如：

（1）商品就是用来交换的劳动产品。

（2）民法是调整平等主体的自然人之间、法人之间以及自然人和法人之间的财产关系和人身关系的法律规范的总称。

一个完整的定义是由三部分组成的，即被定义项、定义项和定义联项。

被定义项是其内涵有待明确的概念。如（1）中的“商品”和（2）中的“民法”。被定义项既可以是关于事物本身的概念，也可以是反映事物的性质和关系的概念，通常用 D_S 来表示。

定义项是用来明确被定义项内涵的概念。如（1）中的“用来交换的劳动产品”和（2）中的“调整平等主体的自然人之间、法人之间以及自然人和法人之间的财产关系和人身关系的法律规范的总称”。定义项既可以是表达事物、性质、关系的语词或符号，也可以是一个语句，通常用 D_P 来表示。

定义联项是联结被定义项和定义项的语词。在一般情形下，其左方是被定义项，右方是定义项，但有时为了突出被定义项的特点，也会把定义项放在前面，而把被定义项放在后面。定义联项通常由“是”“就是”“即”“称为”“是指”等语词来表达。

定义的公式是：

D_S 就是 D_P。

定义的作用体现在方方面面。例如，在理论研究过程中，每个理论都是用语言来描述的，它必有自己的理论概念，通过对理论概念的定义揭示该理论所研究对象的本质属性，从而确定理论的研究范围，奠定理论研究的基础。再比如，在日常认识活动中，人们不可能认识所有对象，而往往是通过定义所描述的概念来明确其所指。此外，在思维的过程中，定义是巩固人们认识成果的重要方式，它有助于人们学习知识，检查自己对于概念的使用是否正确。

二、定义的种类及下定义的方法

定义是对以往认识成果的总结，也是对新知识行为的规范。定义通常分为两大类，即真实定义和语词定义。真实定义直接揭示概念所反映的对象的特有属性，即概念的内涵。语词定义则是通过揭示表达概念的语词的含义来间接明确概念的内涵的。但是，从这个角度而言，定义只能解释事物的某方面特征，不可能解释全部、丰富的内容，因此，概念总是不完全的。

（一）真实定义

真实定义也称为本质定义，它是明确概念所反映对象的特有属性的定义。

基本的真实定义方法是属加种差定义，即定义项由被定义项的邻近属概念和种差构成，可用公式表示为：

被定义项＝种差＋邻近属概念

属加种差定义方法的具体步骤为：

第一，找到被定义项邻近的属概念。

第二，找到种差，即找到将被定义项所反映的对象与包含在同一属中的其他种事物区别开来的特有属性或本质规定。

第三，用种差限制邻近属概念以构成定义项。

第四，用适当的定义联项将被定义项和定义项联结，形成一个完整的定义。如我们给“法律”下定义时，首先要找到其邻近属概念“规范”；其次找到其与同属于“规范”的道德、宗教以及风俗习惯等种概念的区别——种差：“由统治阶级制定或认可的，由国家强制力保证实施的，具有普遍约束力的”；再次用“种差＋邻近属概念”构成定义项，即“由统治阶级制定或认可的，由国家强制力保证实施的，具有普遍约束力的规范”；最后，用适当的定义联项将被定义项和定义项联结，形成对“法律”的完整定义，即“法律是统治阶级制定或认可的，由国家强制力保证实施的，具有普遍约束力的规范”。

一个概念的属概念往往是多层次的，用属加种差的定义方法给概念下定义时，要求先找出被定义项的邻近属概念，但“邻近属概念”是相对而言的，究竟应选择哪一个作为属概念，要根据下定义时解决问题的实际需要而定。例如，“人”这一概念的属概念有“生物”“动物”“脊椎动物”“哺乳动物”“灵长类动物”等，而“人是能够制造和使用生产工具的动物”这一定义则是以“动物”作为邻近的属概念，其原因在于定义的目的是把人和其他动物区别开来。

由于事物的特有属性或本质属性是多方面的，基于研究的不同需要，人们可以从不同的角度揭示事物的特有属性，因而就可以找出不同的种差，正是由于种差的多样性，使得用属加种差方法给出的定义也是多种多样的，主要的表现形态如下：

（1）发生定义。

种差是被定义项所反映的对象产生或形成情况的定义即为发生定义。例如：

结婚是男女双方依照法律规定的条件和程序，缔结夫妻关系的行为。

圆是一个点在平面上以等距离绕一定点运动而形成的一条封闭曲线。

（2）性质定义。

种差是被定义项所反映的对象的性质的定义即为性质定义。前面所举的例子大多为此种定义。例如：

人就是能够生产和使用工具的动物。

（3）功用定义。

种差是被定义项所反映的对象的功能作用的定义即为功用定义。例如：

笔是用来写字和画画的工具。

（4）关系定义。

种差是被定义项所反映的对象与另一对象之间的关系，或者它与另一对象对第三者的关系的定义即为关系定义。例如：

零是和任何数相加仍等于任何数的数。

必须指出，属加种差的定义方法虽然是常用的给概念下定义的方法，但是它也有一定的局限性，因为凡是可以定义的词项都应有其属词项，而有些词项没有属词项，比如最大类概念就不能用这种方法下定义，这是因为最大类概念由于其外延最广，没有比它外延更广的属概念可言，因此也就不能通过属加种差的方法给其下定义。例如，哲学范畴就没有属词项，因此不能用属加种差法给其下定义。

此外，用属加种差方法给概念下定义时，可以把定义项中众所周知、显而易见的属概念省略。例如，我们前面所定义的“笔”，也可以表示为“笔是用来写字和画画的”。

（二）语词定义

语词定义是明确语词确切含义的定义，并不揭示概念的内涵。语词定义可分为说明的语词定义和规定的语词定义两种。

说明的语词定义是对某个语词的已有的并得到社会承认的意义做出解释、说明的定义。字典中对词的解释基本上属于说明的语词定义。例如：

（1）“乌托邦”原为古希腊语。“乌”是没有，“托邦”是地方，“乌托邦”指没有的地方，也就是一种空想、虚构。

（2）“偏方”就是民间流传的药方。

这两个例子中，定义只是对被定义项作出简单明了的说明，没有解释它们的内涵。

规定的语词定义是人们通过约定对某个原有的或新出现的词赋予特定意义的定义。例如：

（1）“三资企业”是指在我国境内依据中国法律成立的中外合资企业、中外合作企业和外资企业。

（2）“两学一做”是指学党章党规，学系列讲话，做合格党员。

这两个例子里面，定义只是对被定义项“三资企业”“两学一做”进行明确的规定，也只是从语词到语词，没有解释它们的内涵。

另外，规定的语词定义所定义的词在一个时期可以看做一种约定，经过一定时期的使用后往往会变成新的通用语。如“粉丝”“帅呆了”“洪荒之力”等。

说明的语词定义因其是否符合该语词的既定意义而有真假之分，而规定的语词定义则只存在规定是否合理的问题，而没有真假之分。

三、定义的规则

给概念下一个正确的定义，不仅需要掌握概念所反映对象的相关知识，以及下定义的一般方法，而且必须遵守下定义的有关规则。下定义需要遵守的规则如下。

（一）定义概念的外延和被定义概念的外延必须完全相等

正确的定义项，解释被定义项概念所反映的本质属性，所以，定义项和被定义项所表示的对象必须完全相同，如果定义违反这条规则，就会出现“定义过宽”或“定义过窄”的逻辑错误。所谓定义过宽，是指定义项的外延大于被定义项的外延，即把本来并不属于被定义项所反映的对象纳入了定义项之中。定义过窄是指定义项的外延小于被定义项的外延，即把本应属于被定义项所反映的对象排除在了定义项的外延之外。

例如，我们把“平反”定义为“对处理错误的案件进行纠正”。这里，定义项“对处理错误的案件进行纠正”的外延大于被定义项“平反”的外延，因为，处理错误的案件包括重罪轻判、轻罪重判和无罪而判，对后两种案件进行纠正才可以称做平反，而对于第一种进行纠正，不能称做平反，可见这个定义犯了“定义过宽”的逻辑错误。

再如，我们把“商品”定义为“用货币进行交换的劳动产品”。这里，定义项“用货币进行交换的劳动产品”的外延小于被定义项“商品”的外延，因为，不通过货币而直接进行交换的劳动产品也是商品。可见这个定义犯了“定义过窄”的逻辑错误。

（二）定义项中不得直接或间接地包含被定义项

定义项中不得直接或间接地包含被定义项，是因为被定义项本身是有待明确的概念，如果定义项中直接或间接包含了被定义项，也就意味着包含了本身尚不明确的概念，从而也就达不到通过定义明确概念的目的。

违反定义的这一规则就会犯两种逻辑错误：如果定义项与被定义项只是在语言形式上

有所不同，从而在定义项中直接包含被定义项，即为“同语反复”的逻辑错误；如果定义项中间接地包含了被定义项，就是“循环定义”的逻辑错误。

例如，我们把“圆”定义为“圆就是圆形的曲线”就犯了“同语反复”的错误，因为它的定义项中直接包含了被定义项。

再如，我们把“生命”定义为“生命是有机体的新陈代谢”就犯了“循环定义”的错误，因为定义项中包含了“有机体”这个概念，而“有机体”这一概念又需要用生命来说明，从而也就意味着上述定义对“生命”并未给予确切的说明。

（三）定义应当用肯定的语句形式和正概念

定义的这一规则要求定义项一般不能包含负概念，或定义不能是否定命题，而应当用肯定命题来表达。这是因为给概念下定义的目的在于揭示概念的内涵，即揭示被定义项所反映的对象具有何种特有属性或本质属性。而负概念只能说明被定义项不具有何种属性，否定命题只能说明被定义项不是什么，并不能说明被定义项具有什么属性或是什么，从而达不到定义的目的。

例如，“商品”定义为“商品就是不供生产者本人消费的产品”，定义项使用了“不供生产者本人消费的产品”这个负概念，只说明商品不具有供生产者本人消费的属性，但是商品到底有什么属性并没有交代清楚。

值得注意的是，定义的这一规则是就一般情况而言的。在一些特殊情况下，如对于某些事物来说，缺乏某种属性正是它的特有属性，或被定义项本身就是负概念，在下定义的时候，就可以用否定的语句形式或负概念，例如，“非婚生子女是指没有合法婚姻关系的男女所生的子女。”“无机物就是不含碳的化合物。”“无脊椎动物就是没有脊椎的动物。”

（四）定义必须明确，不可以用比喻代替定义

定义的这一规则要求定义项应当清楚确切，不能使用晦涩含混或者包含比喻的语词。如果定义项使用的语言含混不清，就会导致“定义含混”的逻辑错误；如果定义中运用了比喻，就犯了“以比喻代定义”的逻辑错误。

例如，将“犯罪”定义为“对统治阶级统治秩序的最大蔑视”犯了“定义含混”的错误。再如，将“教师”定义为“教师是人类灵魂的工程师”，或者将“孩子”定义为“祖国的花朵”则犯了“以比喻代定义”的错误，这些比喻虽然富于形象性、生动性，但并没有陈述被定义项“教师”“孩子”的具体内涵。

例题：

过去，我们在道德宣传上有很多不切实际的高调，以至于不少人口头说一套，背后做一套，发生人格分裂现象，通过对此种现象的思考，有的学者提出，我们只应该要求普通人遵守“底线伦理”。

根据你的理解，以下哪一选项作为“底线伦理”的定义最合适？（　　）

A. 底线伦理就是不偷盗，不杀人。

B. 底线伦理是作为一个社会普通人所应遵守的一套最起码、最基本的行为规范和准则。

C. 底线伦理不是要求人无私奉献的伦理。

D. 如果把人的道德比作一座大厦，底线伦理就是该大厦的基础部分。

这个例题考查的依然是定义的规则。根据定义的规则，定义不能使用比喻，排除 D；

定义不能使用否定的语句或者负概念，排除 A、C。答案选 B。

练习：

1. 请指出下列定义中所犯的逻辑错误，并尝试给出一个相应正确的定义。

（1）知识就是正确的意见。

（2）诚实就是欺骗意图的习惯性缺乏。

（3）期刊就是每周或每月定期出版的出版物。

（4）所谓“理性”，就是人区别于动物的高级神经活动；而所谓“高级神经活动”，就是人的理性活动。

（5）“经”，我国古籍的通称。凡是带有原理、原则性质的著作，都可以成为“经”，如“四书五经”。

（6）所谓形式主义者，就是指形式主义地观察问题、处理问题的人。

（7）所谓小国就是与大国相比国土面积较小、人口较少的国家；所谓大国就是与小国相比国土面积较大、人口较多的国家。

（8）数论是数学的王冠，哥德巴赫猜想是王冠上的宝石。

（9）所谓麻醉就是麻醉剂起作用的结果。

（10）正方形就是四角相等的四边形。

（11）天文学就是研究地球所在的太阳系的科学。

（12）经济学是研究经济活动中的生产、流通、分配、消费的规律的理论。

2. 请指出下列关于“新闻”的定义所犯的逻辑错误。

（1）新闻就是关于东南西北所发生事情的报道。因为在英文里，“新闻”是用“news”来表达的，而“news”乃是 north（北）、east（东）、west（西）、south（南）四个词取其第一个字母缩写而成的。

（2）新闻就是关于离奇的、非同一般的、出人意料的事件的报道。因为狗咬人不是新闻，人咬狗才是新闻。

（3）新闻就是关于多数人感兴趣而带有刺激性的事件（诸如战争、犯罪）的报道。

（4）新闻是新事的记录，新闻不是过去发生事情的报道。因为新闻不同于历史，关于过去发生的事情的报道就是历史了。

3. 请指出下列关于“健康”的定义所犯的逻辑错误。

（1）健康就是主观上感觉良好的状态。

（2）健康就是没有疾病。

（3）健康是个体在身体上、精神上、社会上的完全安宁状态。

第六节 划分

一、划分及划分的结构

概念的使用，不仅需要明确其内涵，而且需要明确其外延，即明确概念所反映的对象是什么，包含哪些分子（或子类），其范围有多大。由于不同类型的概念其外延的大小不同，因而其明确方法也不同，单独概念可以通过指出其外延包含单一对象的方法来明确。对于普遍概念，尤其是当其外延相当多，以至于难以列举或没有必要列举时，就可以运用划分的方法对这类概念的外延予以明确。

所谓划分，是以对象的一定属性为标准，将一个属概念分成若干个种概念，以达到明确其外延的逻辑方法。例如，根据生产方式的不同，可以把概念“社会”划分为“原始社会”“奴隶社会”“封建社会”“资本主义社会”“社会主义社会”等若干类。

在这个例子中，划分由三部分构成：划分的母项、划分的子项以及划分的根据。

划分的母项是指被划分的概念，如例子中的“社会”。

划分的子项是指划分后得到的概念，即代表小类的概念，如上例中的“原始社会”“奴隶社会”“封建社会”“资本主义社会”“社会主义社会”等概念。

划分的根据是指把母项划分为子项所依据的标准，如上例是依据生产方式的不同把“社会”划分为若干小类的，因此这个划分的根据就是“生产方式的不同”。

划分的这三个构成部分缺一不可，没有母项划分就没有对象，不可能进行划分；没有子项划分就没有结果，等于没有划分；没有根据划分就没有标准，就无法进行划分。

二、划分的类型

（一）一次划分和连续划分

这是日常思维中最常用的两种划分方法。

一次划分是指对母项一次划分完毕的划分，这种划分只有母项和子项两层。例如，前面对概念“社会”进行的划分就是一次划分。这是最基本的划分方法。

连续划分是把一个词项划分为若干子项，再对子项进行划分。例如，自然物可以划分为有机物和无机物；而有机物可划分为生物和非生物；生物又可以划分为动物、植物和微生物。这就是一个包含四个层次、进行了三次划分的连续划分。

（二）二分法

二分法是一种特殊的划分方法，以对象有无某种属性作为划分标准，将母项中具有该种属性的对象划分为一类，表现为一个正概念，将不具有该种属性的对象划分为另一类，表现为一个负概念，二者为矛盾关系。如将“子女”划分为“婚生子女”和“非婚生子女”，将“战争”划分为“正义战争”和“非正义战争”。二分法在我们只对一个词项的一部分外延感兴趣时使用。

三、划分的规则

要对一个概念做出正确的划分，除了掌握划分对象的相关知识以及逻辑上的划分方法外，还必须掌握以下划分的规则。

（一）划分所得各子项的外延之和必须全同于母项的外延

用子项来明确母项外延的，如果子项之和大于母项，说明子项中包含有不是母项外延的东西，如果子项之和小于母项，说明漏掉了外延，违反划分的这一规则将导致“划分不全”或“多出子项”的逻辑错误。如果子项的外延之和小于母项的外延，即将本应属于母项的子项遗漏，就是“划分不全”；若子项的外延之和大于母项的外延，即将本不属于母项的对象当作子项，就是“多出子项”。

例如，把“燃料”划分为“固体燃料”和“液体燃料”，显然漏掉子项“气体燃料”，犯了划分不全的错误。

再如，把“直系亲属”划分为“父母”“祖父母”“子女”，由于祖父母不属于直系亲属，这个划分犯了多出子项的错误。

（二）每次划分的标准必须同一

划分的这一规则就是要求每一次划分的标准只能是同一个，不允许对一部分子项的划分采用一个标准，而对另一部分子项的划分又采用其他标准，如果划分同时使用多个标准，划分出来的子项一定会犯子项相容的错误。违反划分的这一规则将导致“多标准划分”的逻辑错误。

例如，把“小说”划分为“中国小说”“外国小说”“言情小说”“武侠小说”等，由于同时使用了多个标准，导致子项相容。

每一次划分的标准只能有一个，仅仅要求同一次划分中不能改变标准，并不意味着在一次划分中只能用事物的一个属性作为标准，我们可以根据实践的需要，将事物的多种属性综合为一个统一的标准进行划分。如我们可以将人划分为：中国男人、外国男人、中国女人、外国女人，这就是依据国籍和性别两个属性综合为一个统一的标准而对人进行的划分。

此外，划分的这一规则也仅仅要求每次划分的标准应该是同一的，而在连续划分中不同层次的划分标准可以是不同的，即连续划分的不同层次可以改变划分标准。例如，哲学可划分为唯物主义哲学和唯心主义哲学，然后唯物主义哲学可分为朴素唯物主义哲学、机械唯物主义哲学和辩证唯物主义哲学，唯心主义哲学又可划分为客观唯心主义哲学和主观唯心主义哲学。

（三）划分的各子项外延之间必须互不相容

划分将母项的外延分为若干个小类，以明确词项的外延。子项则指称表达这些小类。只有当子项相互间不相容时，母项外延中的每个分子归属于哪一类才是确定的，才能达到明确母项外延的目的。划分的这一规则就要求划分后所得的各子项外延之间必须是不相容的全异关系。

相反，如果子项是相容的，母项外延中的分子就可能同时归属于若干个类，导致其归属不确定，我们就不能通过子项来明确母项的外延。只有遵守划分的这一规则，才能保证把属于母项的每一个对象划分到一个子项中去，而且只能划分到一个子项中去。反之，如果子项不是互不相容的，就使得一些对象既属于这一子项，又属于那一子项，从而导致混乱。

违反划分的这一规则将导致“子项相容”的逻辑错误。例如，把大学生划分为爱好音乐的、爱好书法的、爱好舞蹈的和没有任何爱好的。这一划分就犯了子项相容的逻辑错误，因为这几个子项可能是交叉关系，如有的大学生既爱好音乐，又爱好书法。

四、划分、分解与列举

分解与划分不同，分解是把一个具体事物肢解为若干个组成部分，分解前的具体事物与分解后的组成部分之间是整体与部分的关系，分解后的部分不具有整体的属性；而划分是把一个属概念分为几个种概念，即把属概念所指称的对象分成若干个小类，其母项和子项是属种关系，子项具有母项的属性。例如，命题“树分为树叶、树枝和树干”中运用的是分解，而不是划分，如果是划分，母项与子项之间就一定具有属种关系，显然，“树”与“树叶”“树枝”以及“树干”之间不具有属种关系。

例如，将我国的行政机关分为国务院及地方各级人民政府是划分，因为国务院及地方各级人民政府都是行政机关，都具有行政机关的属性。但如果将行政机关分为办公室、法制局等则为分解，因为办公室等并不具有行政机关的属性。

明确概念的外延，就是要说明所反映的对象有哪些、适用什么范围。这里，由于单独概念的外延只有一个，故而不能对其进行划分，但仍可以进行分解。如“地球”不能再作划分，但可以分解为南半球和北半球。

列举是划分的省略形式，是一种特殊的划分。划分一般要求明确概念的全部外延，而在有些场合这是不可能也是没有必要的，因而可根据需要将概念的部分外延予以明确，而将其余部分在已明确的子项后面用“等”“等等”“其他”或省略号代替，这种划分的特殊形式即为列举。

例如，中国的省会城市包括合肥、成都、长沙、西安等。

列举应遵守以下两个规则：第一，每一次列举的标准只能有一个；第二，列举的各子项外延之间应当互不相容。

以上我们分别讨论了明确概念内涵和外延的逻辑方法——定义和划分。其实，当我们既有必要明确概念的内涵，又有必要明确概念的外延时，可以将这两种逻辑方法结合起来使用。

练习：

1. 下列哪些属于划分？哪些不属于划分？

（1）地球分为南半球和北半球。

（2）书可以分为前言、目录、正文、后记等部分。

（3）西安分为新城区、碑林区、莲湖区、长乐区、雁塔区等12个区。

（4）战争分为正义战争和非正义战争。

（5）地球上的陆地分为亚洲、欧洲、北美洲、南美洲、非洲、大洋洲和南极洲。

（6）划分由两部分构成：一是划分的母项，二是划分的子项。划分根据不同层次，可分为一次划分和连续划分。

（7）这个班的学生，除六名女生外，其余都是男生。

2. 下列划分是否正确？如果有误，请指出它们各违反了哪条划分的规则。

（1）《呐喊》分为《狂人日记》《阿Q正传》《药》《孔乙己》《故乡》等作品。

（2）这次展出的100多种代表作品，一部分是原稿，一部分是复制品，还有一些是近年来的新作。

（3）运动员分为运动健将、一级、二级、三级、少年级和男运动员、女运动员。

（4）新闻分为消息、通讯、特写、记者通讯、调查报告、新闻图片、电视新闻、广播新闻、报告文学、人物传记等。

（5）汉语词语可分为单音词、复音词、单纯词、合成词、褒义词、贬义词等。

(6) 一年分为春、夏、秋、冬四季，一季分为三个月，一个月分为上、中、下三旬。

(7) 直系亲属有祖父母、父母、子女、兄弟、姐妹、叔伯、姑母、舅父、姨母等。

(8) 市场分为国际市场、国内市场、农村市场、资本主义市场、社会主义市场等。

综合拓展题

1. 某架直升机上有 9 名乘客，其中有 1 名科学家、2 名企业家、2 名律师、3 名美国人、4 名中国人。

   补充以下哪一项，能够解释题干中提到的总人数和不同身份的人数之间的不一致？(　　)

   A. 那位科学家和其中的 1 名美国人是夫妻

   B. 其中 1 名企业家的企业所生产的产品主要出口到美国

   C. 2 名企业家都是中国人，另有 1 名企业家是律师

   D. 其中 1 名律师是其中 1 名企业家的法律顾问

2. 今天的巴黎雍容美丽一如以往，因为占领她的德国指挥官在接到希特勒“撤退前彻底毁掉巴黎”的命令时，决定抗命不从，以自己的生命为代价保住一座古城。梁漱溟在日本军用飞机的炮弹在身边炸开时，静坐落园中，继续读书，思索东西方文化和教育的问题——对“价值”和“秩序”有所坚持，对破坏这种“价值”和“秩序”有所抵抗，就是文化。

   下面哪一项不能由题干的意思推出？(　　)

   A. 能够识字读书不等于有文化

   B. 具有广博的知识不等于有文化

   C. 文化意味着有所为，有所不为：一点不忍的念头，是生民生物之根芽；一段不为的气节，是撑天撑地之柱石

   D. 文化是不同民族不同个人相互区别的标志

3. 在美国出生的正常婴儿在 3 个月大时平均体重在 12～14 磅。因此，如果一个 3 个月大的小孩体重只有 10 磅，那么他的体重增长低于美国平均水平。

   以下哪一项指出了上述推理中的一处缺陷？(　　)

   A. 体重只是正常婴儿成长的一项指标

   B. 一些 3 个月大的小孩体重有 17 磅

   C. 一个正常的小孩出生时体重达到 10 磅是有可能的

   D. 平均体重增长同平均体重并不相同

4. 某饭店中，一桌人边用餐边谈生意。其中，一个人是哈尔滨人，两个人是北方人，一个人是广东人，两个人只做电脑生意，三个人只做服装生意。

   假设以上的介绍涉及这餐桌上的所有人，那么，这一餐桌上最少可能是几个人？最多

可能是几个人？（　　）

A. 最少可能是 3 人，最多可能是 8 人　　B. 最少可能是 5 人，最多可能是 8 人

C. 最少可能是 5 人，最多可能是 9 人　　D. 最少可能是 3 人，最多可能是 9 人

5. 漏税：指纳税人并非故意不缴或者少缴税款的行为。对漏税者，税务机关应当令其限期照章补缴所漏税款；逾期未缴的，从漏税之日起，按日加收税款滞纳金。

根据上述定义，下列情况中属于漏税行为的是（　　）。

A. 杜某开了一家书店，税务部门规定对他的税款实行查账征收。当顾客不要求开发票时，他就不开发票；当有大笔交易并且客户要求开发票时，他就将发票客户联撕下来，客户联与存根联分别填写，客户联上按实际数字填写，而存根联上则填写较小的数字

B. 某著名歌星在某城市举行了一场个人演唱会，票房收入高达 40 万元，根据演出协议，这位歌星拿到了票房收入的 25%约 10 万元。第二天，该歌星又奔赴另一城市演出去了

C. 张大伯是一家小商店的店主，主要经营日用百货，税务管理部门核定他每月缴税款 500 元，他每个月都准时到税务局主动缴纳税款。但上个月由于家中出了事情，几乎没有营业，当然也就没有什么盈利，因此他就没有到税务局去缴纳税款

D. 黄某是个屠夫，他干这一行已经好多年了，最近猪肉紧缺，价格上涨很快，且物价局对猪肉做了最高限价。由于购买生猪的价格很高，他们的利润很低。为此，黄某对税务征管员说，如果政府不取消限价，他们就不缴纳税款

6. 地球上的生物有动物和植物。

以下哪种说法在逻辑上与题干的说法最为类似？（　　）

A. 地球上有白种人、黄种人和黑种人。

B. 汽车有引擎、驾驶室、车厢和轮子。

C. 地球上有七大洲、四大洋。

D. 股票市场上风云变幻，股票价格有升有降。

7. 某市大部分下岗职工为女性，大部分下岗职工为中年。

如果上述题干为真，则下列哪项最可能为真？（　　）

A. 某市下岗职工大部分是中年女性　　B. 某市大部分中年女性下了岗

C. 某市下岗职工中一定没有老年女性　　D. 某市下岗职工中可能没有老年女性

8. 据目前所知，最硬的矿石是钻石，其次是刚玉，而一种矿石只能用与其本身一样硬或更硬的矿石来刻痕。

若以上陈述为真，下列哪项所指矿石一定可被刚玉刻痕？（　　）

Ⅰ. 这种矿石不是钻石。

Ⅱ. 这种矿石不是刚玉。

Ⅲ. 这种矿石不是像刚玉一样硬。

A. 只是Ⅰ　　B. 只是Ⅲ　　C. Ⅰ和Ⅱ　　D. Ⅰ和Ⅲ

9. 从 20 世纪 80 年代末到 90 年代初，在 5 年时间内中科院 7 个研究所和北京大学共有 134 名在职人员死亡。有人收集这一数据后得出结论：中关村知识分子的平均死亡年龄为 53.34 岁，低于北京 1990 年人均期望寿命 73 岁，比 10 年前调查的 58.52 岁也低

出了5.18岁。

下面哪一项最准确地指出了该统计推理的谬误?

A. 实际情况是143名在职人员死亡，样本数据不可靠

B. 样本规模过小，应加上中关村其他科研机构和大学在职人员死亡情况的资料

C. 这相当于在调查大学生平均死亡年龄是22岁后，得出惊人结论：具有大学文化程度的人比其他人平均寿命少50多岁

D. 该统计推理没有在中关村知识分子中间作类型区分

10. 大毛与二毛是两兄弟，大毛的念书时间比二毛的念书时间长，大毛的读书数量也比二毛的读书数量多。

根据题干，可以确定以下哪一个选项为真?(　　)

A. 大毛的知识比二毛的知识更丰富

B. 大毛本人比二毛更聪明一些

C. 大毛对生活的处理比二毛的处理更有效

D. 题干中的信息不足以比较大毛和二毛在其他方面的差别

本章小结

本章我们学习了四个知识点，分别是概念及其特征、概念间关系、定义和划分。这四个知识点中相对比较重要的是概念及其特征。准确无歧义的概念不仅是我们进一步学习命题和推理的基础，更是人类日常沟通的基础。所谓“不积跬步，无以至千里；不积小流，无以成江海”，概念的学习是整个逻辑学学习的基础。

第三章

复合命题及其推理

复合命题指的是逻辑变项是命题的命题，即自身包含其他命题的命题。本章的学习，不仅需要同学们掌握各种不同命题的逻辑特征及其相关推理，而且要培养对于复合命题逻辑连接词的敏感度。

本章知识点

1. 命题、推理及其特征
2. 联言命题及其推理
3. 选言命题及其推理
4. 假言命题及其推理
5. 二难推理

学习要求

熟练掌握各种复合命题的逻辑特征，灵活利用复合命题的逻辑性质进行推理和解题。

第一节　命题和推理概述

命题是表达判断的语句，命题和推理是人类思维的重要形式。无论是我们的日常思维还是科学思维，都离不开用命题和推理来表达客观事物的本质和规律。

一、判断、命题及其特征

一般的逻辑学教程中对于命题和判断不做严格的区分，它们都表示人对思维对象的断定。判断是对思维对象有所断定的思维形式。命题是表达判断的语句，是通过语句来反映事物情况的思维形式。一般来说，所有的判断都是命题，判断是经过断定了的命题，但不是所有的命题都是判断。命题只是对事物情况的陈述，而判断是对事物情况的断定，也就是对陈述事物情况的命题的断定。一个命题可以被断定，也可以未被断定，而断定了的命题就是判断。命题比判断的外延要广，它既包括已被断定的命题——判断，也包括未被断定的命题——非判断。本教材只讨论命题，不具体地研究判断。

客观事物有各种各样的情况。各种事物的性质、一事物与它事物的关系等都是事物的情况，当人们认识了事物的情况，并通过语句把这种认识陈述和表达出来，就形成了命题。

例如：

（1）北京是中华人民共和国的首都。

（2）7 是偶数。

（3）实践是检验真理的唯一标准。

（4）中国既是社会主义国家，又是发展中国家。

（5）要么在沉默中爆发，要么在沉默中灭亡。

以上各例都是命题，它们分别陈述了五种不同的事物情况，从中我们可以看出命题有如下特征：

第一是断定性。任何命题对命题都有所断定，就是肯定或者否定对象具有或者不具有某种属性，如果对事物情况无所陈述，就不能称之为命题。例如“这个周末我们去图书馆吗?”这个疑问句，既没有说明周末确实要去图书馆，也没有说明周末不去图书馆，即没有对“这个周末我们是否去图书馆”这一事物情况作出陈述，而只是提出一个问题，所以，它不是命题。又例如，“这个周末我们做什么”，这也是提出一个问题，而没有做明确的陈述，因而也不是命题。

第二是真假性。这是命题的主要特征。命题既然是对事物情况的陈述，它就应该有真假，如果一个命题所陈述的与客观实际情况相一致，这个命题就是真的；如果一个命题所陈述的与客观实际不一致，这个命题就是假的。例如，“所有事物都是运动的”就是一个真命题；“李白和杜甫都是宋朝诗人”则是一个假命题。

任何命题或者真，或者假，但不能既真又假。命题的真、假二值，逻辑上统称为命题的真值，又称为命题的逻辑值。真命题的真值为真（本教材用“＋”表示），假命题的真值为假（本教材用“－”表示）。

命题有内容和形式两个方面，它们既相互联系，又相互区别。逻辑学并不研究命题的具体内容，各个命题的具体内容属于各门具体科学所研究的对象，逻辑学只从命题形式方面研究它的特征、种类以及各种形式的命题之间的真假关系。

二、命题与语句

通常来说，语句是一组表示事物情况的声音或笔画，是命题的物质载体，两者有着密切的联系。一方面，任何命题都是通过语句来表达的，没有语句，也就没有命题；另一方面，命题则是语句的内容。

但是，命题与语句也有区别，具体如下：

（1）同一命题可以用不同的语句来表达。

例如，“所有物质都是运动的”和“难道不是所有物质都是运动的吗?”这是两个不同的语句，前者是陈述句，后者是反问句，但它们表达的意思是相同的，即表达同一个命题，但在感情色彩和语言风格上有所不同，这也说明我们可以在不同的场合使用不同的语句来表达同一个命题，从而加强语句的感染力。

有这样一个故事：

古时候，京城举行科举考试，许多考生路经此地，都要请算命先生算一算能否考上。首先来的是三个山东考生，他们有礼貌地向他行了礼，问道：“请教先生，我们三人进京赶考，能有几人中榜?”算命先生正襟危坐，双眼微闭，扳起指头算了一会，然后向三人伸出了一根手指，“这是什么意思？”三个考生不解，“一个？还是……”“这就是答案！”算命先生终于开了口，“你们自己思量去吧！倘若算错了，本人加倍奉还银子。”山东的三个考生慷慨地付了银子，匆匆地赶路去了。接着又过来了三个安徽考生，问算命先生同样的问题，算命先生又伸出了一根手指。第三批来的是三个江苏考生，又向算命先生提出相同的问题。算命先生还是伸出了一根手指。最后一批过来的是浙江考生，也是三个人，也提出前面考生提的问题，算命先生依然不动声色地伸出一根手指。

算命先生的儿子一直站在算命先生的身旁，他看到算命先生总是伸出一根手指，感到十分奇怪，就问：“这一根手指是什么意思？”“这里面的学问可大着呢！”算命先生得意地回答。“让我来猜猜，”儿子说，“它表示，三个人中有一人中榜。”“对！还有呢？”“还有……三个人中有一人没有中榜。”“对极了，我的儿子，再想想，还表示什么？”“还有？”儿子摇了摇头。“当然还有，它还表示，三个人一起中榜。”“有道理啊！”儿子点头说。“你再想想，它还可以表示什么？”算命先生又问。“想起来了，它还可以表示，三个人中一个也没有中榜。”“聪明的儿子，你说得对，你想想，三个人进京赶考，结果无非是一人中榜、两人中榜、三人中榜和无人中榜这四种情况，我的一根手指就全部代表了，你说我还不稳操胜券？你就等着中榜的考生来送礼吧！”儿子听了茅塞顿开。

在这个故事里，算命先生的诀窍在于伸出的一根手指这样的“语句”，巧妙地表达了四个不同的命题。

（2）同一语句还可以表达不同的命题。

例如，“小赵在房子上画画”，这个语句既可以表示“小赵坐在（或站在）房子上画画”这个事实，也可以表示“小赵把画画在房子上”这个事实。

这种情况说明，认真分析一个语句的具体环境，从而准确地理解一个语句所表达的命题，是非常重要的，只有这样，才不至于误解语意。

（3）虽然命题都通过语句来表达，但并非所有语句都表达命题。一般来说，陈述句直接表达命题，疑问句、祈使句、感叹句不直接表达命题。

陈述句直接对事物的情况有所陈述，有真假，因而都表达命题。这就是说，命题总是一种语句，但它又不是一般的语句，只有表达一种或真或假的思想的语句才是命题。

疑问句一般不直接表达命题。例如，这样一个语句“人类社会的历史是谁创造的呢？”在这里，它只是提出了一个问题，并没有对事物情况（究竟是谁创造了人类社会的历史）做出陈述，也没有真假，所以它不表达命题。

但是，在疑问句中有一种反问句，即用反问的形式表达了对事物情况有所陈述的思想，因而也是表达命题的。例如，“难道不是劳动人民创造了物质财富吗？”“实践不是检验真理的唯一标准吗？”这两个语句形式上都是疑问句中的反问句，它们以反问的方式表现了提问者对事物情况的明确陈述，即肯定了“物质财富是劳动人民创造的”和“实践是检验真理的唯一标准”，因而这两个句子都表达命题。

感叹句用于抒发某种感情，它并不对事物情况进行断定，所以，感叹句不表达命题。例如，“腾飞吧，中国！”

祈使句表示某种请求，也不直接对事物情况有所肯定或否定，就这一点来说，祈使句也不表达命题。例如，“让我们十年后再相聚！”

（4）命题是描述事件的语句所表达的思想内容，属于思维的范畴。而语句则是一种符号，它写出来是一组笔画，说出来是一种声音，如果不考虑语句被运用时所表达的具体内容，语句就只是一种物质性的东西。

三、命题形式及其种类

（一）命题形式

任何命题都有内容和形式两个方面。命题内容是指命题所反映的事物情况，命题形式是指命题内容的联系方式，即命题的逻辑形式。例如：

（1）所有的金属都是导体。

（2）法律与道德是相联系的。

（3）他或者是医生，或者是教师。

（4）如果明天不下雨，那么我们就组织学生去博物馆参观。

以上都是不同形式的具体命题，它们的逻辑形式分别为：

所有的 s 都是 p，

a 与 b 有 R 关系

p 或者 q

如果 p，那么 q

（二）命题形式的种类

命题形式的种类有两种划分方法：

第一种划分方法是根据命题是否有模态词，将命题分为模态命题和非模态命题（见图 3－1）。

- 命题
  - 模态命题
  - 非模态命题

图 3－1

第二种划分方法以逻辑变项是概念还是命题为标准，将命题分为简单命题和复合命题（见图 3－2）。简单命题又称原子命题，是命题的最小单位，不含其他命题，其变项是概念。简单命题包括性质命题和关系命题。复合命题指的是包含其他命题的命题，它的变项还是命题。复合命题包括联言命题、假言命题、选言命题和负命题。

- 命题
  - 简单命题
    - 性质命题
    - 关系命题
  - 复合命题
    - 联言命题
    - 假言命题
    - 选言命题
    - 负命题

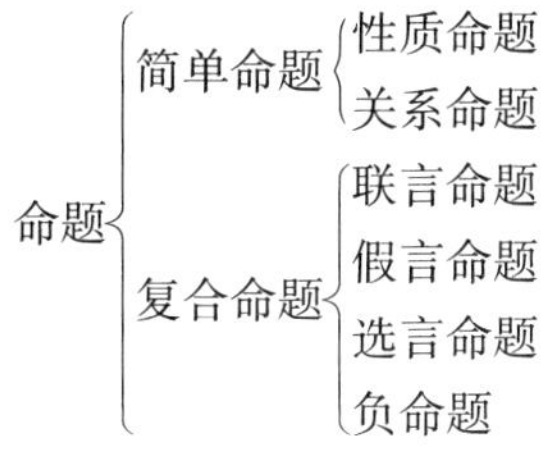

图 3－2

例如，下面几个命题：

（1）所有猴子都是动物。

（2）前途是光明的，但道路是曲折的。

（3）如果天下雨，那么地上湿。

命题（1）表达了猴子具有动物属性这样的简单事件，逻辑变项“猴子”“动物”都是概念，因而是一个简单命题。

命题（2）表达了“前途是光明的”和“道路是曲折的”两种情况同时存在的关系。逻辑变项是命题，因而是一个复合命题。

命题（3）则表达了“天下雨”和“地上湿”这两个事件之间具有条件联系的复杂情况，逻辑变项是由“天下雨”和“地上湿”这两个命题构成的，因此是复合命题。

四、推理的结构及种类

（一）推理的结构

推理是一个命题序列，它是从一个或几个已知命题推出一个新命题的思维形式。例如：

（1）所有金属都是导体，所以，有些导体是金属。

（2）所有金属都是导体，所有铁都是金属，所以，所有铁都是导体。

（3）人都是要死的，苏格拉底是人，所以，苏格拉底是要死的。

再比如我们把网络小说《第一次亲密的接触》里面的经典段落整理成三段推理。

如果我有一千万，我就有一栋房子
我有一千万吗？没有，
———————————————
所以，我仍然没有房子。

如果我有翅膀，我就能飞
我有翅膀吗？没有。
———————————————
所以，我也没办法飞。

如果把整个太平洋的水倒出，
也浇不灭我对你爱情的火焰。
整个太平洋的水谁能倒出来吗？不能
———————————————
所以，我并不爱你。

谈到推理的结构，任何推理都由两部分组成，其中，推理所依据的命题称做前提，推出的新命题称做结论。推理不是命题的任意组合，在推理中，作为前提的命题与作为结论的命题之间必须有推论关系，其逻辑标志是“所以”。其公式是

p，所以，q

（二）推理的种类

推理的种类也有三种划分方法：

第一种划分方法是根据前提与结论之间是否有蕴涵关系，可以把推理分为必然性推理和或然性推理，其中，前提与结论之间有蕴涵关系的是必然性推理，演绎推理、完全归纳推理就属于必然性推理。而前提与结论之间没有蕴涵关系的是或然性推理，不完全归纳推理、类比推理就属于或然性推理。

第二种划分方法是根据思维进程方向的不同，把推理分为演绎推理、归纳推理和类比推理。从一般到特殊的是演绎推理，从特殊到一般的是归纳推理，从特殊到特殊的是类比推理。演绎推理、归纳推理和类比推理的具体内容，在后面的篇章中我们会涉及。

第三种划分方法是根据前提数量的不同，把推理分为直接推理和间接推理。

练习：

下列语句是否是命题，为什么？

（1）民不畏死，奈何以死惧之。

（2）四个现代化的宏伟目标一定能实现。

（3）欲加之罪，何患无辞？

（4）明天下午上什么课？

（5）雪是黑的。

第二节　复合命题概述

一、什么是复合命题

所谓复合命题，是指包含了其他命题的一种命题，一般来说，它是由若干个（至少一个）简单命题通过一定的逻辑联结词组合而成的。

例如：

（1）如果明天下雨，那么运动会就延期举行。

（2）或者张三是犯罪嫌疑人，或者李四是犯罪嫌疑人。

（3）某甲工作既认真又负责。

（4）当且仅当三角形三个角相等，三条边才相等。

这里的复合命题（1）由“明天下雨”和“运动会延期举行”构成，复合命题（2）由“张三是犯罪嫌疑人”和“李四是犯罪嫌疑人”构成，复合命题（3）由“某甲工作认真”和“某甲工作负责”构成，复合命题（4）由“三角形三个角相等”和“三条边相等”构成。构成复合命题的命题称做该复合命题的支命题。它们可以是任意命题，因此被称为复合命题的逻辑变项，用 p、q、r……表示。

虽然复合命题是由命题构造而成的，但并不是任意命题组合在一起就可构成复合命题。在上面的命题中，复合命题（1）是通过联结词“如果……那么”联结两个命题得到，复合命题（2）则是通过联结词“或者”的作用得到的。如果仅仅把两个命题摆在一起而没有联结词，如“张三是犯罪嫌疑人”“李四是犯罪嫌疑人”，则其仍然只是两个命题。因此，支命题必须通过联结词的组合作用才能构成复合命题。联结词是复合命题的逻辑常项，因为联结词有确定的逻辑含义，所以有什么样的联结词决定了一个复合命题有什么样的逻辑形式。

因此，从逻辑结构上分析，复合命题有两个基本的构成要素：支命题和联结词。

二、复合命题的逻辑特征

命题有真假性。一个命题所描述的内容如果符合事实，那么它就是真的，如果不符合事实，那么它就是假的。因此一个命题要么是真的，要么是假的，无所谓真假的语句不表达命题。而符合事实的命题是真的它就不可能是假的，是假的就不可能是真的，因此一个命题不可能既真又假。我们把真假称做命题的逻辑值，又称做命题的真值。显然，任一命题必须并且也只能在真或假中取一个为其逻辑值。一个命题或者是真的，或者是假的，它必须且只能在真假中取一个值，这就是命题的逻辑特征。

对一个简单命题而言，它描述的是一个简单事件，如果描述符合事实它就是真的，不符合就是假的。因此，我们直接以事实为根据来判定简单命题的真假。复合命题是由联结词联结支命题而构成的，从这个意义上讲，复合命题描述的是支命题之间的逻辑关联。尽管复合命题同简单命题一样，也是要么为真要么假，但是复合命题的真假是由支命题的真假决定的。支命题之间的逻辑特征就表现为一种支命题的真假对整个复合命题真假的制约关系。根据联结词的不同，复合命题可以分为联言命题、选言命题、假言命题和负命题。其中，选言命题又包括相容选言命题和不相容选言命题，假言命题又包括充分条件假言命题、必要条件假言命题和充分必要条件假言命题。

第三节　联言命题及其推理

一、联言命题

（一）联言命题概述

联言命题是陈述若干事物情况同时存在的命题。例如，联言命题“鲁迅不仅是文学家，并且是思想家”，就断定了“鲁迅是文学家”和“鲁迅是思想家”这两种情况同时存在。再如：

（1）中国既是社会主义国家，又是发展中国家。

（2）菊花可以观赏，并且菊花可以入药。

（3）前途是光明的，道路是曲折的。

联言命题由联结词“并且”等和支命题构成。联言命题的支命题称为联言支，一个联言命题的联言支至少有两个。在自然语言中，联言命题的逻辑联结词还可以用“既是……又是……”“……又……”“不但……而且……”“虽然……但是……”“……也……”“……而……”等表示，有时还可以省略联结词。

联言命题又称合取命题。联言命题的逻辑联结词“……并且……”，可用合取词“∧”（读作“合取”）表示。一个二支的联言命题的形式为

p 并且 q

也可以表示为合取式：

$$p \wedge q$$

（二）联言命题的逻辑特征

联言命题是陈述若干事物同时存在的命题，因此，一个联言命题的真假，归根结底取决于它的各个联言支是否同时都是真的，也就是说，只有在各个联言支都为真的情况下，联言命题才为真。如果联言支有一个为假，那么，联言命题就一定是假的。

德国诗人海涅是犹太人，因此常遭人耻笑和攻击。一次，一位学者对他说：“我最近刚从塔希提岛旅行回来，你猜我最惊讶的是什么？这个岛上既没有犹太人，也没有驴子!”

海涅立即回敬道："我俩一起到那岛上去，那就既有犹太人，又有驴子了！"在这个案例中，海涅的回答就是一个联言命题，换而言之，只有当"海涅是犹太人"和"这个学者是驴子"同时为真时，这个联言命题为真。

联言命题"p∧q"的逻辑性质可以用真值表表示，如表 3－1 所示。真值表中"＋"表示真，"－"表示假。

表 3－1　联言命题真值表

p	q	p∧q
＋	＋	＋
＋	－	－
－	＋	－
－	－	－

因为联言命题"p∧q"有两个变项，根据 p、q 的真假，所有的真假情况为 2×2＝4。这四种情况为：p 真 q 真时，p∧q 为真；p 真 q 假时，p∧q 为假；p 假 q 真时，p∧q 为假；p 假 q 假时，p∧q 为假。

二、联言推理

联言推理是根据联言命题的逻辑性质进行推演的推理，据此，联言推理分为组合式联言推理和分解式联言推理。

（一）组合式

组合式联言推理是由全部支命题为真，推出联言命题为真的推理形式。在这种推理形式中，结论是联言命题，前提是联言命题的全部支命题。公式如下：

p，
q，
————————
所以，p∧q

例如：

某商品物美，
某商品价廉，
————————
所以，某商品物美价廉。

（二）分解式

分解式联言推理是由联言命题的真，推出一个支命题真的联言推理形式。在这种推理形式中，前提是联言命题，结论是支命题。公式如下：

（p∧q），
所以，p（或者 q）

例如：

前途是光明的，并且道路是曲折的。
————————
所以，前途是光明的。

第四节　选言命题及其推理

一、选言命题

选言命题是陈述若干事物情况中至少有一种情况存在的命题。例如：

（1）某甲或者是诗人，或者是作家。

（2）要么在沉默中爆发，要么在沉默中灭亡。

选言命题由联结词“或者”“要么”等和支命题构成。选言命题的支命题称为选言支。选言支可以有两个，也可以有两个以上。在自然语言中，选言命题的逻辑联结词，还可以使用“……可能……也可能”“或许……或许……”等。一般认为有两种选言命题，即相容选言命题和不相容选言命题。

（一）相容选言命题

相容选言命题是指其支命题可以同时为真的选言命题。例如，上面的命题“某甲或者是诗人，或者是作家。”就是相容选言命题，因为命题的每个选言支可以同时为真。某甲可能既是诗人又是作家。

我们用“∨”（读作“析取”）表示相容选言联结词，p 和 q 表示支命题，则一个二支的相容选言命题的形式是：

p 或者 q

也可以表示为析取式：

$$p \vee q$$

相容选言联结词表达的含义是：各支命题描述的现象情况至少有一种是存在的。因此，一个相容选言命题是真的，当且仅当它的支命题至少有一个真。如果选言命题的每一个支命题都是假的，则意味着没有哪个支命题所描述的情况存在，即并非至少有一个支命题所描述的情况是存在的，因此该选言命题就是假的。

选言命题“p∨q”的逻辑性质可用真值表表示，如表 3－2 所示。

表 3－2　选言命题的真值表

p	q	p∨q
+	+	+
+	−	+
−	+	+
−	−	−

人们在使用选言命题时，经常会遇到选言支是否穷尽的问题。所谓选言支是否穷尽，是指选言命题是否反映了事物的全部可能情况。如果一个选言命题的选言支是穷尽的，就能保证至少有一个选言支是真的；反之，如果一个选言命题的选言支不是穷尽的，那么就不能保证至少有一个选言支为真，这样的选言命题就可能假。例如，某侦察人员根据某甲或某乙到过作案现场，就得出这样的结论：“某甲是凶手或者某乙是凶手”。但经查，某甲

和某乙都不是凶手。这说明某侦察员所作的选言命题并没有穷尽所有的选言支，因而是一个假命题。

请同学们分析下面这段话的逻辑形式：

某日，张山的女朋友突然对他提出分手，于是张山很纳闷，“是我对你承诺了太多，还是我给的原本就不够?”女友说，都不是。张山又问：“那到底是什么?”她小声地说：“是我爱上别人了。”

（二）不相容选言命题

不相容选言命题是指其支命题不可以同时为真的选言命题。例如前面的命题“要么在沉默中爆发，要么在沉默中灭亡。”就是不相容选言命题，因为每个命题的选言支不可以同时为真，沉默中不可能既爆发又灭亡。

我们用“$\dot{\vee}$”（读作“不相容析取”）表示不相容选言联结词，p 和 q 表示支命题，则一个二支的不相容选言命题的形式是：

$$p \text{ 要么 } q$$

也可以表示为析取式：

$$p \dot{\vee} q$$

不相容选言联结词表达的含义是：各支命题描述的现象情况有且只有一种是存在的。因此，一个不相容选言命题是真的，当且仅当它的支命题有且只有一个真。如果一个不相容选言命题的每个支命题都真，或每个支命题都假，则该命题是假的。

选言命题“$p \dot{\vee} q$”的逻辑性质可用真值表表示，如表 3－3 所示。

表 3－3　选言命题的真值表

p	q	$p \dot{\vee} q$
+	+	－
+	－	+
－	+	+
－	－	－

例题：

请分析命题“他或者买电视机，或者买收录机”和“他既不买收录机，也不买电视机”之间的关系是等值的还是矛盾的。

第一步：设值。

设他买电视机为 p，他买收录机为 q。

第二步，写出逻辑表达式。

将“他或者买电视机，或者买收录机”表示为 $p \vee q$，将“他既不买收录机，也不买电视机”表示为 $\neg p \wedge \neg q$。

第三步，填写真值表，见表 3－4。

表 3－4

p	q	$p \vee q$	$\neg p \wedge \neg q$
+	+	+	－
+	－	+	－

续表

p	q	p∨q	－p∧－q
－	＋	＋	－
－	－	－	＋

由上表可知，题干两个命题是矛盾关系。

二、选言推理

选言推理是前提中有一个是选言命题，并且根据选言命题的逻辑性质进行推演的推理。鉴于相容选言命题和不相容选言命题的逻辑性质不同，它们构成的选言推理也有所不同。

选言推理就是根据析取词或选言命题的逻辑性质进行的复合命题推理。它主要有相容选言推理和不相容选言推理两种有效的推理形式。

（一）相容选言推理

相容选言推理是前提中有一个是相容选言命题，并且根据相容选言命题的逻辑性质进行的推理。它的推理有效式如下。

1. 否定肯定式

相容选言推理的否定肯定式是在前提中否定相容选言前提的除一个以外的其他选言支，从而得出肯定剩下一个选言支的结论的推理形式。

这种推理的形式可表示为

p 或者 q
非 p（或非 q）
———————
所以，q（或 p）

也可以用蕴涵式表示为

$$(p\lor q)\land\neg p\rightarrow q$$

$$(p\lor q)\land\neg q\rightarrow p$$

从相容选言命题的真值表可以看出，当 p∨q 为真，并且 p 为假时，q 一定是真的，当 p∨q 为真，并且 q 为假时，p 一定是真的。所以，相容选言推理否定肯定式是有效的。

例如：

人们过河或是游泳或是渡船
没有渡船
———————
所以，只能游泳

2. 析取附加式

相容选言推理的析取附加式是以任一命题为前提，并以这个命题为一选言支，然后附加另一选言支构成的选言命题为结论的推理形式。

这种推理的形式可表示为

p
———————
所以，p 或者 q

也可以把这种形式用蕴涵式表示为

$$p\rightarrow p\lor q$$

例如：

$$\frac{\text{他是教师}}{\text{所以，他是教师，或者是演员。}}$$

从相容选言命题的真值表可以看出，当 p 为真时，p∨q 一定是真的，所以，选言推理附加式是有效的推理。从上面所举的例子便可以看得出，这种推理在日常生活中几乎没有用处，但这种推理形式却是有效的，在现代逻辑中是不可缺少的。

网传的诗《你见与不见》就是不相容选言命题和联言命题的连续使用。

你见，或者不见我，我就在那里，不悲，不喜。

你念，或者不念我，情就在那里，不来，不去。

你爱，或者不爱我，爱就在那里，不增，不减。

你跟，或者不跟我，我的手就在你手里，不舍不弃。

来我的怀里，或者，让我住进你的心里。

默然相爱，寂静欢喜。

（二）不相容选言推理

不相容选言推理是前提有一个是不相容选言命题，并且根据不相容选言命题的逻辑性质进行的推理。它的推理有效式如下。

1. 否定肯定式

不相容选言推理的否定肯定式是在前提中否定不相容选言前提的除一个以外的其他选言支，从而得出肯定剩下一个选言支的结论的推理形式。

这种推理的形式可表示为

$$\frac{\begin{array}{c}\text{p 要么 q}\\ \text{非 p（或非 q）}\end{array}}{\text{所以，q（或 p）}}$$

也可以用蕴涵式表示为

$$(p\dot{\vee}q)\wedge\neg p\rightarrow q$$

$$(p\dot{\vee}q)\wedge\neg q\rightarrow p$$

从相容选言命题的真值表可以看出，当 $p\dot{\vee}q$ 为真，当并且 p 为假时，q 一定是真的，当 $p\dot{\vee}q$ 为真，并且 q 为假时，p 一定是真的。所以，不相容选言推理否定肯定式也是有效的。例如：

$$\frac{\begin{array}{c}\text{《西游记》的作者要么是吴承恩，要么是曹雪芹，}\\ \text{《西游记》的作者不是曹雪芹，}\end{array}}{\text{所以，《西游记》的作者是吴承恩。}}$$

美国前总统布什在“9・11”后为了建立反恐统一战线，在公众场合明确地表示：“凡不是美国朋友的国家都是敌人”。但是，布什总统在前后的多次公开谈话中却一直认为“中国既不是朋友也不是敌人”。可见，布什总统犯了一个不小的逻辑错误。

2. 肯定否定式

不相容选言推理的肯定否定式是在前提中肯定不相容选言前提的除一个以外的其他选言支，从而得出否定剩下一个选言支的结论的推理形式。

这种推理的形式可表示为

p 要么 q
q（或 p）
所以，非 p（或非 q）

也可以用蕴涵式表示为

$$(p\dot{\vee}q)\wedge q\rightarrow\neg p$$
$$(p\dot{\vee}q)\wedge p\rightarrow\neg q$$

从相容选言命题的真值表可以看出，当 $p\dot{\vee}q$ 为真，并且当 p 为真时，q 一定是假的，当 $p\dot{\vee}q$ 为真，并且当 q 为真时，p 一定是假的。所以，不相容选言推理肯定否定式是有效的。例如：

《西游记》的作者要么是吴承恩，要么是曹雪芹，
《西游记》的作者是吴承恩。
所以，《西游记》的作者不是曹雪芹。

需要注意的是，肯定否定式对于相容选言推理却是一种无效的推理形式，这种推理之所以无效，可以从相容选言命题的真值表中看出。当 $p\vee q$ 为真并且 p 为真时，q 可真可假。因此从 $p\vee q$ 和 p，不能必然推出 $\neg q$；同理，从 $p\vee q$ 和 q 也不能必然推出 $\neg p$。例如：

某甲犯错误或是立场原因或是认识原因，
某甲犯错误是认识原因，
所以，某甲犯错误不是立场原因。

从上面的阐述中，我们可以总结出相容选言推理的两条规则：

（1）否定一部分选言支，就要肯定另一部分选言支。

（2）肯定一部分选言支，不能否定另一部分选言支。

同时，与之相对应的不相容选言推理的规则如下：

（1）否定一部分选言支，就要肯定另一部分选言支。

（2）肯定一部分选言支，就要否定另一部分选言支。

例题：

小董并非既懂英文又懂法语。

如果上述断定为真，那么下述哪项断定必定为真？（　　）

A. 小董懂英文但不懂法语。

B. 小董懂法语但不懂英文。

C. 小董既不懂英文也不懂法语。

D. 如果小董懂英文，小董一定不懂法语。

E. 如果小董不懂法语，那么他一定懂英文。

这个题目中运用的是选言联言的变换式。题干中，小董并非既懂英文又懂法语等值于或者小董不懂英文或者小董不懂法语。根据相容选言命题的否定肯定式，小董如果懂英文，一定不懂法语，选择 D。

这个公式希望同学们谨记：

$$\neg(p\wedge q)\leftrightarrow\neg p\vee\neg q$$
$$\neg(p\vee q)\leftrightarrow\neg p\wedge\neg q$$

第五节　假言命题及其推理

一、假言命题概述

假言命题是指联结词是假言联结词的复合命题。

假言联结词表达的是一个支命题所描述的事件是另一个支命题所描述事件存在的条件。两个事件之间的条件联系有三种：充分条件联系、必要条件联系和充分必要条件联系。因此，假言命题也有三种，即充分条件假言命题、必要条件假言命题和充分必要条件假言命题。

假言命题由两个支命题构成。其中表示条件的支命题称做假言命题的前件；表示依赖条件而成立的命题称做假言命题的后件。例如：

（1）如果天下雨，那么地上湿。

（2）只有有电，电灯才亮。

（1）和（2）都是假言命题。其中，“天下雨”和“有电”是假言命题的前件，“地上湿”和“电灯亮”是假言命题的后件。

二、假言命题

（一）充分条件假言命题

充分条件假言命题是指联结词是充分条件联结词的命题。它是反映某事物情况是另一事物情况充分条件的命题。

充分条件联结词描述的是两个事件之间的充分条件联系。事件 p 与事件 q 之间有充分条件联系，如果有 p 必有 q，而没有 p 有无 q 不确定。例如，命题“如果天上下雨，那么地上湿”，在这里，事件为“天上下雨”与“地上湿”，一旦天上下雨，就一定地上湿；但是地上湿，却不一定天上下雨。因此事件“天上下雨”与“地上湿”之间有充分条件联系，“如果天上下雨，那么地上湿”就是一个真的充分条件命题。

因此，充分条件命题的逻辑含义是：有前件就一定有后件，没有前件不一定没有后件。这样的前件就是后件的充分条件。“有之必然，无之未必不然。”

例如，“一个整数的末尾数是 0”，就是“能被 2 整除”的充分条件。末尾是 0，就一定“能被 2 整除”。末尾不是 0，不一定不能被 2 整除。

我们用“→”（读作“蕴涵”）表示充分条件联结词，充分条件命题的逻辑形式为

如果 p，那么 q

用符号表示为

$$p \rightarrow q$$

在自然语言中，充分条件假言命题还可以用以下这些关联词来表达：“只要……就”“倘若……则……”“一旦……就……”“假使……那么……”“当……使……”等。

据说，舞蹈家邓肯向大作家萧伯纳求爱时说：“如果你答应同我结婚，我会为你生下一个像你一样聪明、像我一样漂亮的孩子。”萧伯纳回答：“如果你嫁给我，生下来的孩子就会像我一样难看，像你一样愚蠢。”在这里，萧伯纳建立了一个充分条件假言命题回应

邓肯的假言命题。

由于一个充分条件假言命题的真假，取决于其前件所反映的事物情况是不是后件所反映的事物情况的充分条件，如果前件是后件所反映的事物情况的充分条件，那么，该充分条件假言命题就是真的；否则，就是假的。因此，当一个充分条件假言命题为真时，其前件与后件就有如下三种真假情况：前件真并且后件也真；前件假并且后件真；前件假并且后件假。若要充分条件假言命题为假，只有一种情况，即前件真并且后件假。用一句话概括，就是“一个充分条件假言命题，只有当前件真而后件假时，它是假的，其余情况下都为真”。充分条件假言命题的真值表如表 3-5 所示。

表 3-5　充分条件假言命题的真值表

p	q	p→q
+	+	+
+	−	−
−	+	+
−	−	+

（二）必要条件假言命题

必要条件假言命题是指联结词是必要条件联结词的命题。它是反映某事物情况是另一事物情况必要条件的命题。

必要条件命题描述的是两个事件之间的必要条件联系。事件 p 与事件 q 之间有必要条件联系，如果没有 p 就没有 q，而有 p 时有无 q 不确定。例如，命题“只有有电，电灯才亮”，在这里事件“有电”与“灯亮”，一旦没有电，灯一定不亮，而灯不亮，有没有电则不一定。因此事件“有电”与“灯亮”之间有必要条件联系，“只有有电，电灯才亮”就是一个真的必要条件命题。

因此，必要条件命题的逻辑含义是：没有前件，就一定没有后件，有前件不一定有后件，这样的前件就是后件的必要条件。“无之必不然，有之未必然。”

例如，“年满 18 岁”，就是“具有选举权”的必要条件。具有选举权，就一定“年满 18 岁”；没有选举权，不一定不满 18 岁。

我们用“←”（读作“逆蕴涵”）表示必要条件联结词，必要条件命题的逻辑形式为

只有 p，才 q

用符号表示为

p←q

在自然语言中，必要条件假言命题还可以用以下这些关联词来表达：“没有……就没有”“必须……才……”“不……就不……”等。

同时，由于一个必要条件假言命题的真假，取决于其前件所反映的事物情况是不是后件所反映的事物情况的必要条件，如果前件是后件所反映事物情况的必要条件，那么，该必要条件假言命题就是真的；否则，就是假的。因此，一个必要条件假言命题当其为真时，其前件与后件就有如下三种真假情况：前件假并且后件也假；前件真并且后件也真；前件真并且后件假。若要必要条件假言命题为假，只有一种情况，即前件假并且后件真。用一句话概括，就是“一个必要条件假言命题，只有当前件假而后件真时，它是假的，其

余情况下都为真”。真值表如表 3－6 所示。

表 3－6 必要条件假言命题的真值表

p	q	p←q
+	+	+
+	－	+
－	+	－
－	－	+

（三）充分必要条件假言命题

充分必要条件假言命题是指联结词是充分必要条件联结词的命题。它是反映某事物情况是另一事物情况充分必要条件的命题。

充分必要条件命题描述的是两个事件之间的充分必要条件联系。事件 p 与事件 q 之间有充分必要条件联系，如果没有 p 就没有 q，而有 p 时一定有 q。例如，命题“当且仅当一个数是偶数，才能被 2 整除”，在这里事件为“偶数”与“被 2 整除”，一旦不是偶数，一定不能被 2 整除；而是偶数，一定可以被 2 整除。因此事件“偶数”与“被 2 整除”之间有充分必要条件联系，“当且仅当一个数是偶数，才能被 2 整除”就是一个真的充分必要条件命题。

因此，充分必要条件命题的逻辑含义是：有前件，就一定有后件，没有前件，就一定没有后件，这样的前件就是后件的必要条件。“有之必然，无之必不然。”

我们用“↔”（读作“等值”）表示充分必要条件联结词，充分必要条件命题的逻辑形式为

当且仅当 p，才 q

用符号表示为

p↔q

在自然语言中，充分必要条件假言命题还可以用以下这些关联词来表达：“如果……则……”“并且，只有……才……”“没有……就没有”“必须……才……”“不……就不……”等。

一个充分必要条件假言命题的真假，取决于其前件所反映的事物情况是不是后件所反映的事物情况的充分必要条件。如果是则真，不是则假。

因此，当一个充分必要条件假言命题为真时，其前件与后件就有如下的逻辑特征：当 p 和 q 同真或者同假时，充分必要条件假言命题为真；如果两个支命题的真假不同，充分必要条件假言命题就是假的。充分必要条件假言命题的特征可用真值表表示，具体如表 3－7 所示。

表 3－7 充分必要条件假言命题的真值表

p	q	p↔q
+	+	+
+	－	－
－	+	－
－	－	+

三、假言推理

假言推理是以假言命题为大前提，并根据假言命题的逻辑特性进行的推理。这种推理的一个前提为假言命题，另一个前提和结论为真言命题。假言命题有三种，相对应的假言推理也有三种：充分条件假言推理、必要条件假言推理和充分必要条件假言推理。

（一）充分条件假言推理

充分条件假言推理是以充分条件假言命题为大前提，并根据充分条件假言命题的逻辑特性进行的假言推理。

充分条件假言命题的逻辑特性是：有前件，就一定有后件，没有后件就一定没有前件。所以如果我们已经知道前件真，就可以推知后件真；如果已知后件假，就可以推知前件假。这样充分条件假言推理就有以下两个正确的式：

（1）肯定前件式：小前提肯定前件，结论肯定后件。例如：

如果天下雨，那么地上湿，
天下雨了，
————————
所以，地上湿了。

其逻辑形式为

$$\frac{\begin{array}{c}p\rightarrow q\\ p\end{array}}{\text{所以，}q}$$

《世说新语》中记载了这样一个典故：孔融去李膺家做客，客人们都赞他聪明。后来又来了一个叫陈韪的客人，对孔融很不以为然，说："小时了了，大未必佳。"孔融反唇相讥："想君小时，必当了了。"陈韪十分尴尬。在这个典故里，孔融巧妙地利用陈韪的话作为前提，加上自己的判断，构成了一个推理：如果小时候聪明，那么长大了就不怎么样。再根据充分条件肯定前件式得出：我猜想您小时候很聪明，所以，您现在不怎么样。

（2）否定后件式：小前提否定后件，结论否定前件。例如：

如果天下雨，那么地上湿，
地上没有湿，
————————
所以，天没有下雨。

其逻辑形式为：

$$\frac{\begin{array}{c}p\rightarrow q\\ \neg q\end{array}}{\text{所以，}\neg p}$$

充分条件假言推理的规则是：

（1）肯定前件必然肯定后件；否定后件必然否定前件。

（2）否是前件不能否定后件；肯定后件不能肯定前件。

（二）必要条件假言推理

必要条件假言推理是指以必要条件假言命题为大前提，并根据必要条件假言命题的逻辑特性进行的推理。

必要条件命题的逻辑特性是：没有前件，就一定没有后件；有后件就一定有前件。所以，如果我们已知前件假，就可以推知后件假；如果已知后件真，就可推知前件真。这样必要条件假言推理就有以下两个正确的式：

（1）否定前件式：小前提否定前件，结论否定后件，例如：

只有合理施肥，才能获得丰收，
没有合理施肥，
———————————
所以，没有获得丰收

其逻辑形式为

$$\frac{\begin{array}{c}p \leftarrow q \\ \neg p\end{array}}{\text{所以，}\neg q}$$

（2）肯定后件式：小前提肯定后件，结论肯定前件，例如：

只有年满 18 周岁，才有选举权，
他有选举权，
———————————
所以，他年满 18 周岁。

其逻辑形式为

$$\frac{\begin{array}{c}p \leftarrow q \\ q\end{array}}{\text{所以，}p}$$

必要条件假言推理的规则为

（1）否定前件，必然否定后件；肯定后件，必然肯定前件。

（2）肯定前件，不能肯定后件；否定后件，不能否定前件。

例如，在公交车上，一个四五岁的男孩指着周围的高楼大厦对身旁的爷爷说："真高！真漂亮！"接着，爷爷和孙子有了下面一段对话：

"爷爷，咱们干吗不住到这儿来？"

"等你长大了好好念书。只有书念得好，才能住进这样漂亮的高楼。"

"爷爷，你一定没好好学习。"

"哄"的一声，车上的人都笑了。

这段对话包含了一个必要条件的假言推理："只有书念得好，才能住进这样漂亮的高楼。"爷爷没有能住进这样漂亮的高楼，所以，"爷爷一定没有好好学习"。男孩的推理是不正确的，它违反了必要条件假言推理的"否定后件，不能否定前件"的规则。

（三）充分必要条件假言推理

充分必要条件假言推理是指以充分必要条件假言命题为大前提，并根据充分必要条件假言命题的逻辑特性进行的推理。

充分必要条件假言命题的逻辑特征是：有前件就一定有后件，没有前件就一定没有后件；有后件就一定有前件，没有后件就一定没有前件。这样，它就有以下四个正确的式：

（1）肯定前件式：小前提肯定前件，结论肯定后件。例如：

当且仅当一个数是偶数，它才能被 2 整除，
这个数是偶数，
———————————
所以，它能被 2 整除。

其逻辑形式为

$$\frac{\begin{array}{c}p\leftrightarrow q\\ p\end{array}}{\text{所以，}q}$$

（2）否定前件式：小前提否定前件，结论否定后件。例如：

$$\frac{\begin{array}{c}\text{当且仅当一个数是偶数，它才能被 2 整除，}\\ \text{这个数不是偶数，}\end{array}}{\text{所以，这个数不能被 2 整除。}}$$

其逻辑形式为

$$\frac{\begin{array}{c}p\leftrightarrow q\\ \neg p\end{array}}{\text{所以，}\neg q}$$

（3）肯定后件式：小前提肯定后件，结论肯定前件。例如：

$$\frac{\begin{array}{c}\text{当且仅当一个数是偶数，它才能被 2 整除，}\\ \text{这个数能被 2 整除，}\end{array}}{\text{所以，它是偶数。}}$$

其逻辑形式为

$$\frac{\begin{array}{c}p\leftrightarrow q\\ q\end{array}}{\text{所以，}p}$$

（4）否定后件式：小前提否定后件，结论否定前件。例如：

$$\frac{\begin{array}{c}\text{当且仅当一个数是偶数，它才能被 2 整除，}\\ \text{这个数不能被 2 整除，}\end{array}}{\text{所以，它不是偶数。}}$$

其逻辑形式为

$$\frac{\begin{array}{c}p\leftrightarrow q\\ \neg q\end{array}}{\text{所以，}\neg p}$$

充分必要条件假言推理的规则是：

（1）肯定前件，就要肯定后件；否定前件，就要否定后件。

（2）肯定后件，就要肯定前件；否定后件，就要否定前件。

例题：

一位编辑正在考虑报纸理论版稿件的取舍问题。有 E、F、G、H、J、K 六篇论文可供选择。要考虑文章的内容、报纸的版面等因素。

（1）如果采用论文 E，那么不能用论文 F 但要用论文 K。

（2）只有不用论文 J，才能用论文 G 或论文 H。

（3）如果不用论文 G，那也不用论文 K。

（4）论文 E 是向名人约的稿件，不能不用。

以上各项如果为真，下面哪一项一定是真的？（　　）

A. 采用论文 E，但不用论文 H

B. G 和 H 两篇论文都用

C. 不用论文 J，但用论文 K

D. G 和 J 两篇论文都不用

本题解题步骤如下：

第一步：写出每个信息的逻辑表达式。

（1）$E\rightarrow(\neg F\wedge K)$。

（2）$\neg J\leftarrow(G\vee H)$。

（3）$\neg G\rightarrow\neg K$。

（4）E。

第二步，按照命题性质进行推理。

（5）由（1）、（4）和充分条件的肯定前件式得出¬F、K。

（6）由（3）、（5）和充分条件的否定后件式得出 G。

（7）由（2）、（6）和必要条件的肯定后件式得出¬J。

综上，E、K、G 要用，F、J 不用，答案是 C。

四、假言变形推理

假言变形推理是指以一个假言命题作为前提，根据假言命题的逻辑性质而得到的新的假言命题作为结论的假言命题。

（一）假言易位推理

假言易位推理是指通过变换前提中假言命题前后件的位置，而不改变它们的真值，去推出一个假言命题作为结论的推理。由假言命题的逻辑性质决定，假言易位推理主要有以下两种：

（1）充分条件假言易位推理：通过变换充分条件假言命题前后件的位置，推出一个新的必要条件假言命题的推理。例如：

如果一个企业采用科学的管理方法，就能提高生产率。

所以，只有提高劳动生产率，才意味着这个企业采用了科学管理方法。

其公式为

$$\frac{\text{如果 p，那么 q}}{\text{所以，只有 q，才 p}}$$

或者表达为

$$(p\rightarrow q)\rightarrow(q\leftarrow p)$$

（2）必要条件假言易位推理：其前提是必要条件假言命题，结论是将前提的前后件易位的充分条件假言命题。例如：

只有有电，电灯才亮。

所以，如果电灯亮，则有电。

其公式为

$$\frac{\text{只有 p，才 q}}{\text{所以，如果 q，那么 p}}$$

或者表达为

$$(p\leftarrow q)\rightarrow(q\rightarrow p)$$

假言易位推理的规则是：

（1）对调假言前提前、后件的位置。

（2）改变假言前提的逻辑联结项：如果前提是充分条件假言判断的联结项，那么结论改变为必要条件假言判断的联结项；如果前提是必要条件假言判断的联结项，那么结论改变为充分条件假言判断的联结项。

（二）假言换质推理

假言换质推理是指只改变假言判断前、后件的真值，而不改变它们的位置的假言直接推理。假言换质推理主要有以下两种：

（1）充分条件假言换质推理。例如：

如果物体摩擦，那么物体就会产生热。

所以，只有物体不摩擦时，物体才没有产生热。

其公式为

$$\frac{\text{如果 p，那么 q}}{\text{所以，只有非 p，才非 q}}$$

或者表达为

$$(p\rightarrow q)\rightarrow(\neg p\leftarrow\neg q)$$

（2）必要条件假言换质推理。例如：

只有坚持，才会成功。

所以，如果不坚持，就不会成功。

其公式为

$$\frac{\text{只有 p，才 q}}{\text{所以，如果非 p，那么非 q}}$$

或者表达为

$$(p\leftarrow q)\rightarrow(\neg p\rightarrow\neg q)$$

假言换质推理的规则是：

（1）改变假言前提前、后件的真值。

（2）改变假言前提的逻辑联结项：如果前提是充分条件假言判断的联结项，那么结论改变为必要条件假言判断的联结项；如果前提是必要条件假言判断的联结项，那么结论改变为充分条件假言判断的联结项。

（三）假言易位换质推理

假言易位换质推理是指既改变假言判断前、后件的位置，又改变它们的真值的假言直接推理。假言易位换质推理主要有以下两种：

（1）充分条件假言易位换质推理。例如：

一个人对学习有兴趣，那么就能取得好成绩。

所以，如果一个人没有好成绩，那么对学习就不可能有兴趣。

其公式为

$$\frac{\text{如果 p，那么 q}}{\text{所以，如果非 q，那么非 p}}$$

或者表达为

$$(p \to q) \to (\neg q \to \neg p)$$

（2）必要条件假言易位换质推理。例如：

只有年满 18 周岁，才有选举权。
所以，没有选举权，必然没有 18 周岁。

其公式为

只有 p，才 q
———————————
所以，只有非 q，才非 p

或者表达为

$$(p \leftarrow q) \to (\neg q \leftarrow \neg p)$$

假言易位换质推理的规则是：

（1）对调假言前提前、后件的位置。

（2）改变假言前提前、后件的真值。

五、假言连锁推理

假言连锁推理是指由两个或两个以上假言命题作为前提，推出一个假言命题作为结论的推理。它的特点是：在前提中，前一个假言命题的后件和后一个假言命题的前件相同，它是由几个假言命题联结而推出结论的。它包括充分条件假言连锁推理和必要条件假言连锁推理。

（一）充分条件假言连锁推理

充分条件假言连锁推理是指以充分条件假言命题作为前提和结论的假言连锁推理。其有效式有两种：

（1）肯定式：肯定第一个前提的前件，从而肯定后一个前提的后件的形式。例如：

如果大力发展生产力，那么能创造更多的物质财富。
如果物质财富多了，那么人民就能过上好日子。
———————————
所以，如果大力发展生产力，那么人民就能过上好日子。

其公式为

如果 p，则 q
如果 q，则 r
———————————
所以，如果 p，则 r

或者表达为

$$[(p \to q) \land (q \to r)] \to (p \to r)$$

（2）否定式：否定后一个前提的后件，从而否定前一个前提的前件的形式。例如：

如果某甲是该案的案犯，那么他到过发案现场。
如果他到过发案现场，那么他有作案时间。
———————————
所以，如果某甲没有作案时间，那么某甲不是该案的案犯。

其公式为

如果 p，则 q
如果 q，则 r
———————————
所以，如果非 r，则非 p

或者表达为

$$[(p\rightarrow q)\land(q\rightarrow r)]\rightarrow(\neg r\rightarrow\neg p)$$

（二）必要条件假言连锁推理

必要条件假言连锁推理是指以必要条件假言命题作为前提的假言连锁推理。其有效式有两种：

（1）肯定式：肯定最后一个前提的后件，从而肯定第一个前提的前件的形式。例如：

只有发展社会主义市场经济，才能提高经济效益。
只有提高经济效益，才能改善人民生活。
———————————————————————
所以，如果要改善人民生活，就必须发展社会主义市场经济。

其公式为

只有 p，才 q
只有 q，才 r
——————————
所以，如果 r，则 p

或者表达为

$$[(p\leftarrow q)\land(q\leftarrow r)]\rightarrow(r\rightarrow p)$$

（2）否定式：否定第一个前提的前件，从而否定最后一个前提的后件的形式。例如：

只有刻苦学习，才能掌握现代科学技术。
只有掌握现代科学技术，才能攀登科学高峰。
———————————————————————
所以，如果不刻苦学习，就不能攀登科学高峰。

其公式为

只有 p，才 q
只有 q，才 r
——————————
所以，如果非 p，则非 r

或者表达为

$$[(p\leftarrow q)\land(q\leftarrow r)]\rightarrow(\neg p\rightarrow\neg r)$$

练习：

1. 指出下列命题的种类，并写出真值形式。

（1）张山和李斯都是教师。

（2）我很丑，可是我很温柔。

（3）谁说他是嘴上这么说，行动上也是这么做？并非如此。

（4）这个球是红玻璃球而不是蓝玻璃球，或是蓝玻璃球而不是红玻璃球。

（5）并非张山、李斯、王武三人中至少有一人到过现场。

（6）如果某推理的结论是错误的，那么或是该结论的前提是虚假的，或是该结论的前提是无效的。

（7）绝不是一个人的记忆力强并且延长学习时间，他就可以获得奖学金。

（8）张山既爱好音乐，又爱好摄影，但不爱好数学。

（9）不成功，便成仁。

（10）成功或失败，在此一举。

（11）要么换 p 上场，要么换 q 上场，否则，r 队就会被 s 队打败。

(12) 并非如果北京参加本次全运会，河北或山东或陕西就不参加本次全运会，所以，北京、河北、山东、陕西都参加本次全运会。

2. 下面的推理是否正确？如不正确，请指出其违反了哪条推理规则。

(1) 铁是固体，铁是金属；所以，所有金属都是固体。

(2) 如果一个数能被 9 整除，那么它就能被 3 整除，这个数能被 3 整除，所以它能被 9 整除。

(3) 如果不进行调查，就不会有发言权，他没有进行调查，所以他没有发言权。

(4) 一个人或者是文学家，或者是历史学家；郭沫若是文学家；所以，他不是历史学家。

(5) 苏打溶液要么是酸性的，要么是碱性的，要么是中性的；经试验它不是酸性的；所以，它是碱性的。

(6) 只有慢车，才在这站停；这列火车在这站停了；所以，这是一列慢车。

(7) 我们既要加强物质文明建设又要加强精神文明建设，所以，我们要加强精神文明建设。

(8) 如果停电，机器就停止运转；现在机器运转正常，所以现在没停电。

(9) 一个人犯罪或有其主观原因，或有其客观原因，这个人犯罪的确有客观原因，所以，这个人犯罪没有主观原因。

(10) 如果不经常锻炼身体，那么身体就不会健康；如果身体不健康，那么就会影响工作；所以，如果经常锻炼身体，就不会影响工作。

(11) 航天飞机的失事或是由于设备故障，或是由于人为破坏；现已查明，这次航天飞机失事的原因确系设备故障。所以，可以排除人为破坏。

(12) 如果不是小张和小李都不去春游，小王一定去春游；小张决定去春游。因此，小王一定去春游。

3. 请写出下面这几段话的推理形式。

(1)《论语·子路》：子路曰："卫君待子而为政，子将奚先？"子曰："必也正名乎！"子路曰："有是哉，子之迂也，奚其正？"子曰："野哉，由也！君子于其所不知，盖阙如也。名不正则言不顺，言不顺则事不成，事不成则礼乐不兴，礼乐不兴则刑罚不中，刑罚不中则民无所措手足。故君子名之必可言也，言之必可行也。君子于其言，无所苟而已矣。"

(2) 裴玄本好谐谑，为户部郎中。时左仆射房玄龄疾甚，省郎将问疾，玄本戏曰："仆射病可，须问之。既甚矣，何须问也。"有泄其言者。既而随例候玄龄，玄龄笑曰："裴郎中来，玄龄不死矣。"

(3) 如果不制定保护珍稀动物的法律，就有人任意捕杀珍稀动物；如果任意捕杀珍稀动物，许多动物就会灭绝；如果许多动物灭绝，生态平衡就被破坏；如果生态平衡被破坏，人类的生存就受到威胁。所以，如果不制定保护珍稀动物的法律，人类的生存就受到威胁。

第六节　负命题及其推理

一、负命题

负命题就是陈述某个命题不成立的命题，也就是否定某个命题的命题。例如：

（1）并非天在下雨但地却是干的。

（2）所有的法律都是善法，这是假的。

（3）并非一切金属都是固体。

（4）并非有的金属不是导体。

负命题由支命题和联结词“并非”构成。负命题的逻辑联结词“并非”可以用否定词“¬”来表示。在日常用语中，负命题的联结词还可以表达为“没有”“不”“这是假的”“这是错误的”等。被否定的命题称为支命题，它可以是简单命题，也可以是复合命题。

负命题的形式是：

并非 p

也可表示为否定式：

$$\neg p$$

一个负命题是真的，当且仅当它的支命题假；如果它的支命题是真的，则负命题为假。负命题的逻辑特征可用真值表表示，具体如表 3－8 所示。

表 3－8　负命题的真值表

p	¬p
+	−
−	+

由于负命题“¬p”只有一个支命题 p，它有真假两种情况，因而负命题的真值表只有两行。

二、复合命题负命题的等值推理

复合命题负命题是指支命题是复合命题的负命题。它包括负联言命题、负相容选言命题、负不相容选言命题、负充分条件假言命题、负必要条件假言命题、负充分必要条件假言命题以及负命题的负命题。

（一）负联言命题的等值命题

负联言命题的等值命题，是指否定一个联言命题得到一个相应的选言命题：

$$\neg(p \land q) \longleftrightarrow (\neg p \lor \neg q)$$

（二）负相容选言命题的等值命题

负相容选言命题的等值命题，是指否定一个相容选言命题得到一个相应的联言命题：

$$\neg(p \lor q) \longleftrightarrow (\neg p \land \neg q)$$

（三）负不相容选言命题的等值命题

负不相容选言命题的等值命题，是指否定一个不相容选言命题得到一个两个支命题同真或者两个支命题同假的选言命题：

$$\neg(p \dot{\vee} q) \longleftrightarrow (p \wedge q) \vee (\neg p \wedge \neg q)$$

（四）负充分条件假言命题的等值命题

负充分条件假言命题的等值命题，是指否定一个充分条件假言命题得到一个前件真、后件假的联言命题。只有当其前件真而后件假时，充分条件假言命题才是假的。所以，一个负充分条件假言命题可以表述为一个相应的联言命题：

$$\neg(p \rightarrow q) \longleftrightarrow (p \wedge \neg q)$$

（五）负必要条件假言命题的等值命题

负必要条件假言命题的等值命题，是指否定一个必要条件假言命题得到一个前件假、后件真的联言命题。只有当前件假、后件真时，命题才是假的。所以一个负必要条件的假言命题也可以表述为一个相应的联言命题：

$$\neg(p \leftarrow q) \longleftrightarrow (\neg p \wedge q)$$

（六）负充分必要条件假言命题的等值命题

负充分必要条件假言命题的等值命题，是指否定一个充分必要条件假言命题得到一个前件真、后件假或者前件假、后件真的选言命题：

$$\neg(p \longleftrightarrow q) \longleftrightarrow (p \wedge \neg q) \vee (\neg p \wedge q)$$

（七）负命题的负命题的等值命题

负命题的负命题的等值命题是指否定一个负命题得到一个原命题，又称为双否引入式，即在任何一个命题的前面加上双重否定词的推理形式：

$$\neg\neg p \longleftrightarrow p$$

练习：

1. 试运用真值表的方法，判定下列各组命题是否等值。

（1）A：他或者选修文学史，或者选修逻辑学。

B：他既不选修文学史，也不选修逻辑学。

（2）A：暑假我或者去考驾照，或者去考雅思。

B：暑假我如果不去考驾照，就去考雅思。

（3）A：甲和乙中只有一个人是罪犯。

B：或者甲是罪犯，而乙不是；或者甲不是罪犯，而乙是。

（4）A：并非如果背熟了逻辑规则，就能解决逻辑问题。

B：背熟了逻辑规则，但不能解决逻辑问题。

（5）A：要么吃鱼，要么吃熊掌。

B：或者吃鱼，或者吃熊掌，但不能都吃。

（6）A：并非只有甲去，乙才去。

B：并非甲去或乙不去。

C. 甲不去但乙去。

2. 用真值表解题。

(1) 设命题A为：甲、乙二人中至少一人不是南方人。

命题B为：甲是南方人而乙不是南方人。

命题C为：要么甲是南方人，要么乙是南方人。

请用真值表解题：当A、B、C同时为真时，甲、乙是否为南方人？

(2) 用真值表回答在什么情况下，丁的话成立？

甲：小陈是木工并且小李不是电工。

乙：小陈不是木工或者小李不是电工。

丙：如果小陈是木工，那么小李不是电工。

丁：你们说的都不对。

(3) 设命题A为：如果甲不是木工，则乙是泥瓦工。

命题B为：如果乙不是泥瓦工，则甲不是木工。

命题C为：甲不是木工，且乙不是泥瓦工。

请用真值表解题：当A、B、C三个命题恰有一个为真时，甲是否是木工？

(4) 用真值表法，说明丁的话是否正确。

甲：小张在北京大学，但小李不在清华大学。

乙：要么小张在北京大学，要么小李不在清华大学。

丙：只有小张不在北京大学，小李才在清华大学。

丁：甲、乙、丙三个命题不能同真。

(5) 设命题A为：甲、乙、丙只有一人在现场。

命题B为：当且仅当甲、丙都在现场，乙才不在现场。

命题C为：只有甲不在现场或者乙在现场，丙才不在现场。

请用真值表解题：当A、B、C都真时，谁在现场，谁不在现场？

3. 综合分析推理题。

(1) 某地发生一起案件。侦查人员掌握了以下情况：

①如果E在现场，那么A和C不会都不在现场。

②如果B不在现场，那么A也不会在现场。

③如果C在现场，那么B在现场。

④除非E在现场，D才在现场。

⑤D在现场。

根据侦查人员掌握的上述情况，B是否在现场？请写出推理过程。

(2) 在某盗窃案的侦破过程中，甲、乙、丙、丁四人都有作案嫌疑，后来进一步查明：

①如果甲和乙都是作案人，则丙不是作案人。

②只有乙是作案人，丁才是作案人。

③甲和丙都是作案人。

问：乙和丁是否是作案人？为什么？

(3) 五名嫌疑人的供词如下：

A：我们五人都没有作案。

B：D是作案人。

C：如果A作案，则D未作案或者B未作案。

D：案发时我在家睡觉。

E：我们五人中有人作案。

后来证实，五人中只有两人说的是真话，问：谁说的是真话？谁是作案人？写出推导过程。

（4）某地发生一起案件。侦查人员掌握了以下情况：

①只有破获03号案件，才能确认甲、乙、丙三人都是罪犯。

②03号案件没有破获。

③如果甲不是罪犯，则甲的供词是真的，甲说“乙不是罪犯”。

④如果乙不是罪犯，则乙的供词是真的，乙说“我和丙是好朋友”。

⑤现查明丙根本不认识乙。

问：根据上述已知情况，甲、乙、丙三人中谁是罪犯？谁不是罪犯？请写出推导过程。

（5）已知下列情况为真：

①只有A参加逻辑学考试，B、C、D才都参加逻辑学考试。

②A不参加逻辑学考试。

③如果B不参加逻辑学考试，则C也不参加逻辑学考试。

④如果C不参加逻辑学考试，则E不参加逻辑学考试。

⑤E参加逻辑学考试。

请根据上述情况，推断B、C、D三人中谁参加逻辑学考试，谁不参加逻辑学考试？请写出推理过程。

（6）棒球球队有A、B、C、D、E和F六名主力队员。他们之间的最佳配合有以下规律：

①要是C上场，D也要上场。

②只有A不上场，B才不上场。

③要么B上场，要么D上场。

④如果E和F同时上场，则C也要上场。

某场比赛需要A和F同时上场。问：为了保持最佳阵容，这场比赛中，E是否上场？请写出推导过程。

（7）有一家百货商店被人盗窃了一批财物。警察经过侦察，拘捕了三个嫌疑人：张山、李斯与王武。后来，又经过审问，查明了以下的事实：

①罪犯带着赃物是坐汽车逃掉的。

②不伙同张山，王武决不会作案。

③李斯不会开汽车。

④罪犯就是这三个人中的一个或一伙。

请问：在这个案子里，张山有罪吗？

(8) 有A、B、C、D四个大学生在四所不同的大学读书。这四所大学是：甲大学、乙大学、丙大学、丁大学。某一天，他们在火车上相遇。四人分别作了自我介绍。A说“我是甲大学的”；B说“我是丙大学的”；C说“我是丁大学的”；D说“我不是丁大学的。”已知：这四个大学生的自我介绍中，有三人讲了真话，一人讲了假话。请问：

①如果讲了假话的是A，那么，A、B、C、D各是哪所大学的？

②如果讲了假话的是B，那么，A、B、C、D各是哪所大学的？

③如果讲了假话的是C，那么，A、B、C、D各是哪所大学的？

④如果讲了假话的是D，那么，A、B、C、D各是哪所大学的？

第七节　二难推理

所谓二难推理，是指依据假言命题和选言命题的逻辑性质进行的复合命题推理，也称假言选言推理。它通常是由两个假言命题和一个选言命题作为前提推出结论的，其结论可以是直言判断，也可以是选言判断。由于这种推理常在辩论中使对方对于可选择的每一种可能情况都难以接受，陷入“进退两难”的境地，因而又称为二难推理。例如，东方朔偷饮了汉武帝求得的据说饮了能够不死的酒，汉武帝要杀他，他说：“如果这酒真能使人不死，那么你就杀不死我；如果这酒不能使人不死（你能杀得死我），那么它就没有什么用处；这酒或者能使人不死，或者不能使人不死；所以你或者杀不死我，或者不必杀我。”汉武帝认为他说得有理，就放了他。在这里，东方朔就是通过构造二难推理逃得杀身之祸的。

本节研究的二难推理主要有构成式和破坏式两种有效的推理形式。

一、构成式

假言选言推理的构成式是指以选言前提的两个选言支分别肯定两个假言前提的前件，从而得出肯定这两个假言前提的后件的结论的推理形式，它包括简单构成式和复杂构成式。

（一）简单构成式

简单构成式可表示为

如果p，那么r
如果q，那么r
p或者q
———————
所以，r

用蕴涵式表示为

$$(p\rightarrow r)\wedge(q\rightarrow r)\wedge(p\vee q)\rightarrow r$$

例如：

如果刺激老虎，那么它是要吃人的
如果不刺激老虎，它也是要吃人的
或者刺激老虎，或者不刺激老虎
———————————————
所以，老虎总是要吃人

这种推理的两个假言命题的前件不同，后件相同，结论中肯定两个假言命题相同的后件，这样的构成式可称为二难推理的简单构成式。

在辩论或谈话中运用或者设置二难推理，可以来证明自己的观点。如在西方有人用“上帝能否制造一块他自己也举不起来的石头”这个二难推理，来证明上帝不是万能的，对于这个问题，不管你回答“能”或者“不能”，都能证明上帝不是万能的。请看这样的推理形式：

如果上帝能制造出一块连他自己也举不起来的石头，那么他不是万能的。（因为有一块石头他举不起来。）

如果上帝不能制造出一块连他自己也举不起来的石头，那么，他也不是万能的。（因为有一块石头他造不出来。）

上帝或者能或者不能造出这块石头。

总之，上帝不是万能的。

再比如，西方中世纪时，罗素构建著名的理发师悖论，就是通过二难推理进行的：萨缪尔村有一个理发师，他给自己立了一条规矩，只给村里不给自己刮胡子的村民刮胡子。那么这位理发师给不给自己刮胡子呢？

如果这位理发师给自己刮胡子，则他属于自己刮胡子的村民，他就不应该给自己刮胡子；如果他不给自己刮胡子，则他属于不给自己刮胡子的村民，那么他就应该给自己刮胡子。理发师该不该给自己刮胡子是个难题。

甚至许多文艺作品中，亦有这样一个悖论：“你是人还是东西”，这就是两种选择相互排斥的选言命题，因为对一个选言支肯定必然要对另一选言支否定。任何人在被问及这一问题的时候一旦肯定一部分选言支，如“我是人”，就意味着要否定另一部分选言支，即“我不是东西”。反之亦然，这种两难的回答形成一个逻辑悖论。

（二）复杂构成式

二难推理的复杂构成式指的是在一个推理中，它的两个假言命题前提的前后件都不同，那么结论就是一个选言命题。

复杂构成式可表示为

如果 p，那么 r
如果 q，那么 s
或者 p，或者 q
———————————————
所以，或者 r，或者 s

用蕴涵式表示为

$$(p\rightarrow r)\land(q\rightarrow s)\land(p\lor q)\rightarrow(r\lor s)$$

从复合命题的逻辑特征可推知二难推理是一个有效的推理式。假定两个前提 $(p\rightarrow r)\land(q\rightarrow s)$ 真，根据联言命题的逻辑特征可知 $p\rightarrow r$ 和 $q\rightarrow s$ 都真。由 $p\lor q$ 真，根据相容选言命题的逻辑特征可知：p 和 q 至少有一个真。p 和 q 分别是充分条件 $p\rightarrow r$ 和 $q\rightarrow s$ 的前件，根据充分条件假言命题的逻辑特征，前件真后件必真，因此 p 和 q 至少有一个真。由此根据析取式的逻辑特征可知：r∨s必真。例如：

如果孙悟空打死妖怪，那么唐僧就会将他赶走
如果孙悟空不打死妖怪，那么唐僧就会被妖怪吃掉
孙悟空打死妖怪，或者他不打死妖怪
所以，不是孙悟空被唐僧赶走，就是唐僧被妖怪吃掉

二、破坏式

假言选言推理的破坏式是指以选言前提的两个选言支分别否定两个假言前提的后件，从而得出否定这两个假言前提前件的结论的推理形式。它也包括简单破坏式和复杂破坏式。

（一）简单破坏式

简单破坏式可表示为

如果p，那么r
如果p，那么s
非r或者非s
所以，非p

用蕴涵式表示为

$$(p\rightarrow r)\wedge(p\rightarrow s)\wedge(\neg r\vee\neg s)\rightarrow\neg p$$

这种推理的两个假言命题的前件相同，后件不同，结论中否定两个假言命题相同的前件，这样的构成式称为二难推理的简单破坏式。

莎士比亚的《威尼斯商人》里面的主人公安东尼奥就是通过法院判决，巧妙地设置了二难推理：夏洛克无论是否割下安东尼奥一磅肉，最终结果都是被没收全部财产。这就是二难推理的威力：

如果夏洛克履行契约，就必须割下安东尼奥的一块肉
如果夏洛克履行契约，就不能让安东尼奥流一滴血
或者不割安东尼奥的肉，或者让安东尼奥流血
所以，夏洛克不能履行契约

（二）复杂破坏式

二难推理的复杂破坏式指的是，在一个推理中，两个假言前提的前件不同，其结论是一个选言命题的推理形式。

复杂破坏式可表示为

如果p，那么r
如果q，那么s
非r或者非s
所以，非p或者非q

用蕴涵式表示为

$$(p\rightarrow r)\wedge(q\rightarrow s)\wedge(\neg r\vee\neg s)\rightarrow(\neg p\vee\neg q)$$

例如：

如果子孙贤能而为他们多留财产，则会使他们丧失志气
如果子孙愚笨而为他们多留财产，则会使他们增加过错
为了不使子孙丧失志气，或者不使子孙增加过错
所以，无论子孙贤能或者愚笨，都不为他们多留财产

二难推理的破坏式实际上是由两个假言推理否定后件式合成的。当前提都真时，由假言前提的两个后件的否定所构成的选言前提（非 r 或者非 s），其选言支至少有一个是真的。无论非 r 和非 s 哪一个为真，都可以根据充分条件假言推理的否定后件式得出否定假言命题前件的结论。由于假言推理的否定后件式是有效的，因而二难推理的破坏式也是有效的。

我们在这里再列出几个有名的二难推理，请读者分析它们是哪种形式的二难推理：

（1）范仲淹在《岳阳楼记》中说："嗟夫！予尝求古仁人之心，或异二者之为，何哉？不以物喜，不以己悲；居庙堂之高则忧其民，处江湖之远则忧其君。是进亦忧，退亦忧，然则何时而乐耶？其必曰'先天下之忧而忧，后天下之乐而乐'乎。噫！微斯人，吾谁与归？"

（2）元朝有个名为姚燧的诗人，写了一首这样的曲子反映边塞军人妻子的困境："欲寄君衣君不还，不寄君衣君又寒，寄与不寄间，妾身千万难。"

（3）隋炀帝曾说："我家墓田，若云不吉，我不当贵为天子；若云吉，我弟不应战死。"

三、二难推理的破解

（一）构造反二难推理

所谓构造反二难推理，就是承认选言的小前提，但改变大前提，从而引出矛盾的结论，使对方处于同样的二难困境。本书在第一章介绍的著名的"半费之讼"就是通过构造反二难推理的形式来破解原来的二难推理的。

普罗泰戈拉是古希腊著名的诡辩学派的哲学家。有一次，他招收了一个名叫欧提勒士的学生，传授诉讼和辩护的方法。

"欧提勒士，你的学费可以分两期支付，一半学费在入学时支付，另一半学费可以在你学成以后当了律师，并第一次出庭胜诉后再支付，你同意吗？"普罗泰戈拉为了显示自己收费合理，就采用两次收费的方法，他自信自己教出来的学生学成后一定能当上律师，第一次出庭一定胜诉。

欧提勒士同意了老师的意见，两人签订了合同。很快，欧提勒士就学完了全部课程，一年之后，他毕业了。

普罗泰戈拉一直等着欧提勒士交付另一半学费。但是，怎料到欧提勒士根本不把合同放在心上，学成后一直不肯出庭替别人打官司。普罗泰戈拉忍无可忍，决定向法庭起诉，他对欧提勒士说：

"如果你在我们的案件中胜诉，你就应该按照合同规定支付学费，因为这是你第一次出庭，并取得胜诉；如果你败诉，那么你就必须依照法院的判决付给我学费，总之，不管你胜诉还是败诉，你都得付给我学费。"

欧提勒士听罢之后，考虑了片刻，回答说："老师，你错了，恰恰相反，如果你要同我打官司，我无论是胜诉还是败诉，我都用不着付给你学费。因为如果我胜诉了，那么根据法庭的判决，我当然不用付学费；如果我败诉了，那么我也用不着付学费，因为我们的合同讲明我第一次出庭胜诉才付学费的呀！"

在这里，我们看到，同一个契约并且同一个法庭，学生和老师运用相同的推理形式却推出了相互否定的结论。

普罗泰戈拉的推理如下：

假若我打赢这官司，根据判决你要付另一半学费，
假若我输了这官司，根据契约你也要付另一半学费，
或者我赢了这官司，或者我输了这官司，
所以，你都要付另一半学费。

欧提勒士的推理如下：

假若我打赢这官司，根据判决我不该付另一半学费，
假若我输了这官司，根据契约我也不该付另一半学费，
或者我赢了这官司，或者我输了这官司，
所以，我都不该付另一半学费。

欧提勒士在这里提出的反诉是有效的，其内在的逻辑依据是：如果普罗泰戈拉那样的推论有效，则欧提勒士的推论也有效；如果欧提勒士的推论无效，则普罗泰戈拉的推论也无效。但是，这并不意味着普罗泰戈拉的立论是正确的。普罗泰戈拉利用双重标准讲歪理，欧提勒士则利用双重标准反驳歪理，论证的立场不同，从而决定普罗泰戈拉做了一个不正确的推论，欧提勒士则做了一个有效的反驳。

当然，他们的推理形式是有效的，两个推理都是二难推理的正确案例，问题只能出在前提上。实际上关于学费的这个契约是有问题的，它忽略了一种情况，即第一次出庭的当事人正是签订契约的当事人。由这个契约一定会导致这样的二难结局。

（二）摆脱两难困境

二难推理的主要特征通过小前提所提供的非此即彼或亦此亦彼的选择而体现出来，因而，如果能突破小前提的限制，就能摆脱不利的结论。这就称做摆脱进退维谷的二难困境。

突破小前提的限制主要有以下两种方法：

一是指出在 p 或者 q 这两个选言支以外，还有第三种选言支情况存在，这样便突破了小前提的限制。例如，社区饮食管理委员会认为，快餐店的零售价格足够高了，因此，他们通知持有零售快餐许可证的快餐店，要保持目前的价格不变，否则将被吊销营业执照。通知给快餐店设置了一个两难选择，要么保持价格不变，要么吊销营业执照。面对这个似乎是非此即彼的二难选择，减少快餐的分量这个第三者便是一个反例，它使这个二难选择不能成立。

二是指出 p 或者 q 进行选择的一个无法满足的先决条件，由于这个先决条件的无法满足而突破小前提的限制。例如，《伊索寓言》中有这样一个故事：

伊索的主人酒醉狂言，发誓要喝干大海，并以他的全部财产和管辖的奴隶作赌注。次日醒来，主人发觉失言，但全城的人都早已得知此事。这时主人陷入以下的二难困境：

如果实现诺言，就要喝干大海
如果不实现诺言，就会失信于人
或者实现诺言，或者不实现诺言
所以，或者喝干大海，或者失信于人

面对这个二难的困境，主人听从了伊索的计策，到海边对围观的人说：“不错，我要喝干大海，但是现在千百万条江河不停地流入大海，谁能把河水与海水的界限分开，我保

证喝干大海。”伊索为主人指出了进行二难选择的先决条件，即把河水与海水分开，由于这个条件无法满足，因而破解了二难的困境。

练习：

1. 填空题。

(1) 若要使命题“只有p，才非q”与“非p并且q”均真，那么p与q的取值情况是P为______，q为______。

(2) 以命题¬p←q和p为前提进行假言推理，可必然地推出结论______。

(3) 以命题p∧q与q为前提，可以推出______。以p←q与¬p为前提，可以推出______。

(4) 如果命题P∨¬q为真，¬p，则q取值为____________。

(5) 由命题p→¬q为假，可知p为______，p为______。

(6) 如果一个选言命题p或者q是假的，则这个选言命题的选言支p一定是______。

(7) 如果一个充分条件假言命题“如果p，那么q”的前件p是假的，而后件q是真的，则这个充分条件假言命题一定是______的。

(8) 如果以命题“(¬p∧¬q)→¬r”和“r”为前提进行推理，可以推出的结论是______。

(9) 如果命题“只有p，才非q”与“非p并且q”均真，那么p与q的取值情况是：p为______，q为______。

(10) 设命题p为真，要使命题形式p∧q为假，则q应取______值；要使命题形式p→q为假，则q为______。

(11) 设命题p为假，要使命题p∨q为真，q应取值为______；要使命题p→q为真，q应取值为______。

(12) 与命题“如果你来，他就来。”的负命题等值的命题是______________。

2. 单项选择题。

(1) 已知命题p←q为假，则p与q的取值情况必为（　　）。

A. p与q都真　B. p与q都假　C. p真并且q假　D. p假并且q真

(2) 当命题“¬p→q”为假时，（　　）。

A. p真q真　B. p真q假　C. p假q真　D. p假q假

(3) 已知命题“p→q”“¬p→¬q”“¬p∨¬q”均真，那么（　　）。

A. p真q真　B. p真q假　C. p假q真　D. p假q假

(4) 如果命题“p∧q”与“p→q”均真，则（　　）。

A. p与q均真　B. p真q假　C. p假q真　D. p与q均假

(5) 设q为假，要使命题公式p∧q为假，则p取值应为______；要使命题公式p∨q为假，则p取值应为______；要使命题公式p→q为假，则p取值应为______。（　　）

A. 可真可假、假、真　　B. 真、假、真

C. 假、真、假D. 真、假、可真可假

(6) 已知命题 p∨q 为假，则下列命题公式为假的是（　　）。

A. p→qB. p∧qC. p←qD. p↔q

(7) 已知命题“p←q”为假，下列命题为假的是（　　）。

A. p∨qB. ¬p←→qC. ¬p∧qD. q→p

(8) 与 p→q 的负命题的等值命题是（　　）。

A. p→¬qB. ¬p→¬qC. ¬p∨qD. p∧¬q

(9) 据真值表，以下命题形式中与 p←q 具有等值关系的命题是（　　）。

A. p∨qB. ¬p→¬qC. p→qD. q→p

(10) 据真值表，以下命题形式中与 p→q 具有等值关系的命题是（　　）。

A. p∧¬qB. ¬p∧qC. p∨¬qD. ¬p∨q

(11) (p→q)∧(r→s)∧(¬q∨¬s)→(¬p∨¬r)，这一推理式是（　　）。

A. 二难推理的简单构成式B. 二难推理的简单破坏式

C. 二难推理的复杂构成式D. 二难推理的复杂破坏式

(12)“逆水行舟（p），不进（q）则退（r）”这一命题的符号形式是（　　）。

A. p→(¬q→r) B. p→(q∨r)

C. p→(q∨r) D. p∧(¬q→r)

(13) 由前提“p→(q∨r)”再加上下列前提中的（　　），可必然推出结论¬p。

A. ¬(q∨r) B. ¬q∨¬rC. q∧rD. ¬(q→r)

(14)“如果没有实事求是的精神，那就什么工作也干不好。”这个命题的逻辑形式是（　　）。

A. p∧qB. p∨qC. p→qD. p←q

(15)“《护戒同盟》《双塔奇兵》《王者归来》是托尔金的小说”和“《护戒同盟》《双塔奇兵》《王者归来》是托尔金的魔戒三部曲”，这两个命题（　　）联言命题。

A. 都是B. 前者是而后者不是

C. 都不是D. 前者不是而后者是

(16) 与命题“如果甲不来，那么乙来”等值关系的是（　　）。

A. 或者甲来，或者乙来B. 甲不来，乙也不来

C. 并非（甲来，乙也来）D. 如果甲来，那么乙不来

(17) 与命题“并非如果学好外语就能出国”具有等值关系的是（　　）。

A. 学好外语且能出国B. 没学好外语但能出国

C. 学好外语但没能出国D. 没学好外语也没能出国

(18) 由命题“只有想得清楚，才能做得清楚”，可必然推出（　　）。

A. 只有想得不清楚，才会做得不清楚

B. 只有做得清楚，才是想得清楚

C. 如果想得清楚，就能做得清楚

D. 如果想得不清楚，就不能做得清楚

(19) 与“并非小明既爱好电子竞技，又热衷体育”有等值关系的命题有（　　）。

A. 小明既没有爱好电子竞技，也没有热衷体育
B. 小明或者爱好电子竞技或者热衷体育
C. 小明或者没有爱好电子竞技或者没有热衷体育
D. 如果小明没有爱好电子竞技，那他就是热衷体育了

(20)“联言命题”这个概念可以概括为（ ）。
A. 联言推理 B. 复合命题 C. 选言命题 D. 负命题

(21) 复合命题由（ ）组成。
A. 主项和谓项 B. 前件与后件
C. 支命题与联结词 D. 关系项与关系者项

综合拓展题

1. 某个团队去西藏旅游，除拉萨市之外，还有 6 个城市或景区可供选择：E 市、F 市、G 湖、H 山、I 峰、J 湖。考虑时间、经费、高原环境、人员身体状况等因素：
(1) G 湖和 J 湖中至少要去一处。
(2) 如果不去 E 市或者不去 F 市，则不能去 G 湖游览。
(3) 如果不去 E 市，也就不能去 H 山游览。
(4) 只有越过 I 峰，才能到达 J 湖。
如果由于气候原因，这个团队不去 I 峰，以下哪项一定为真？（ ）
A. 该团去 E 市和 J 湖游览 B. 该团去 E 市而不去 F 市游览
C. 该团去 G 湖和 H 山游览 D. 该团去 F 市和 G 湖游览

2. 一个热力站有 5 个阀门控制对外送蒸汽，使用这些阀门必须遵守以下操作规则：
(1) 如果开启 1 号阀，那么必须同时打开 2 号阀并且关闭 5 号阀。
(2) 如果开启 2 号阀或者 5 号阀，则要关闭 4 号阀。
(3) 不能同时关闭 3 号阀和 4 号阀。
现在要打开 1 号阀，同时要打开的阀门是哪两个？（ ）
A. 2 号阀和 4 号阀。 B. 2 号阀和 3 号阀。
C. 3 号阀和 5 号阀。 D. 4 号阀和 5 号阀。

3. 某电路中有 S、T、W、X、Y、Z 六个开关，使用这些开关必须满足下面的条件：
(1) 如果 W 接通，则 X 也要接通。
(2) 只有断开 S，才能断开 T。
(3) T 和 X 不能同时接通，也不能同时断开。
(4) 如果 Y 和 Z 同时接通，则 W 也必须接通。
如果现在同时接通 S 和 Z，则以下哪项一定为真？（ ）
A. T 是接通状态并且 Y 是断开状态。
B. W 和 T 都是接通状态。
C. T 和 Y 都是断开状态。
D. X 是接通状态并且 Y 是断开状态。

4. 一个数据库中现有 A、B、C、D、E、F 六个语句，但目前这个数据库是不协调的，必须删除某些语句才能恢复数据库的协调性。已知：

(1) 如果保留语句 A，那么必须保留语句 B 和语句 C。

(2) 如果保留语句 E，则必须同时删除语句 D 和语句 C。

(3) 如果保留语句 E，才能保留语句 F。

(4) 语句 A 是重要的信息，不能删除。

以上各项如果为真，则以下哪项一定为真？（　　）

A. 保留语句 E 并且删除语句 C。

B. 同时保留语句 C 和语句 D。

C. 保留语句 E 并且删除语句 D。

D. 同时删除语句 E 和语句 F。

5. 如果秦川成绩及格了，那么钱华、孙旭和沈楠肯定也都及格了。

如果上述断定是真的，那么，以下哪项也是真的？（　　）

A. 如果秦川成绩没有及格，那么钱、孙、沈三人中至少有一人没有及格

B. 如果秦川成绩没有及格，那么钱、孙、沈三人都没及格

C. 如果钱、孙、沈考试都及格了，那么秦川的成绩也肯定及格了

D. 如果孙旭的成绩没有及格，那么秦川和沈楠不会都及格

6. 某城市的房地产开发商只能通过向银行直接贷款或者通过预售商品房来来筹集更多的开发资金。政府不允许银行增加对房地产业的直接贷款，结果使得该市的房地产开发商无法筹集到更多的开发资金。

以下哪个选项能够合乎逻辑地完成上述论证？（　　）

A. 有的房地产开发商预售商品房后携款潜逃，使得工程竣工遥遥无期

B. 中央银行取消了商品房预售制度

C. 建筑施工企业不愿意垫资施工

D. 部分开发商预售期房后延期交房，使得很多购房者对开发商心存疑惑

7. 有人说："只有肯花大价钱的足球俱乐部才进得了中超足球联赛。"如果以上命题是真的，不可能出现的情况是（　　）。

A. 某足球俱乐部花了大价钱，没进中超

B. 某足球俱乐部没花大价钱，进了中超

C. 某足球俱乐部没花大价钱，没进中超

D. 某足球俱乐部花了大价钱，进了中超

8. 媒体上最近充斥着相关某名人的八卦新闻，这使该名人陷入一种尴尬的境地：如果她不出面澄清和反驳，那些谣言就会被大众信以为真；如果她出面澄清和反驳，这反而会引起更多人的关注，使那些八卦新闻传播得更快更广，这也许就是当名人不得不付出的代价吧。

如果题干中的陈述为真，则下面哪一项必定为真？（　　）

A. 该名人实际上无法阻止那些八卦新闻对她个人声誉的损害

B. 一位名人的声誉不会受媒体上八卦新闻的影响

C. 在面对八卦新闻时，该名人所能采取的最好策略就是澄清真相

D. 该名人的一些朋友出面夸奖她，反而会起反效果

9. 某哲学家：“我思考，所以我存在。如果我不存在，那么我不思考。如果我思考，那么人生就意味着虚无缥缈。”

若把“人生并不意味着虚无缥缈”补充到上述论证中，那么这位哲学家还能得出什么结论？（　　）

A. 我思考　　B. 我不思考　　C. 我存在　　D. 我不存在

10. 如果丽达和露丝不去墨西哥，那么尤思去纽约。

以此为前提，再加上下列的哪个条件，就可以推出丽达去墨西哥的结论？（　　）

A. 尤思去纽约，露丝不去墨西哥　　B. 尤思不去纽约，露丝去墨西哥

C. 露丝不去墨西哥　　D. 露丝不去墨西哥，尤思不去纽约

11. 一个心理健康的人，必须保持自尊；一个人只有受到自己所尊敬的人的尊敬，才能保持自尊；而一个用“追星”方式来表达自己尊敬情感的人，不可能受到自己所尊敬的人的尊敬。

以下哪项结论可以从题干的断定中推出？（　　）

A. 一个心理健康的人，不可能用“追星”的方式来表达自己的尊敬情感

B. 一个心理健康的人，不可能接受用“追星”的方式所表达的尊敬

C. 一个人如果受到了自己所尊敬的人的尊敬，他（她）一定是个心理健康的人

D. 没有一个保持自尊的人，会尊敬一个用“追星”方式表达尊敬情感的人

E. 一个用“追星”方式表达自己尊敬情感的人，完全可以同时保持自尊

12. 在镇压太平天国之后，曾国藩在奏折中请求朝廷遣散湘军，但对他个人的去留问题却只字不提。因为他知道，如果在奏折中自己要求留在朝廷效力，就会有贪权之疑；如果在奏折中请求解职归乡，就会给朝廷留下他不愿意继续为朝廷尽忠的印象。

以下哪项中的推理与上文中的最相似？（　　）

A. 在加入人寿保险的人当中，如果你有平安的好运气，就会给你带来输钱的坏运气；如果你有不平安的坏运气，就会给你带来赢钱的好运气。正反相生，损益相成

B. 一位贫穷的农民喜欢这样教导他的孩子们：“在这个世界上，你不是富就是穷，不是诚实就是不诚实。由于所有穷人都是诚实的，所以，每个富人都是不诚实的。”

C. 在处理雍正朝的一次科场舞弊案中，如果张廷玉上奏折主张杀张廷璐，会使家人认为他不义；如果张廷玉上奏折主张保张廷璐，会使雍正认为他不忠。所以，张廷玉在家装病，迟迟不上奏折

D. 在梁武帝和萧宏这对兄弟之间，如果萧宏放弃权力而贪恋钱财，梁武帝就不担心他会夺权；如果萧宏既贪财又争权，梁武帝就会加以防范。尽管萧宏敛财无度，梁武帝还是非常信任他

13. 土耳其自1987年申请加入欧盟，直到目前双方仍在进行艰难的谈判。从战略上考虑，欧盟需要土耳其，如果断然对土耳其说“不”，欧盟将会在安全、司法、能源等方面失去土耳其的合作。但是，如果土耳其加入欧盟，则会给欧盟带来文化宗教观不协调、经济补贴负担沉重、移民大量涌入冲击就业市场等一系列问题。

以下哪项结论可以从上面的陈述中推出？（　　）

A. 从长远看，欧盟不能既得到土耳其的全面合作，又完全避免土耳其加入欧盟而带

来的困难问题

B. 如果土耳其达到了欧盟设定的政治、经济等入盟标准，它就能够加入欧盟

C. 欧盟或者得到土耳其的全面合作，或者完全避免土耳其加入欧盟而带来的麻烦

D. 土耳其只有3%的国土在欧洲，多数欧洲人不承认土耳其是欧洲国家

14. A国的反政府武装绑架了23名在A国做援助工作的H国公民作为人质，要求政府释放被关押的该武装组织的成员。如果A国政府不答应反政府武装的要求，该组织会杀害人质；如果人质惨遭杀害，将使多数援助A国的国家望而却步。如果A国政府答应反政府武装的要求，该组织将以此为成功案例，不断复制绑架事件。

以下哪项结论可以从上面的陈述中推出？（　　）

A. H国政府反对用武力解救人质

B. 如果多数援助A国的国家继续派遣人员去A国，绑架事件还将发生

C. 多数国家的政府会提醒自己的国民，不要前往危险的A国

D. 反政府武装还会制造绑架事件

15. 一家商场按下述方式促销商品：一年中任何时候，或者季节性促销，或者节日促销，或两者兼而有之。每一种促销都会持续一个月。在任何一个月，如果商场想要把某一类商品清仓，就宣布季节性促销；如果某个月份中有节日并且仓库仍有剩余商品，就宣布节日促销。不过，11月没有节日而且这个月仓库也没有剩余商品。

以下哪种陈述能从上文中合乎逻辑地推出？（　　）

A. 如果节日促销没有进行，那么一定是在11月份

B. 如果某个月没有季节性促销，那么这个月一定有节日促销

C. 如果季节性促销在某个月进行，那么这个月仓库中一定有剩余商品

D. 如果在某个月中有节日，但仓库中没有剩余商品，则宣布节日促销

16. 如果这项改革措施不受管理者欢迎，我们就应该进行修改。如果它不受工人欢迎，我们就应该采用一项新的改革措施。并且这项措施必定是，要么不受管理者欢迎，要么不受工人欢迎。

如果以上陈述为真，以下哪项也一定正确？（　　）

A. 我们应当修改这项改革措施，当且仅当这样做不会降低该措施在工人中的声望时

B. 如果修改这项改革措施不会影响到它在管理者中受欢迎的程度，我们就应该立即进行修改

C. 如果这项改革措施受到了管理者的欢迎，我们就应该采取一项新的改革措施

D. 如果这项改革措施受到了工人的欢迎，我们就应该采取一项新的改革措施

17. 他或者是工人，或者是干部。

上述判断是以下哪种情况？（　　）

A. 无所谓真假　　　　B. 真的

C. 假的　　　　D. 或者是真的，或者是假的

18. 植物必须先开花，才能产生种子。有两种龙蒿——俄罗斯龙蒿和法国龙蒿，它们看起来非常相似，但是俄罗斯龙蒿开花而法国龙蒿不开花，俄罗斯龙蒿的叶子没有那种使法国龙蒿成为理想的调味品的独特香味。

从以上论述中一定能推出以下哪项结论？（　　）

A. 作为观赏植物，法国龙蒿比俄罗斯龙蒿更令人喜爱
B. 俄罗斯龙蒿的花可能没有香味
C. 由龙蒿种子长出的植物不是法国龙蒿
D. 除了俄罗斯龙蒿和法国龙蒿外，没有其他种类的龙蒿

19. 我国已故著名逻辑学家金岳霖小时候听到“金钱如粪土”“朋友值千金”这样两句话后，发现有逻辑问题，因为它们可推出“朋友如粪土”的荒唐结论。
既然“朋友如粪土”这个结论不成立，于是从逻辑上可以推出（　　）。
A. “金钱如粪土”这一说法是假的
B. 如果朋友确实值千金，那么金钱并非如粪土
C. “朋友值千金”这一说法是真的
D. “金钱如粪土”“朋友值千金”这两句话或者都真，或者都假

20. 第12届国际逻辑学、方法论和科学哲学大会在西班牙举行，哈克教授、马斯教授和雷格教授中至少有一人参加了这次大会。已知：
(1) 报名参加大会的人必须提交一篇英文学术论文，经专家审查后才会发出邀请函。
(2) 如果哈克教授参加这次大会，那么马斯教授一定参加。
(3) 雷格教授向大会提交了一篇德文的学术论文。
根据以上情况，以下（　　）一定为真。
A. 哈克教授参加了这次大会
B. 马斯教授参加了这次大会
C. 雷格教授参加了这次大会
D. 哈克教授和马斯教授都参加了这次大会

21. 美国射击选手埃蒙斯是赛场上的“倒霉蛋”。在2004年雅典奥运会男子步枪决赛中，他在领先对手3环的情况下将最后一发子弹打在别人靶上，失去即将到手的奖牌。然而，他却得到美丽的捷克姑娘卡特琳娜的安慰，最后赢得了爱情。这真是应了一句俗语：如果赛场失意，那么情场得意。
如果这句俗语是真的，以下（　　）的陈述一定是假的。
A. 赛场和情场皆得意　　　　B. 赛场和情场皆失意
C. 只有赛场失意，才会情场得意　　　　D. 只有情场失意，才会赛场得意

22. 爱因斯坦发表狭义相对论时，有人问他，预计公众会有什么反应？他答道：很简单，如果我的理论是正确的，那么，德国人会说我是德国人，法国人会说我是欧洲人，美国人会说我是世界公民；如果我的理论不正确，那么美国人会说我是欧洲人，法国人会说我是德国人，德国人会说我是犹太人。
如果爱因斯坦的话是真的，以下（　　）的陈述一定为真。
A. 有人会说爱因斯坦是德国人　　　　B. 有人会说爱因斯坦是世界公民
C. 有人会说爱因斯坦是犹太人　　　　D. 法国人会说爱因斯坦是欧洲人

23. 在《反省的生命》一书中，诺齐克写道：“我不会像苏格拉底一样，说未经反省的生命是不值得过的——那是过分严苛了。但是，如果我们的人生是由深思熟虑的反省所引导，那么，它就是我们为自己活的生命，而不是别人的。从这个意义上说，未经反省的生命是不完整的生命。”

以下各项都能从诺齐克的陈述中推出，除了（　　）。

A. 值得过的生命都是经过反省的生命

B. 只有为自己活的生命才是完整的生命

C. 完整的生命都是经过反省的生命

D. 未经反省的生命不是完整的生命

24. 第一，《神鞭》的首次翻译出版用的或者是英语或者是日语，二者必居其一。

第二，《神鞭》的首次翻译出版或者在旧金山或者在东京，二者必居其一。

第三，《神鞭》的译者或者是林浩如或者是胡乃初，二者必居其一。

如果上述断定都是真的，

Ⅰ.《神鞭》不是林浩如用英语在旧金山首先翻译出版的，因此，《神鞭》是胡乃初用日语在东京首先翻译出版的。

Ⅱ.《神鞭》是林浩如用英语在东京首先翻译出版的，因此，《神鞭》不是胡乃初用日语在东京首先翻译出版的。

Ⅲ.《神鞭》的首次翻译出版是在东京，但不是林浩如用英语翻译出版的，因此一定是胡乃初用日语翻译出版的。

则（　　）也一定是真的。

A. 仅Ⅰ　　B. 仅Ⅱ　　C. 仅Ⅲ　　D. 全是真的

25. 如果秦川考试及格了，那么钱华、孙旭和沈楠肯定也都及格了。

如果上述断定是真的，那么，（　　）也是真的。

A. 如果秦川成绩没有及格，那么钱、孙、沈三人中至少有一人没有及格

B. 如果秦川成绩没有及格，那么钱、孙、沈三人都没及格

C. 如果钱、孙、沈考试都及格了，那么秦川的成绩也肯定及格了

D. 如果孙旭的成绩没有及格，那么秦川和沈楠不会都及格

本章小结

本章是对复合命题及其推理的学习。对于联言选言变换式、假言命题逻辑性质和二难推理的形式这几个问题，希望同学们多加重视。虽然本章内容烦琐，但是本章的学习对同学们把握平时阅读中关键信息和培养逻辑感至关重要。正如朱熹所言：“昨夜江边春水生，艨艟巨舰一毛轻。向来枉费推移力，此日中流自在行。”把知识内化才是最重要的！

第四章

直言命题及其推理

直言命题又称性质命题，是断定对象是否具有某种性质的命题。直言命题的相关推理不仅涉及对当关系推理，而且涉及三段论推理。

本章知识点

1. 性质命题及其周延性
2. 性质命题对当关系推理
3. 三段论推理

学习要求

熟练掌握主谓项相同的各种直言命题之间的推理关系，灵活利用三段论的规则进行推理和解题。

第一节　直言命题

一、直言命题的概念

传统直言命题又简称直言命题，它是一种简单命题。所谓简单命题，是指结构最简单的命题，从其表达的形式结构上分析，它的逻辑变项是概念，是不能再分解为其他命题的命题，分析直言命题及其逻辑结构首先需要分析简单命题。

简单命题分为两大类：一类是关系命题，它描述的是某几个对象之间具有某种关系；另一类是性质命题，它描述的是某对象具有或不具有某种属性。如“所有金属是导电的”就是一个性质命题。性质命题也称直言命题。

所以，直言命题就是直接陈述对象具有或不具有某种性质的简单命题。

二、直言命题的结构

首先，看下面一组命题：

（1）所有的狗都不是植物。

（2）有些被告不是有罪的。

（3）西安是陕西省的省会。

（4）鸟是有翅膀的。

在这里，命题（1）直接陈述了狗都不具有植物的性质；命题（2）直接陈述了有些被告不具有有罪的性质；命题（3）直接陈述了西安具有陕西省省会的性质；命题（4）直接陈述了鸟有翅膀的性质。可见，它们都是直言命题。

直言命题由主项、谓项、联项和量项四部分构成。

主项是表示被陈述对象的词项。如命题（1）中的“狗”、命题（2）中的“被告”、命题（3）中的“西安”、命题（4）中的“鸟”。主项用字母“S”表示。

谓项是表示被陈述对象具有或不具有的性质的词项。如命题（1）中的“植物”、命题（2）中的“有罪的”、命题（3）中的“省会”、命题（4）中的“有翅膀的”。谓项用字母“P”表示。

联项是表示主项和谓项之间的联系的语词。直言命题的联项有两种：“是”和“不是”，“是”是肯定联项，“不是”是否定联项。在语言表达中，肯定联项有时可以省略，例如，命题（4）可以省略为“鸟有翅膀”，否定联项则不能省略。

联项肯定则说明命题的主项和谓项之间是相容关系，就是说主项指称的对象具有谓项表达的属性。如果命题的联项是否定的，说明主项和谓项之间具有不相容关系，即主项指称的对象不具有谓项指称的属性。

量项是表示主项所指称的对象的数量语词，量项有三种：全称量项、特称量项和单称量项。如果一个直言命题的量项是全称或者单称的，说明命题表达了主项的全部外延，如果量项是特称的，命题则只表达了主项的部分外延。

全称量项表示该命题陈述了主项所指称的对象的全部，即陈述了主项的全部外延。表示全称量项的语词通常有“所有”“一切”“任何”“凡”等。全称量项可以省略。如命题（1）就可省略量项“所有的”变为“狗不是植物”，省略全称量项后，其含义不会改变。

特称量项表示该命题至少陈述了主项所指称的对象中的一个，即对主项作了陈述，但未陈述主项的全部外延，表示特称量项的语词通常有“有的”“有些”“有”等。

特称量项不能省略，应当特别说明的是，特称量项“有的”等的含义与我们日常用语中所说的“有的”的含义有所不同。日常用语中，当我们说“有的是什么”时，往往意味着“有的不是什么”；当说“有的不是什么”时，也往往意味着“有的是什么”。也就是说，日常用语中的“有的”的含义是“仅仅有一些而不是全部”。

而作为特称量项的“有的”等，只是陈述在某一类事物中有对象具有或不具有某种性质，至于有多少对象具有或不具有这种性质则没有做出明确的陈述，少者可以是一个，多者可以是全部。因此，当一个具有特称量项的命题陈述某类中有对象具有某种性质时，并不必然意味着该类中有对象不具有这种性质，反之亦然。这就说明，特称量项的含义是“至少有一个”，它并不排斥全部。关于马克·吐温的一则故事最能说明这一点：

一天，在酒会上，记者追问马克·吐温对政府官员的看法，马克·吐温一气之下说：“美国国会有些议员是狗娘养的。”这句话在报纸上披露后，议员们大为愤怒，纷纷要求他出来公开道歉或予以澄清，否则将诉诸法律。后来，马克·吐温在另一个场合又对记者发表谈话：“前一次我在酒席上发言，说美国国会中有些议员是狗娘养的，事后我考虑再三，觉得此话不适当，而且也不符合事实，现在我郑重声明，我上一次讲话应该更正为——美国国会中的有些议员不是狗娘养的。”

这个声明十分精彩，马克·吐温其实就是利用了“有的”在日常语言中表示一部分对象具有某种属性，另一部分对象必然不具有某种属性这一点有力地抨击了对方。

在直言命题的逻辑结构中，主项和谓项是逻辑变项，分别用“S”和“P”来表示；联项和量项分别表示直言命题的质和量，它们都是逻辑常项。由此，我们说，任何传统直言命题都具有如下形式结构：

所有（有）S是（不是）P

当我们将这个命题形式中的S和P都代之以具体概念时，我们就得到一个具体的直言命题。例如，当量项全称，联项肯定时，如果将“S”代之以“金属”，“P”代之以“导电的”，我们就得到具体命题“所有金属是导电的”。

例题：

某体操队有些队员来自广西。

以上判断的对象是（　　）。

A. 某体操队

B. 某体操队有些队员

C. 某体操队的所有队员

D. 体操队员

正确答案是C。题干是一个特称肯定性质命题，主项是“体操队员”，谓项是“来自广西”，“有些”是量项。性质命题是对主项是否具有某种性质有所断定的命题。题目中问的是对象，指的就是主项——某体操队的所有队员。

三、直言命题的种类

在直言命题的逻辑形式中，只有量项和联项的含义是确定的，因此我们就只能根据量项和联项的不同来区分直言命题的逻辑类型。根据不同的标准，可以将直言命题分为不同的种类。按质可分为：肯定命题和否定命题。按量可分为：全称命题、特称命题和单称命题。按质和量的结合，可分为以下六种。

（一）全称肯定命题

全称肯定命题是陈述主项所指称的全部对象都具有某种性质的命题。例如：

（1）所有法院都是审判机关。

（2）所有的科学都是实践的产物。

全称肯定命题的形式为

所有S都是P

用符号表示为

SAP

简记为

A

A是拉丁文“affirmo”的第一个元音字母的大写。

在自然语言中，A命题有多种表达方式，如“无一S不是P”“没有不是P的S”“凡

S皆P”，等等。

从主项同谓项外延间的关系看，全称肯定命题陈述了S的全部外延和P的外延相重合，但没有陈述S的全部外延是否和P的全部外延相重合。而当S和P具有全同关系或真包含于关系时，S的全部外延都和P的外延相重合。如图4-1所示。

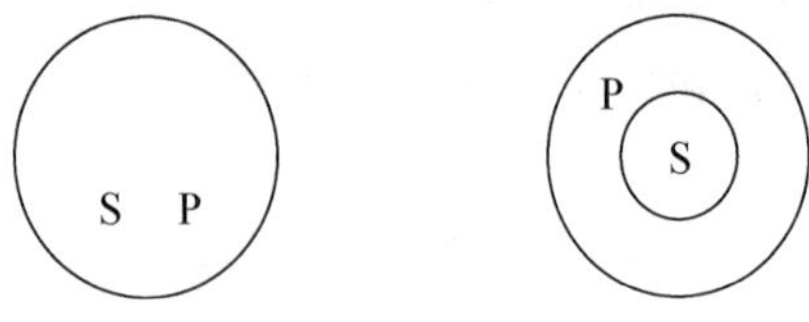

图4-1

因此，全称肯定命题陈述了S和P之间是全同关系或真包含于关系，但具体其主、谓项之间究竟是哪一种关系，SAP并未陈述。从另一个角度说，当S与P所表示的具体词项之间具有全同关系（如“所有法院都是审判机关”）或真包含于关系（如“所有的科学都是实践的产物”）时，SAP都是真的。

（二）全称否定命题

全称否定命题是陈述主项所指称的全部对象都不具有某种性质的命题。例如：

（1）所有犯罪行为都不是合法行为。

（2）苹果不是动物。

全称否定命题形式为

所有S都不是P

用符号表示为

SEP

简记为

E

E是拉丁文“nego”的第一个元音字母的大写。

在自然语言中，E命题也有多种表达方式，如“无一S是P”“没有是P的S”“凡S皆非P”，等等。

从主项同谓项外延间的关系看，全称否定命题陈述了S的全部外延都排斥在P的全部外延之外，而只有当S和P具有全异关系时，S的全部外延才排斥在P的全部外延之外。如图4-2所示。

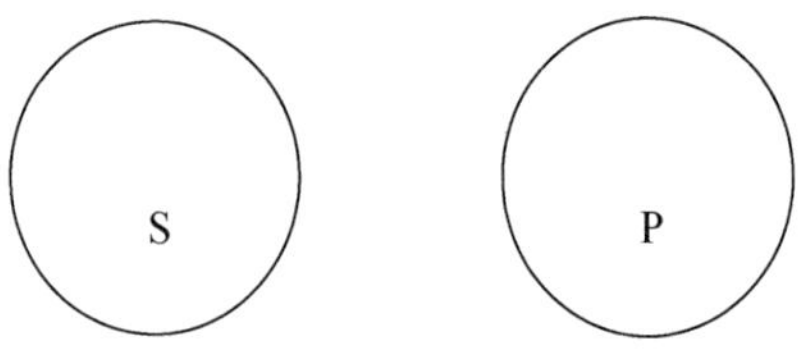

图4-2

因此，全称否定命题陈述了S和P之间是全异关系。从另一个角度来说，当S和P所表示的具体词项之间具有全异关系时，SEP总是真的。

（三）特称肯定命题

特称肯定命题是陈述主项所指称的对象至少有一个具有某种性质的命题。例如：

（1）有的学生是党员。

（2）有的金属是液态。

特称肯定命题的形式为

有 S 是 P

用符号表示为

SIP

简记为

I

I 是拉丁文“affirmo”的第二个元音字母的大写。

从主项同谓项外延间的关系看，特称肯定命题陈述了至少有一部分 S 的外延和 P 的外延相重合，但没有陈述究竟有多少 S 的外延和 P 的外延相重合，也没有陈述这些 S 的外延是否同 P 的全部外延相重合。而当 S 和 P 具有相容关系，即全同关系或真包含于关系或真包含关系或交叉关系时，都至少有一部分 S 的外延和 P 的外延相重合。如图 4－3 所示。

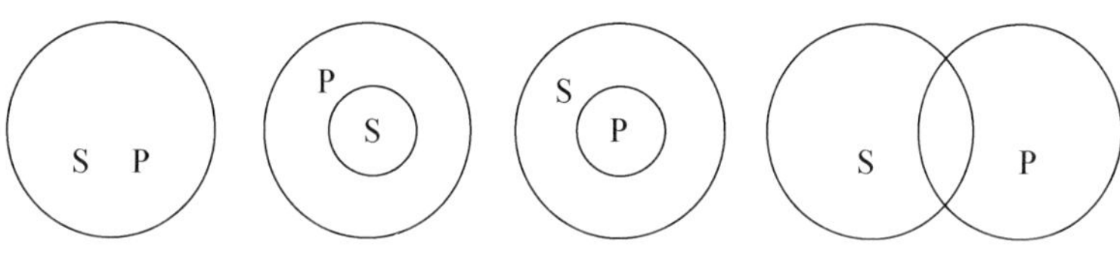

图 4－3

因此，特称肯定命题陈述了 S 和 P 之间是全同关系、真包含于关系、真包含关系或交叉关系，但并未陈述 S 与 P 究竟是其中的哪一种关系。从另一个角度说，当 S 与 P 所表示的具体概念之间具有全同关系，或真包含于关系，或真包含关系，或交叉关系时，SIP 都是真的。

（四）特称否定命题

特称否定命题是陈述主项所指称的对象至少有一个不具有某种性质的命题。例如：

（1）有的战争不是正义战争。

（2）有的青年不是党员。

特称否定命题的形式为

有 S 不是 P

用符号表示为

SOP

简记为

O

O 是拉丁文“nego”的第二个元音字母的大写。

从主项同谓项外延间的关系看，特称否定命题陈述了至少有一部分 S 的外延与 P 的全部外延是相排斥的，但没有陈述究竟有多少 S 的外延排斥在 P 的全部外延之外。而当 S 和

P具有真包含关系或交叉关系或全异关系时，都有至少一部分S的外延排斥在P的全部外延之外。如图4-4所示。

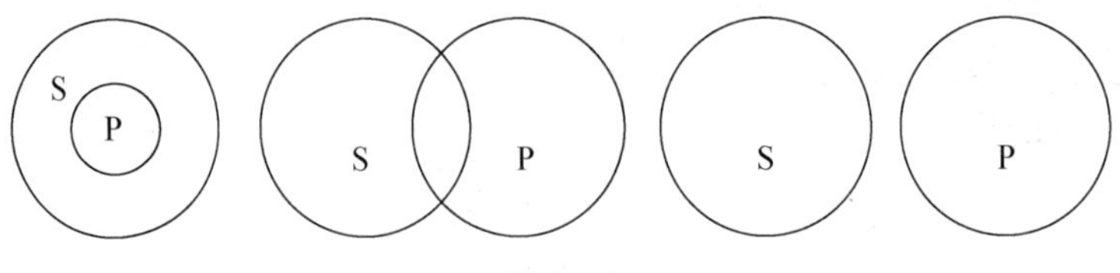

图4-4

因此，特称否定命题陈述了S和P之间是真包含关系、交叉关系或全异关系，但并未陈述S与P究竟是其中的哪一种关系。从另一个角度来说，当S与P所表示的具体词项之间具有真包含关系，或交叉关系，或全异关系时，SOP都是真的。

（五）单称肯定命题

当直言命题的主项是单独词项时，其指称的对象是独一无二的，因此它不需要用量项来刻画主项的数量，这种主项是单独词项的命题称做单称命题。

单称肯定命题是陈述主项指称的单个对象具有某种性质的命题。例如：

（1）陕西师范大学是教育部直属师范类院校。

（2）《射雕英雄传》的作者是金庸。

（3）这个女生是我们班的。

单称肯定命题的形式为

这个S是P

单称肯定命题的主项可以是专有名词，如“陕西师范大学是教育部直属师范类院校”中的“陕西师范大学”；也可以是摹状词（通过对某一种对象某方面特征的描述而指称该对象的词组），如“《射雕英雄传》的作者是金庸”中的“《射雕英雄传》的作者”或“这个女生是我们班的”中的“这个女生”。

从主项同谓项外延间的关系看，由于单称肯定命题所陈述的是主项所指称的对象的全部具有某种性质，因而单称肯定命题陈述的主项和谓项外延间的关系，与全称肯定命题陈述的主项和谓项外延间的关系完全相同。单称肯定命题也陈述其主项和谓项外延间的关系是全同关系或真包含于关系。正因为如此，在传统逻辑中，特别是在三段论中，都将单称肯定命题作为全称肯定命题处理。其命题形式用符号表示为

SaP

简记为

a

（六）单称否定命题

单称否定命题是陈述主项指称的单个对象不具有某种性质的命题。例如：

（1）小王不是警察。

（2）这个钱包不是我捡的。

单称否定命题的形式是：这个S不是P。

从主项同谓项外延间的关系看，由于单称否定命题所陈述的是主项所指称的对象的全部（某单个对象）外延不具有某种性质，因而单称否定命题陈述的主项和谓项外延间的关

系，与全称否定命题陈述的主项和谓项外延间的关系完全相同，单称否定命题也陈述其主项和谓项间的关系是全异关系，正因为如此，在传统逻辑中，特别是在三段论中，都将单称否定命题作为全称否定命题处理，其命题形式也用符号表示为

SeP

简记为

e

由于在传统逻辑中，特别是在三段论中，单称命题是作为全称命题处理的，因此，在讨论直言命题的逻辑性质及直言命题间的逻辑推演时，一般只讨论A、E、I、O四种。

四、直言命题词项的周延性

直言命题词项的周延性，是指在一个具体命题中主项和谓项的全部外延是否被断定。如果某种形式的命题陈述了一个词项的全部外延，那么，在这种形式的命题中，该词项就是周延的；如果某种形式的命题没有陈述一个词项的全部外延，那么，在这种形式的命题中，该词项就是不周延的。

例如，“所有的等边三角形都是三角形”这个命题中，主项“等边三角形”的全部外延通过全称量词“所有”而得到断定，因此，它在该命题中就是周延的；谓项“三角形”的全部外延在命题中并没有得到断定，因此，它在该命题中就是不周延的。

再如，“所有的圆形都不是三角形”这个命题中，谓项“三角形”不是以它的部分外延，而是以它的全部外延与主项“圆形”相排斥，即只要是三角形，就不会是圆形，因此，谓项“三角形”在该否定命题中就是周延的。

据此，各种形式的直言命题的主项和谓项的周延情况如下：

（1）全称肯定命题的主项周延，谓项不周延。

如前所述，A命题陈述了S的全部外延都和P的外延相重合，但没有陈述S的全部外延是否和P的全部外延相重合。这就是说，A命题陈述了S的全部外延，但没有陈述P的全部外延。因而，在A命题中，主项S是周延的，谓项P是不周延的。

（2）全称否定命题的主项周延，谓项也周延。

如前所述，E命题陈述了S的全部外延都排斥在P的全部外延之外。这就是说，E命题既陈述了S的全部外延，也陈述了P的全部外延。因此，在E命题中，主项S和谓项P都是周延的。

（3）特称肯定命题的主项不周延，谓项也不周延。

如前所述，I命题陈述了至少有一部分S的外延和P的外延相重合，但没有陈述这些S的外延是否同P的全部外延相重合。这就是说，I命题既未陈述S的全部外延，也未陈述P的全部外延。因此，在I命题中，主项S和谓项P都是不周延的。

（4）特称否定命题的主项不周延，谓项周延。

如前所述，特称否定命题陈述了至少有一部分S的外延排斥在P的全部外延之外。这就是说，O命题没有陈述S的全部外延，但陈述了P的全部外延，因此，在O命题中，主项S是不周延的，谓项P是周延的。

A、E、I、O四种直言命题的主、谓项的周延情况如表4－1所示。

表 4-1　A、E、I、O 四种直言命题的主、谓项的周延情况

命题种类	S	P
SAP	周延	不周延
SEP	周延	周延
SIP	不周延	不周延
SOP	不周延	周延

从表 4-1 可以看出，全称命题的主项都是周延的，特称命题的主项都是不周延的；否定命题的谓项都是周延的，肯定命题的谓项都是不周延的。可将其总结为这样一句话以方便大家记忆：

全称的主项和否定的谓项周延，其他词项都不周延。

这里需要再强调一下，在分析一个具体直言命题中词项的周延情况时，只能依据这一直言命题的形式。因为一个直言命题中的主项或谓项是否周延，只是就这一直言命题的形式对其的陈述情况而言的，与内容无关。换言之，脱离了命题的词项，无所谓周延与否。

练习：

1. 指出下列句子表达的是哪种类型的直言命题。

(1) 没有什么事物不包含矛盾。

(2) 占世界人口五分之一的中国人是勤劳勇敢的。

(3) 有的与会代表投了赞成票。

(4) 燕雀安知鸿鹄之志！

(5) 存在的东西不都是合理的。

(6) 鱼目岂能混珠！

2. 指出下列直言命题的主、谓项的周延情况。

(1) 中国是世界上人口最多的国家。

(2) 所有的困难都不是不可以克服的。

(3) 所有的劳动产品都是有价值的。

(4) 有的鱼是用肺呼吸的。

(5) 有些花是粉红色的。

(6) 李白是诗人。

(7) 鲁迅不是军事家。

(8) 有些动物不是卵生的。

第二节　直言推理

直言推理是以一个直言命题为前提推出一个直言命题为结论的推理。由于直言推理的

前提至少有一个是直言命题，这样推理就只能根据这个命题与其相同素材的其他命题之间的对当关系来进行，或者通过改变该命题的逻辑形式来进行，所以我们把直言推理分为对当关系推理和变形推理。

一、直言命题的对当关系推理

对当关系推理是根据直言命题间的对当关系进行的推理，它是以一个直言命题为前提推出另一个直言命题为结论的演绎推理，因此，它是直接推理。

所谓直言命题间的对当关系，是指主项和谓项相同的 A、E、I、O 四种命题间的真假关系。

我们在前面讲过，一个具体命题的真假不是逻辑学所能解决的。例如，“小王不是警察”，依靠逻辑是不能确定其真假的，逻辑学仅仅研究命题逻辑形式方面的真假。那么，从形式的角度考察，变项是表示内容的，常项才是体现逻辑性质的，我们在研究直言命题时，将其看做变项“S”和“P”所代表的两个概念之间的关系。

我们在第二章中介绍概念间有如下关系：全同、真包含、真包含于、交叉、全异。这些关系中由于“S”与“P”的关系不同，由其构造的直言命题的真假情况也就不同，具体如表 4－2 所示。

表 4－2　直言命题的真假

逻辑类型	S P（全同）	S 在 P 内（真包含于）	P 在 S 内（真包含）	S、P 交叉	S、P 全异
SAP	真	真	假	假	假
SEP	假	假	假	假	真
SIP	真	真	真	真	假
SOP	假	假	真	真	真

表 4－2 是我们分析讨论直言命题的对当关系的基础。从中不仅能得出直言命题的真假条件，还可以总结出如下的关系。

（一）矛盾关系

这是 A 命题和 O 命题之间、E 命题和 I 命题之间，不能同真，也不能同假的关系，即要求在同一思维过程中，两个不相容的命题不能同时被肯定或者同时被否定。根据这一关系，如果我们知道 A 命题是真的，就可以断定 O 命题是假的；如果知道 E 命题是真的，就可以断定 I 命题是假的。同样，如果知道 A、E、I、O 命题是假的，就可以断定对应的 O、I、E、A 命题是真的。

例如，A 命题“一切事物都是可知的”为真，我们就可以推出 O 命题“有些事物不是可知的”为假。

E 命题“语言不是上层建筑”为真，我们就可以推出 I 命题“有些语言是上层建筑”为假。

I 命题“有些学生是陕西人”为真，我们就可以推出 E 命题“所有学生都不是陕西人”为假。

O 命题“有些教师不是党员”为真，我们就可以推出 A 命题“所有教师都是党员”为假。

需要指出的是，复合命题中的负命题与直言命题的否定命题是不同的。直言命题的负命题实质上为对当关系中的相应矛盾命题。例如，SAP 的负命题是 SOP；SOP 的负命题是 SAP；SEP 的负命题是 SIP；SIP 的负命题是 SEP；直言命题的否定命题是否定事物具有某种性质的命题。因此，直言命题的否定命题是一个简单命题，例如，“稻子不是旱地作物”；而直言命题的负命题则是一个复合命题，例如，“并非稻子不是旱地作物”。

（二）差等关系

具有差等关系的两个命题中，一个是全称命题，另一个是特称命题。我们这样概括二者的关系：

如果全称命题真，则相应的特称命题真；如果特称命题假，则相应的全称命题假。如果全称命题假，则相应的特称命题真假不定；如果特称命题真，则相应的全称命题真假不定。

即：在差等关系中，可由 A 命题真推出 I 命题真，但不能由 A 命题假推出 I 命题的真假；可由 I 命题假推出 A 命题假，但不能由 I 命题真推出 A 命题的真假。同样，可由 E 命题真推出 O 命题真，但不能由 E 命题假推出 O 命题的真假；可由 I 命题假推出 O 命题真，但不能由 I 命题真推出 O 命题的真假。我们只列举 A 命题和 I 命题之间的例子：

如果 A：所有新生都进行了体检。（真）
那么 I：有些新生进行了体检。（真）

如果 I：有的学生是陕西人。（假）
那么 A：所有学生都是陕西人。（假）

如果 A：所有同学都通过了英语四级考试。（假）
那么 I：有些同学通过了英语四级考试。（真假不定）

如果 I：有的学生是陕西人。（真）
那么 A：所有学生都是陕西人。（真假不定）

（三）反对关系

这是 A、E 命题之间的关系：两者不能同真，可以同假。因此，A、E 命题中，如果知道其中一个是真的，就可以推知另一个是假的。例如，我们已知 A 命题“所有金属都是导电的”为真，就可以推出 E 命题“所有金属都是不导电的”为假。同样，我们已知 E 命题“所有物体都不是静止不动的”为真，就可以推出 A 命题“所有物体都是静止不动的”为假。

但是已知 A 命题“我们班的同学都不是女生”为假，则 E 命题“我们班的同学都是女生”真假不定。

（四）下反对关系

这是 O、I 命题之间的关系：两者可以同真，不可以同假。因此，O、I 命题中，如果知道其中一个是假的，就可以推知另一个是真的。例如，我们已知 I 命题“有些教师是党员”为假，就可以推出 O 命题“有些教师不是党员”为真。同样，我们已知 O 命题“有些学生不需要家里寄生活费”为假，就可以推出 I 命题“有些学生需要家里寄生活费”

为真。

但是已知I命题“有些学生喜欢打羽毛球”为真，则O命题“有些学生不喜欢打羽毛球”真假不定。

A、E、I、O四种命题之间的对当关系可用逻辑方阵刻画，如图4－5所示。

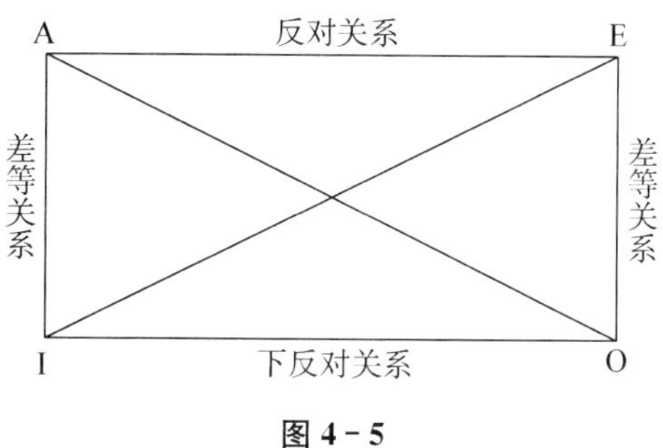

图4－5

为了方便同学们记忆，我们可以这样进行总结：

矛盾关系：一真一假。

差等关系：自上而下，上真下真；自下而上，下假上假。

反对关系：同假不同真。

下反对关系：同真不同假。

最后，关于直言命题间的对当关系，还需要说明以下两点：

第一，对当关系是指同一素材，即主项和谓项分别相同的A、E、I、O四种命题之间的一种真假关系。素材不同的A、E、I、O四种命题之间，自然就不存在这种关系。

第二，在对当关系中，单称命题不能作为全称处理。因为单称命题主项指称某一单个对象，对于单个对象来说，它要么具有某种性质，要么不具有某种性质。因此，单称肯定命题与单称否定命题之间的真假关系不是“不能同真，可以同假”的反对关系，而是“既不同真，也不同假”的矛盾关系。

二、直言命题的变形推理

直言命题的变形推理，就是通过改变作为前提的直言命题的形式从而推出结论的推理。它也是直接推理。所谓改变前提命题的形式，是指：

第一，改变前提的质，即把前提的联词由肯定变为否定，或由否定改为肯定。

第二，改变前提的主项与谓项的位置，即把前提的主项改为谓项，把谓项改为主项。

据此，直言命题变形推理有两种基本形式——换质法和换位法。

（一）换质法推理

换质法推理是通过改变作为前提的直言命题的质，从而得出另一个直言命题为结论的推理。换质法推理不改变前提的联项，而是分别在其联项和谓项前面加上否定词素而得到结论。显然，换质使得结论的联项与前提的联项相反，即前提肯定则结论否定，前提否定则结论肯定，并且结论的谓项是前提谓项的负词项。例如：

真理是不怕批评的，所以，真理不是怕批评的。

换质法的规则有：

第一，将肯定的联词改为否定的联词，或者将否定的联词改为肯定的联词。

第二，用与前提的谓项具有矛盾关系的词项作为结论的谓项。

第三，在结论中仍然保留前提的主项和量词。

据此，直言命题 A、E、I、O 都可以进行换质。

（1）A 命题的换质：从全称肯定命题的前提，推出全称否定命题作为结论。

其有效的推理形式为：SAP $\rightarrow$SE $\neg$P。

（2）E 命题的换质：从全称否定命题的前提，推出全称肯定命题作为结论。

其有效的推理形式为：SEP $\rightarrow$SA $\neg$P。

（3）I 命题的换质：从特称肯定命题的前提，推出特称否定命题作为结论。

其有效的推理形式为：SIP $\rightarrow$SO $\neg$P。

（4）O 命题的换质：从特称否定命题的前提，推出特称肯定命题作为结论。

其有效的推理形式为：SOP $\rightarrow$SI $\neg$P。

仔细分析我们看到，换质推理是一种等值推理。对上述推理式右边的命题进行再换质，就推出了左边。

（二）换位法推理

换位法推理是通过改变作为前提的直言命题主项和谓项的位置从而得出一个新直言命题的推理，它与换质法推理不同，它是通过交换前提主项和谓项的位置而推出结论的推理。就是说，在换位推理的结论中，主项是前提的谓项，谓项则是前提的主项。例如，“所有唯心主义都不是科学的世界观，所以，所有科学世界观都不是唯心主义。”就是一个换位推理。

换位推理必须遵守如下三条规则才能保证推理的有效性：

第一，前提中的主项和谓项互换其位，作为结论的谓项和主项。

第二，不得改变前提的质。

第三，前提中不周延的词项在结论中也不得周延。

这三条规则的必要性是显然的。换位推理交换了主、谓项的位置，只有在不改变主、谓项之间的关系的情况下才能保证推理的有效性，而主、谓项之间的关系是由联项决定的，因此，换位推理不得改变前提的质，即前提的联项。与此同时，结论所描述的内容必须与前提相一致才能保证推理的有效性。一个项在前提中不周延，如果在结论中将这个项周延了，就是从这个项的部分外延的情况推论到全部外延，那么，这种由部分到全部的推理不能保证前提真时结论必真，因此它不是有效推理。

据此，直言命题 A、E、I、O 都可以换位的情况如下：

（1）A 命题的换位：从全称肯定命题的前提，推出特称肯定命题作为结论。

其有效的推理形式为：SAP $\rightarrow$PIS。

例如，所有的金属都是导体，所以，有的导体是金属。

注意：SAP 换位后不能得到 PAS，因为 P 在前提 SAP 中是不周延的，而在 PAS 中是周延的，这就违反了换位推理的规则。例如，不能由“所有金属都是导体”推出“所有导体都是金属”。

（2）E 命题的换位：从全称否定命题的前提，推出全称否定命题作为结论。

其有效的推理形式为：SEP $\rightarrow$PES。

例如，所有宗教不是科学，所以，所有的科学不是宗教。

（3）I命题的换位：从特称肯定命题的前提，推出特称肯定命题作为结论。其有效的推理形式为：SIP →PIS。

例如，有的学生是党员，所以，有的党员是学生。

（4）O命题不能换位。因为O命题的主项是不周延的，如果换位，前提中O命题的主项作为结论中否定命题的谓项就变为周延了，这违反换位法规则。

换质法推理和换位法推理这两种基本形式可以交替使用。

练习：

1. 填空题。

（1）已知SAP假，则SEP ____；SIP ____；SOP ____。

（2）已知SEP真，则SAP ____；SIP ____；SOP ____。

（3）已知SIP真，则SAP ____；SEP ____；SOP ____。

（4）已知SOP假，则SAP ____；SEP ____；SIP ____。

2. 单项选择题。

（1）“某甲在加班”和“某甲没有在加班”两个命题具有（　　）。

A. 矛盾关系　　B. 反对关系　　C. 下反对关系　　D. 差等关系

（2）下列性质命题变形直接推理中，错误的是（　　）。

A. SAP→PIS　　B. SEP→PES　　C. SIP→PIS　　D. SOP→POS

（3）“围绕太阳运转的不都是行星。”这个命题的逻辑形式为（　　）。

A. SAP　　B. SEP　　C. SIP　　D. SOP

（4）主项和谓项都周延的命题是（　　）。

A. A命题　　B. E命题　　C. I命题　　D. O命题

（5）已知“没有一个人赞成这个观点”为真，可推知（　　）。

A. 所有人都赞成这个观点　　B. 并非有人不赞成这个观点

C. 有人赞成这个观点　　D. 有人不赞成这个观点

（6）以“早晨在公园里锻炼的有的是退休职工”为前提，可必然推出结论（　　）。

A. 早晨在公园里锻炼的有的不是退休职工

B. 退休职工早晨都在公园里锻炼

C. 有的退休职工早晨在公园里锻炼

D. 早晨在公园里锻炼的并非有的不是退休职工

（7）如果概念S与概念P具有交叉关系，则能断定同时为真的是（　　）。

A. SAP与SEP　　B. SAP与SIP　　C. SIP与SOP　　D. SEP与SOP

（8）“出席会议的人有的是研究生”与“出席会议的人有的不是研究生”（　　）。

A. 可同真，可同假　　B. 不可同真，不可同假

C. 不可同真，可同假　　D. 可同真，不可同假

3. 对下列命题进行换质，并用公式表示。

（1）有些花不是红的。

(2) 所有的困难都不是不能克服的。

(3) 有些战争是非正义的。

(4) 所有的基本粒子都是有内部结构的。

4. 下列命题能否换位？如能换位，请进行换位，并用公式表示。

(1) 任何个人主义者都不是共产主义者。

(2) 有些鱼类是卵生动物。

(3) 有些作品不是浪漫主义作品。

(4) 所有的中国人都是炎黄子孙。

5. 下列根据对当关系所进行的推理是否正确？为什么？

(1) 有些样品是不出售的，所以，有些样品是出售的。

(2) 有些样品是出售的，所以，并非所有的样品都不出售。

(3) 并非所有的样品都出售，所以，所有的样品都不出售。

(4) 并非有的样品出售，所以，有的样品不出售。

(5) 所有的样品都出售，所以，并非所有的样品都不出售。

(6) 有的样品出售，所以，所有的样品都出售。

6. 根据对当关系，指出能驳斥下列命题的相应命题。

(1) 商品都是价廉物美的。

(2) 所有被告都是罪犯。

(3) 有些物质是静止不变的。

(4) 有些宗教具有真理性。

(5) 有些水果不含维生素C。

(6) 所有的天体都不发光。

7. 已知下列A、B、C三人的议论中，只有一句是真的。请问：甲班班长是否是上海人？写出推导过程。

A：有上海人是甲班学生。

B：甲班王英与刘民都不是上海人。

C：甲班学生有的不是上海人。

第三节　直言三段论

一、三段论概述

（一）三段论的定义

三段论是以两个包含着共同项的直言命题为前提，推出一个直言命题为结论的推理。例如：

所有金属都是导体，
所有铁都是金属，
所以，所有铁都是导体。

表示为

$$\frac{\begin{array}{c}MAP\\SAM\end{array}}{SAP}$$

（二）三段论的结构

在一个三段论中，有且仅有三个不同的词项，这三个词项分别称做小项、大项和中项。

结论的主项称做小项，通常用“S”表示。结论的谓项称做大项，通常用“P”表示。两个前提共有的词项称做中项，通常用“M”表示。中项是结论中部出现的词项。

任何一个三段论都由三个命题组成，这三个不同的命题分别称做大前提、小前提和结论。含有大项的前提称做大前提。含有小项的前提称做小前提。推出的新命题称做结论。

如上例中三段论的结构式就可以写为

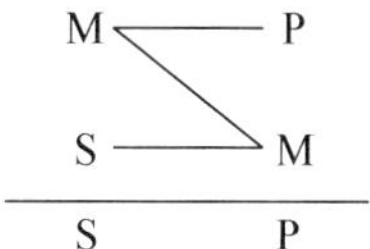

二、三段论的规则

（一）基本规则

1. 一个三段论有且只能有三个不同的词项

前面讲过，三段论由三个直言命题构成。两个包含共同项的命题是前提，推出的新命题是结论，但是并非任意的三个直言命题相组合就能构成三段论。作为三段论的前提和结论的直言命题，必须有且只能包含有三个项。凡是在三段论推理中出现了四个项的，称做“四词项”错误。例如：

鲁迅的著作不是一天能读完的，
《祝福》是鲁迅的著作，
《祝福》不是一天能读完的。

这个推理的前提真而结论假，显然是无效的，推理无效的原因在于在两个前提中出现的相同语词“鲁迅的著作”具有不同的含义，在大前提中“鲁迅的著作”是集合概念，而在小前提中它又是非集合概念，因此，两次出现的“鲁迅的著作”是两个不同的词项。该推理犯了“四词项”的错误。

再比如古希腊的诡辩家欧布利德的“你头上有角”的诡辩：“你没有失去的东西，就还在你那里；你没有失去角；所以，你就是有角的人。”我们把它整理成如下三段论：

凡是你没有失去的东西就是你具有的东西，
角是你没有失去的东西，
所以，你有角。

在这个三段论中，“你没有失去的东西”虽然在字面上相同，但其所表达的实质含义却不同，它在大前提中指“原来有这种东西”，在小前提中指“原来没有的东西”，语词一样，但是也犯了“四词项”的错误。

2. 中项在前提中至少要周延一次

三段论要通过中项的联结作用确定大项和小项之间的关系，如果中项在两个前提中都不周延，则意味着它有一部分外延同大项有某种关系，一部分外延同小项有某种关系，至于究竟是哪部分外延同大项有关系，哪部分外延同小项有关系，这在直言命题的表达中是无法确定的。以这种不确定的关系显然无法确定大小项之间的关系，中项也就不能发挥中介联结作用而推出必然性的结论。违反这条规则就会犯“中项不当周延”的逻辑错误。例如：

所有金属都是导体，
人体是导体，
———————————
所以，人体是金属。

在这个三段论中，“导体”是中项，它在大前提中是肯定的谓项，在小前提中也是肯定的谓项，前面讲过，肯定的谓项不周延，所以这个推理违反了基本规则 2，犯了“中项不当周延”的逻辑错误。

3. 在前提中不周延的项，在结论中不得周延

一个有效的三段论，前提必须蕴涵结论。从外延方面看，就是要求结论的大项或小项所断定的范围不能超出前提中大项或小项所断定的范围，否则，结论就不是必然的。违反基本规则 3 所犯的逻辑错误有以下两种：

（1）凡是大项在前提中不周延而在结论中周延的，被称作“大项不当周延”的逻辑错误。例如：

所有外语系的学生都是应该学好外语的，
我不是外语系的学生，
———————————
所以，我不是应该学好外语的。

在这个推理中，大项“应该学好外语的”在前提中作为肯定命题的谓项，是不周延的，在结论中作为否定命题的谓项却周延了，因而犯了大项不当周延的错误，导致推理无效。这就犯了“大项不当周延”的逻辑错误。

（2）凡是小项在前提中不周延而在结论中周延的，被称作“小项不当周延”的逻辑错误。例如：

所有金属是导电的，
有的金属是固体，
———————————
所以，所有固体是导电的。

这里“固体”在小前提中是肯定的谓项不周延，在结论中作为全称的主项周延了。这就犯了“小项不当周延”的逻辑错误。

4. 两个否定的前提不能得出结论

否定命题（E 命题或 O 命题）是反映一个类的全部或一部分被排斥在另一个类之外。如果两个前提都是否定的，则 S 类的全部或部分被排斥在整个 M 类之外，P 类的全部或部分也被排斥于整个 M 类之外。不能通过 M 类在 S 类和 P 类之间建立任何确定的关系，不能得出必然性的结论。例如：

甲班学生都不是党员，
小明不是甲班学生，
所以？

这里，既不能确定小明是党员，也不能确定小明不是党员。

5. 如果有一个前提是否定的，则结论是否定的；如果结论是否定的，则必有一个前提是否定的

在一个三段论中，如果有一个前提是否定的，则另一个前提必须是肯定的，因为两个否定前提不能得出结论。如果大前提否定，则中项和大项相互排斥；如果小前提否定，则中项和小项相互排斥。大项与小项之间的关系是依靠中项确立的，如果有一个否定前提，则大项与小项通过中项所建立起来的关系必然是相互排斥的，所以结论是否定的。例如：

客观规律都不是以人们的意志为转移的，
经济规律是客观规律，
所以，经济规律不是以人们的意志为转移的。

同时，既然结论是否定的，说明大项和小项之间是相互排斥的，必然有一个词项与中项之间是相互排斥的，这样就有一个前提是否定的。因此，这一规则实际是说：两个肯定前提不能得出否定结论。

三段论的上述五条基本规则，对于检验三段论的有效性来说，既是必要的，又是充分的。这就是说，遵守了这五条规则，三段论就是有效的，违反了其中任何一条规则，三段论就是非有效的。但是，需要指出的是，上述五条规则是在传统逻辑不考虑空类的情况下建立起来的。

（二）导出规则

1. 两个特称的前提不能得出结论

证明：两个前提如果都是特称的，则两个前提的组合不外乎三种情况：

（1）I I。假如两个前提都是I命题，则在这两个前提中没有一个项是周延的。这样，不论哪一个项做中项，都是不周延的，这就违反了基本规则2，所以，不能得出必然结论。

（2）O O。假若两个前提都是O命题，根据基本规则4“两个否定的前提不能得出结论”，不能必然地得出结论。

（3）I O（或O I）。假若两个前提中一个是I命题，另一个是O命题，则两个前提中只有一个词项即O命题的谓项周延。这个唯一周延的项如果做中项，则大项在前提中不周延，但是，因有一前提是否定的，则根据基本规则5，结论必然是否定的；而结论否定，则结论中的大项周延，这就违反了基本规则3，犯了“大项不当周延”的逻辑错误。如果两前提中唯一周延的项做大项，则又违反了基本规则2，犯了“中项不周延”的逻辑错误。这样或者违反基本规则3，犯“大项不当周延”的逻辑错误，或者违反基本规则2，犯“中项不周延”的逻辑错误，二者必居其一，因此不能得出结论。

2. 如果有一个前提是特称的，则结论只能是特称的

证明：根据基本规则1，两个特称前提不能得出结论，所以前提中如果有一个是特称的，则另一个必是全称的。这样两前提的组合共有四种情况：

（1）A I。在这种情况下，只有一个词项即A命题的主项周延。这个唯一周延的项必须做中项，否则，就不能得出结论。其余三个不周延的项中有一个做小项，这样小项在前

提中不周延。根据基本规则 3，小项在结论中也不能周延，所以结论是特称的。

（2）A O。在这种情况下，有两个周延的项即 A 命题的主项和 O 命题的谓项。这两个周延的项，根据基本规则 2，一个必须做中项，另一个必须做大项（根据基本规则 5，结论否定，大项在结论中周延，根据基本规则 3，大项在前提中也必须周延），这样小项在前提中不能周延，根据基本规则 3，小项在结论中也不能周延，所以结论是特称的。

（3）E I。在这种情况下，只有 E 命题的主项和谓项这两个项周延。根据基本规则 2，中项必周延；又根据基本规则 5，前提否定结论必否定，大项在结论中周延。因此按照基本规则 3 的要求大项在前提中必周延。这样，两个周延的项必须一个做中项，一个做大项，而剩下的两个项无论哪个做小项都不周延，即结论总是特称的。

（4）E O。根据基本规则 4，两个否定前提不能得出结论。

三、三段论的格

（一）什么是三段论的格

三段论的中项在两个前提中都出现，它在大前提中既可以是主项，也可以是谓项，在小前提中亦是如此，中项在前提中的位置不同，三段论的形式就不同。我们把这种由中项在前提中的不同位置所决定的三段论形式称做三段论的格。

中项在前提中的位置有四种，由此决定了三段论有四个格。它们分别是：

第一格：中项做大前提的主项和小前提的谓项。此格又称完善格。

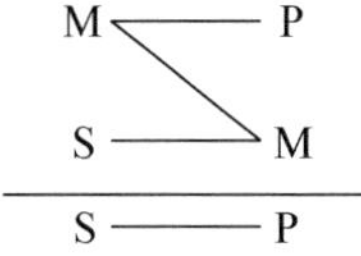

例如：

所有科学都是实践的产物。
所有自然科学都是科学。
所以，所有自然科学都是实践的产物。

第二格：中项同时做两个前提的谓项。此格又称区别格。

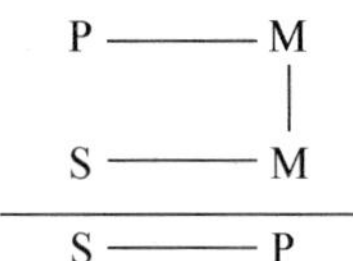

例如：

所有正当防卫都不是犯罪。
他的行为是犯罪。
所以，他的行为不是正当防卫。

第三格：中项同时做两个前提的主项。此格又称反驳格。

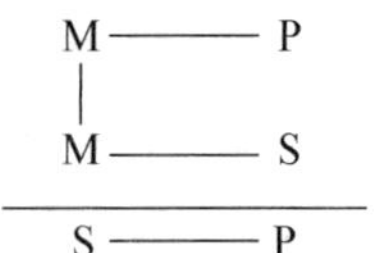

例如：

老鼠是有尾巴的。
老鼠是哺乳动物。
———————————
所以，有些哺乳动物是有尾巴的。

第四格：中项做大前提的谓项和小前提的主项。

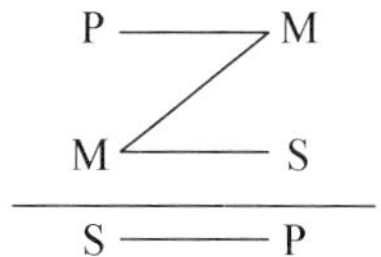

例如：

有的学生是团员。
所有团员都是青年。
———————————
所以，有些青年是学生。

(二) 各格的特殊规则

1. 第一格的规则

(1) 小前提必肯定。

证明：

1) 如果小前提否定，则大前提必肯定，因为两个否定的前提不能得出结论（基本规则 4）。大前提肯定，则大项在前提中不周延。

2) 如果小前提否定，则结论否定，大项在结论中周延。如此，大项在前提中不周延，而在结论中周延，这就违反了基本规则 3，犯了“大项不当周延”的错误。这种错误是由于小前提否定造成的，所以小前提必肯定。

(2) 大前提必全称。

证明：

1) 小前提肯定，则中项在小前提中不周延。

2) 根据基本规则 2，中项在前提中至少要周延一次，中项在大前提中必须周延。而在第一格中，中项是大前提的主项。所以，大前提必全称。

3) 结论可以是 A、E、I、O 四种命题。

当大小前提均为 A 命题时，结论可以是 A 命题；当大小前提分别为 E、A 命题时，结论可以是 E 命题；当大小前提分别为 A、I 命题时，结论是 I 命题；当大小前提分别为 E、I 命题时，结论是 O 命题。

2. 第二格的规则

(1) 必有一个前提否定。

在第二格中，中项在两个前提中都处于谓项的位置。根据基本规则 2，中项在前提中要周延一次，而只有否定命题的谓项才周延，因此，第二格形式的有效三段论必有一个前提是否定。否则将犯中项不周延的错误。

(2) 大前提必全称。

既然第二格形式的三段论必有一个前提否定，根据基本规则 5，结论也必否定，因此大项在前提中必须周延。而大项在大前提中处于主项的位置，主项周延的命题是全称命题。所以第二格形式的三段论大前提必全称。

（3）结论只能是否定命题。

由于在第二格中必有一前提否定，所以结论也只能是否定的。

3. 第三格的规则

（1）小前提必肯定。

同第一格形式的三段论一样，第三格三段论的大项在前提中处于谓项的位置，如果小前提否定，结论必否定，大项在结论中周延，这就要求它在前提中也周延，由此推出大前提也需否定，否则就要犯大项不当周延的错误。因此，当第三格三段论的小前提否定时，它或者要犯大项不当周延的错误，或者将因小前提否定不能推出结论。

（2）结论必特称。

在第三格形式中，小项处于小前提谓项的位置，既然小前提必肯定，作为肯定命题谓项，小项在前提中是不周延的，根据基本规则 3，小项在结论中也不得周延。小项是结论的主项，主项不周延的命题是特称命题。所以第三格形式的三段论结论必特称。

4. 第四格的规则

（1）如果有一否定前提，则大前提全称。

（2）如果大前提肯定，则小前提全称。

（3）如果小前提肯定，则结论特称。

（4）任何一个前提都不能是特称否定命题。

（5）结论不能是全称肯定命题。

以上五条规则，读者可作为练习自行证明。

四、三段论的式

三段论是由包含三个项的三个直言命题构成的，这些直言命题可以是任意的 A、E、I、O 四种形式的命题。A、E、I、O 四种命题在前提和结论中的不同组合，构成了三段论的不同形式。所谓三段论的式，就是由 A、E、I、O 四种命题在前提和结论中的不同组合所决定的三段论形式。例如：

是人都会死的，（A）
苏格拉底是人，（A）
————————————
所以，苏格拉底会死的。（A）

这个三段论就是：AAA 式。

由于在一个三段论中，大、小前提和结论都可能是 A、E、I、O 四种命题，因此，按照前提和结论的质、量的不同排列，可能式有：4×4×4＝64 种。

根据中项在前提中的不同位置，每个式的三段论可以是第一格、第二格、第三格或者第四格的。故三段论的可能式就有：64×4＝256 种。

在 256 种可能式中，绝大多数是无效式，如：EEE 式、OIO 式等。四个格共有 24 个有效式：

第一格：	AAA	AII	EAE	EIO	（AAI）	（EAO）
第二格：	AEE	EAE	EIO	AOO	（AEO）	（EAO）
第三格：	AAI	AII	EAO	EIO	IAI	OAO

第四格：AAI　　AEE　EAO　　EIO　　IAI　　　（AEO）

其中 5 个带括号的是弱式，由这些推理形式的前提本来可以推出全称的结论，现在却只推出特称结论，因而是一种弱化了的推导。弱式仍然是有效式，因为根据对当关系，全称命题为真时，特称命题必真。

五、三段论的省略式

一个标准的三段论必须有大小前提和结论，缺一不可。但在日常思维活动中，这三个部分并不都被完全地表达出来。三段论的省略式是指在语言表达中，省略了三段论中的某一个命题，只保留了两个命题。

（一）省略三段论的分类

（1）省略大前提的三段论。例如：

你是共产党员，所以你就要起模范带头作用。

（2）省略小前提的三段论。例如：

大学生都要刻苦学习，所以，我们也不例外。

（3）省略结论的三段论。例如：

所有人都免不了犯错误，领导也是人嘛！

（二）省略三段论的恢复

在进行省略三段论的恢复时，首先确定省略了哪一部分，省略形式的三段论并不意味着三段论的逻辑结构减少，而仅仅是语言表达上的简略。对于一个正确的三段论来说，大小前提及结论这三个部分缺一不可，否则就不是三段论。因此，当我们具体分析一个省略形式的三段论时，第一步就是确定省略了哪一部分。

这里有两种方法可以遵循，一是看联结词：有"所以""因此""可见""由此可知"等联结词，说明省略的是前提；有"且""而"等联结词，说明省略的是结论。二是分析句子之间的语义关系，如果没有联结词就要分析句子之间的语义关系。如果两个句子之间是并列关系，省略的就是结论；如果两个句子之间是因果关系，则省略的是前提。

接下来，根据结论确定大项和小项，然后再看被省略的是大前提还是小前提，最后把省略的部分恢复出来。前面的三个省略三段论可恢复如下：

共产党员要起模范带头作用，
你是共产党员，
———————————————
所以，你就要起模范带头作用。

大学生都要刻苦学习，
我们是大学生，
———————————————
所以，我们也要刻苦学习。

所有人都免不了犯错误，
领导也是人，
———————————————
所以，领导也免不了犯错误。

最后，用三段论的规则检验其是否有效。例如，有个大学生说：

"我又不想当翻译，何必学外语。"

这个三段论显然是错的，把这个三段论补全了，就是，

所有想当翻译的人都是必须学外语的，
我不是想当翻译的人，
我不是必学外语的人。

这就是一个错误的三段论，违反了基本规则 3，“必须学外语”这个大项在大前提中是不周延的，但在结论中周延，犯了“大项不当周延”的错误。在省略三段论中，这样的错误容易被掩盖。

练习：

1. 在下列各式的括号内填入适当的符号，使之成为有效的三段论形式。

M（ ）P	PEM	M（ ）P	P（ ）M	（ ）A（ ）
S（ ）M	M（ ）S	SIM	（ ）A（ ）	（ ）E（ ）
SEP	S（ ）P	S（ ）P	SIP	S（ ）P

2. 指出下列三段论的大项、中项、小项；大前提、小前提和结论；格和式。

（1）有的科学家是自学成才的，科学家都是有科学成就的人，所以，有些有科学成就的人是自学成才的。

（2）所有中文系学生必修逻辑课，中文系学生是文科学生，因此，有些文科学生必修逻辑课。

（3）有些哲学家不是唯物主义哲学家，因为凡唯物主义哲学家都是承认物质第一性的，有些哲学家不承认物质第一性。

（4）瓦特没有受过高等教育，瓦特是知名科学家，可见，有些知名科学家并未受过高等教育。

（5）所有犯罪行为都是违法行为，这种行为不是违法行为，所以，这种行为不是犯罪行为。

3. 下列三段论是否正确？如不正确，违反了什么规则？

（1）优秀律师都精通法律，张煜精通法律，所以，张煜是优秀律师。

（2）党员要起带头作用，我不是党员，所以，我不要起带头作用。

（3）建筑工人是了解施工现场情况的，张山是了解施工现场情况的，所以张山是建筑工人。

（4）中国人是勤劳勇敢的，我是中国人，所以，我是勤劳勇敢的。

（5）演绎推理是前提蕴涵结论的推理，前提蕴涵结论的推理是必然推理，所以，有些必然性推理是演绎推理。

（6）有些青年是发明家，有些青年是知识分子，所以，有些知识分子是发明家。

（7）甲班多数同学是共青团员，甲班有些同学是三好学生，所以，甲班有些三好学生是共青团员。

（8）教师在学校工作，张山在学校工作，所以，张山是教师。

4. 试分析下列省略三段论，指出省略了哪一部分，恢复成完整形式并指出它是否正确。

（1）没有文化的军队是愚蠢的军队，而愚蠢的军队是不能战胜敌人的。

（2）有的被告表情紧张，所以，有的被告是罪犯。

（3）我们必须坚持真理，而坚持真理必须旗帜鲜明。

（4）侯宝林不是京剧演员，所以，相声演员都不是京剧演员。

（5）《红高粱》是优秀影片，因为它是获奖影片。

（6）拾来的东西不是偷来的，所以，拾来的东西不需要还。

（7）这个推理是虚假的，所以，这个推理是无效的。

（8）人是从古猿进化来的，所以，你也是从古猿进化来的。

5. 请提取出下列论述中的三段论推理，并指出大前提、小前提和结论。

（1）在一切工作中，命令主义是错误的，因为它超过群众的觉悟程度，害了急性病，而凡是超过群众觉悟程度企图“拔苗助长”的总是错误的。在一切工作中尾巴主义也是错误的，因为它落后于群众的觉悟程度，害了慢性病，而凡是落后于群众的觉悟程度又违反了领导群众前进一步的原则的，总是错误的。

（2）喜马拉雅山脉是否从来就是“世界屋脊”？不。在27亿年前，这里原来是茫茫一片的汪洋大海。人们又如何知道这里原来是茫茫一片的汪洋大海？原因是找到了化石。地质学一再证明：凡是有水生生物化石的地层，都是地质史上的古海洋地区。喜马拉雅山脉的地层遍布了珊瑚、苔藓、海藻、鱼龙、海百合等化石。可见，喜马拉雅山脉在过去的地质年代里，曾经被海洋淹没过。

（3）非洲的一位年轻的社会学家，曾调查某一地区的文化教育情况。他查明，该地区的居民大多数是女性，而且70%的居民是识字的。据此，他得出结论说：“该地区大多数女性是识字的。”

（4）当代的科学技术要求出现更多的创造型人才，这些人才要具有数学的基本功。因为现在有许多学科都由定性描述进展到定量描述，运用了比较深的数学工具。几十年前，数学还主要在力学、物理学中发挥作用，缺乏数学训练的年轻人只要避开数学、物理、力学等学科即能施展自己的才能。而现在，数学不仅比较深地介入自然科学、技术科学的所有领域，而且也介入了社会科学的众多学科。当今，在前沿科学取得重大成就的科学家没有一个不是在数学方面训练有素的。有些年老的科学家不懂得数学语言，结果，他们无法在前沿科学中取得重大的成就。

（5）洋奴会说洋话。你主张读洋书，就是洋奴，人格破产了！受人格破产的洋奴崇拜的洋书，其价值可知矣！但我读洋文是学校的课程，是政府的功令，反对者，即反对政府也。无父无君之无政府党，人人得而诛之。

（6）你说中国不好。你是外国人么？为什么不到外国去？可惜外国人看你不起。

综合拓展题

1. 设“并非无商不奸”为真，则以下哪项一定为真？（　　）

A. 所有的商人都是奸商　　B. 所有商人都不是奸商

C. 并非有的商人不是奸商　　D. 有的商人不是奸商

2. 如果“学院路街道发现有保姆没有办理暂住证”这个判断为真，我们可以推出，除了

（　　）其他都是真假不定。

A. 学院路街道所有保姆都没有办理暂住证

B. 学院路街道所有保姆都办理了暂住证

C. 学院路街道有保姆办理了暂住证

D. 学院路街道保姆翠花办理了暂住证

3. 在大学里，许多温和宽厚的教师是好教师，但有些严肃且不讲情面的教师也是好教师。而所有好教师都有一个共同特点：他们都是学识渊博的人。

如果以上陈述为真，以下哪项陈述一定为真？（　　）

A. 许多学识渊博的教师是温和宽厚的

B. 有些学识渊博的教师不是好教师

C. 所有学识渊博的教师都是好教师

D. 有些学识渊博的教师是严肃且不讲情面的

4. 某公司共有包括总经理在内的 20 名员工。关于这 20 名员工，以下三个断定中只有一个是真的。

Ⅰ. 有人在该公司入股。

Ⅱ. 有人没在该公司入股。

Ⅲ. 总经理没在该公司入股。

根据以上事实，则以下哪项是真的？（　　）

A. 20 名员工都入了股　　B. 20 名员工都没入股

C. 只有一人入了股　　D. 只有一人没入股

5. 某旅游团去木兰围场旅游，团员们骑马、射箭、吃烤肉，最后去商店购买纪念品。已知：

(1) 有人买了蒙古刀。

(2) 有人没有买蒙古刀。

(3) 该团的张先生和王女士都买了蒙古刀。

如果以上三句话中只有一句为真，则一定知道（　　）。

A. 张先生和王女士都没有买蒙古刀

B. 张先生买了蒙古刀，但王女士没有买蒙古刀

C. 李先生买了蒙古刀

D. 张先生或王女士没买蒙古刀

6. 凡物质是可塑的，树林是可塑的，所以树木是物质。以下哪个选项的结构与上述最为相近？（　　）

A. 凡真理都是经过实践检验的，进化论是真理，所以进化论是经过实践检验的

B. 凡恒星是自身发光的，金星不是恒星，所以金星自身不发光

C. 凡公民必须遵守法律，我们是公民，所以我们必须遵守法律

D. 所有的坏人都攻击我，你攻击我，所以你是坏人

7. 有些“台独分子”论证说：凡属中华人民共和国政府管辖的都是中国人，台湾人现在不受中华人民共和国政府管辖，所以，台湾人不是中国人。

以下哪一个推理明显说明上述论证不成立？（　　）

A. 所有成功人士都要穿衣吃饭，我现在不是成功人士，所以，我不必穿衣吃饭

B. 商品都有使用价值，空气当然有使用价值，所以，空气当然是商品

C. 所有技术骨干都刻苦学习，小张是技术骨干，所以，小张是刻苦学习的人

D. 犯罪行为都是违法行为，违法行为都应受到社会的谴责，所以，所有犯罪行为都应受到社会的谴责

8. 犯罪行为不是合法行为，故意杀人罪是犯罪行为。我们可以推出（　　）。

A. 故意杀人不是合法行为　　B. 不合法行为是犯罪行为

C. 不是犯罪行为一定合法　　D. 有的犯罪行为是合法行为

9. 椰子都是白皮松，有些椰子不是响尾蛇。

以上命题为真，则以下哪一项肯定为真？（　　）

A. 有些白皮松是响尾蛇　　B. 有些白皮松不是响尾蛇

C. 有些响尾蛇是白皮松　　D. 有些响尾蛇不是白皮松

10. 电视广告：这酒嘛，年头要长一点，工艺要精一点，好酒，可以喝一点（广告者打量手中的板城烧锅酒），板城烧锅酒，可以喝一点。

为了使题干中最后一句话成为前面几句话的逻辑推论，需要补充下面哪一个前提？（　　）

A. 茅台酒是中国最著名的好酒　　B. 板城烧锅酒年头很长

C. 五粮液和板城烧锅酒都是好酒　　D. 板城烧锅酒工艺很精

11. 大多数人都熟悉安徒生童话《皇帝的新衣》，故事中有两个裁缝告诉皇帝，他们缝制的衣服有一种奇异的功能：凡是不称职的人或者愚蠢的人都看不见这衣服。

除了（　　），以下各项陈述都可以从裁缝的断言中逻辑地推出。

A. 凡是不称职的人都看不见这衣服

B. 有些称职的人能够看见这衣服

C. 凡是能看见这衣服的人都是称职的人或者不愚蠢的人

D. 凡是看不见这衣服的人都是不称职的人或者愚蠢的人

12. 有些贪官广有关系网，所以，有些有关系网的人在经济上不干净。

以下哪项作为前提，才能使上述推理成立？（　　）

A. 所有在经济上不干净的人都是贪官

B. 所有的贪官在经济上都不干净

C. 有些贪官在经济上不干净

D. 所有在经济上不干净的人都广有关系网

13. 一定有中文系的毕业生是对民事诉讼很关心的人，因为很多律师是中文系的毕业生。

能保证上述论断正确的前提是（　　）。

A. 从事律师工作的中文系毕业生要取得律师资格证书

B. 多数对民事诉讼很关心的人并不是中文系毕业的

C. 有些对民事诉讼关心的人是律师

D. 所有律师都是对民事诉讼很关心的人

14. 哈尔滨人都是北方人，有些哈尔滨人不是工人。

以上命题为真，则以下（　　）肯定为真。

A. 有些北方人是工人

B. 有些北方人不是工人

C. 有些工人是北方人

D. 有些工人不是北方人

15. 某高校 2018 年秋季入学的学生当中有些是免费的师范生。所有的免费师范生都是家境贫寒的。凡家境贫寒的学生都参加了勤工助学活动。

如果以上陈述为真，则以下各项必然为真，除了（　　）。

A. 有些参加勤工助学活动的学生不是免费师范生

B. 2017 年秋季入学的学生中有人家境贫寒

C. 凡没有参加勤工助学活动的学生都不是免费师范生

D. 一些参加勤工助学活动的学生是 2017 年秋季入学的

16. 古罗马的西塞罗曾说："优雅和美不可能与健康分开。"意大利文艺复兴时代的人道主义者洛伦佐·巴拉强调说，健康是一种宝贵的品质，是"肉体的天赋"，是大自然的恩赐。他写道："很多健康的人并不美，但是没有一个美的人是不健康的。"

以下各项都可以从洛伦佐·巴拉的论述中推出，除了（　　）。

A. 有些不美的人是健康的

B. 有些美的人不是健康的

C. 有些健康的人是美的

D. 没有一个不健康的人是美的

17. 哪一个运动员不想出现在奥运会的舞台上，并在上面尽情表演？

如果以上陈述为真，以下（　　）项的陈述必定为假。

A. 所有美国运动员，如游泳选手菲尔普斯，都想在奥运会的舞台上尽情表演

B. 有的牙买加运动员，如短跑选手博尔特，想出现在奥运会的舞台上

C. 中国 110 米跨栏选手刘翔不想出现在奥运会舞台上，并在上面尽情表演

D. 任何一个人，只要他是运动员，他都想出现在奥运会的舞台上

18. 杜威：逻辑之所以对人类极端重要，正是因为它在经验中建立，并在实践中应用。

以下（　　）项陈述是上述论证所依赖的假设。

A. 逻辑在人类知识体系中处于基础地位

B. 对于人类极端重要的东西都是在经验中建立的

C. 在经验中建立并且在实践中应用的东西对人类极端重要

D. 经过人类长期实践检验和逻辑证明的东西对人类非常重要

19. 所有名词是实词，动词不是名词，所以动词不是实词。

以下（　　）项推理与上述推理在结构上最为相似。

A. 凡细粮都不是高产作物。因为凡薯类都是高产作物，所以凡细粮都不是薯类

B. 先进学生都是遵守纪律的，有些先进学生是大学生，所以大学生都是遵守纪律的

C. 铝是金属，又因为金属都是导电的，因此铝是导电的

D. 虚词不能独立充当句法成分，介词是虚词，所以介词不能独立充当句法成分

20. 某些经济学家是大学数学系的毕业生。因此，某些大学数学系的毕业生是对企业经营很有研究的人。

下列（　　）项如果为真，能保证上述论断正确。

A. 某些经济学家专攻经济学的某一领域，对企业经营没有太多的研究
B. 某些对企业经营很有研究的经济学家不是大学数学系毕业的
C. 所有对企业经营很有研究的人都是经济学家
D. 所有经济学家都是对企业经营很有研究的人

本章小结

本章我们对直言命题及其推理做了详细的介绍。对于 A、E、I、O 四种命题我们强调：第一，要会从阅读的信息中提炼出直言命题的信息。第二，要掌握四种命题的周延性情况，这是我们学习三段论的基础。第三，要熟悉直言命题间的对当关系。所谓“读不在三更五鼓，功只怕一曝十寒”，坚持学习，才能有令人满意的收获。

第五章

模态命题及其推理

模态逻辑是逻辑学的一个分支，它研究必然、可能及其相关概念的逻辑性质。

本章知识点

1. 模态命题
2. 模态推理

学习要求

准确把握模态词的含义，能够利用模态对当关系进行推理。

第一节　模态命题

一、模态命题的概念

模态命题历史悠久，亚里士多德的《解释篇》中就曾讨论过各种模态命题及其真假情况，在《前分析篇》中还研究了模态词和模态三段论，之后的欧洲经院逻辑学家在模态三段论上取得了新的成果。但是，总体而言，在亚里士多德之后的很长一段时间，模态逻辑没有得到应有的重视，直到19世纪末20世纪初有位叫H. 麦科尔的逻辑学家才迈出了近代模态逻辑研究的第一步，他在他的著作中第一次指出了所谓的“蕴涵佯谬”，但是，麦科尔没有提出任何公理。现代模态逻辑的公认奠基人是C. I. 刘易斯，他用数理逻辑的方法对模态逻辑进行了系统的研究，使得模态逻辑进入了崭新的阶段。

模态命题有广义和狭义之分，广义的模态命题是指一切包含有模态词的命题，狭义的模态命题主要是指其中包含有“必然”和“可能”这类模态词的命题，换言之，模态命题是反映事物可能性或必然性的命题。

“模态”一词译自英文“modal”，而“modal”又来自“modes of truth”（真的方式）中的“modes”一词。它有“形式的、情态的、语气的或模式的”等含义。从字面上看，模态词是一些表示情态、语气等的特殊语词。例如：

（1）社会必然不断进步。

（2）明天不下雨是可能的。

在上面两个命题中出现的“必然”和“可能”就是模态词。（1）表示社会进步具有必然性。(2) 表示明天下雨有可能性。

"必然"和"可能"这两个模态词也是重要的哲学概念，它们的哲学含义直接关系到对"必然性"和"可能性"这两个哲学范畴的解释。

从逻辑的角度分析，上面两个命题如果没有模态词，它们都将表达一个完整的命题，这些命题都有确定的逻辑值，它们或者为真，或者为假。但是，模态词的出现则使这些命题的逻辑值发生了变化。如果去掉模态词，它们就成为：

(1) 社会不断进步。

(2) 明天不下雨。

很明显，"社会不断进步"这个命题是真的，因为它所表达的符合事实。但是"明天不下雨"却未必为真。

在分析模态命题的形式时，把模态词放在命题的变项的前面。本教材用符号"◇"表示"可能"，"□"表示"必然"。这样的"◇""□"符号称为模态算子。据此，模态命题的逻辑形式表示为

可能 P

必然 P

或者用符号表示为

◇P

□P

二、模态命题的种类

根据命题所反映的是事物的可能性还是必然性，可以把模态命题分为可能命题和必然命题；可能命题和必然命题又可以根据质的不同分为肯定命题和否定命题。

(一) 可能命题

可能命题是反映事物情况可能性的命题。规范算子"可能"通常可以用这样一些语词来表达："或许""也许""大概"等。可能命题又分为肯定可能命题和否定可能命题。

(1) 肯定可能命题：反映事物情况可能存在的命题。例如：

1) 火星上可能有生命存在。

2) 今天可能下雨。

1) 反映火星上存在生命具有可能性；2) 反映今天下雨具有可能性。

肯定可能命题的公式为

"S 可能是 P"或"S 是 P 是可能的"

也可简化为

可能 P

用符号表示为

◇P

(2) 否定可能命题：反映事物情况可能不存在的命题。例如：

1) 明天可能不下雨。

2) 他可能不是学生。

1) 反映"明天下雨"这种情况可能不存在；2) 反映"他是学生"这种情况可能不

存在。

否定可能命题的公式为

“S 可能不是 P”或“S 不是 P 是可能的”

也可简化为

可能¬P

用符号表示为

◇¬P

（二）必然命题

反映事物情况必然存在的命题是必然命题。规范算子“必然”通常可以用这样一些语词来表达：“必定”“一定”等。必然命题又分为肯定必然命题和否定必然命题。

（1）肯定必然命题：反映事物情况必然存在的命题。例如：

1）生物必然进行新陈代谢。

2）中国梦必然能实现。

1）反映了“生物进行新陈代谢”的必然性；2）反映了“实现中国梦的必然性”。

肯定必然命题的公式为

“S 必然是 P”或“S 是 P 是必然的”

也可简化为

必然 P

用符号表示为

□P

（2）否定必然命题：反映事物情况必然不存在的命题。例如：

1）经济规律必然不依人的意志为转移。

2）谎言必然不能长久骗人。

1）反映了“经济规律依人们意志为转移”这个情况是必然不存在的。2）反映了“谎言能长久骗人”是必然不存在的。

否定必然命题的公式为

“S 必然不是 P”或“S 不是 P 是必然的”

也可以简化为

必然¬P

用符号表示为

□¬P

综上，我们把模态命题表示如下：

- 模态命题
  - 必然命题
    - 必然肯定命题
    - 必然否定命题
  - 可能命题
    - 可能肯定命题
    - 可能否定命题

三、模态命题的真假

模态命题也有真假，不过它与命题逻辑中讲的命题的真假是不同的。在命题逻辑中，命题的真假可以用真值表来刻画，而模态命题由于有模态词，所以不能用真值表来表示其真假。在模态命题中引进了“可能世界”来确定其真假。所谓“可能世界”，是指能够被人们合乎逻辑地设想出来的各种场合。现实世界只是许许多多可能世界中的一个可能世界。

“可能世界”是由莱布尼茨首先提出的，按照他的观点，凡是不违反逻辑，可以被人们想象的情况或场合都是可能世界。例如，“西方极乐世界”“世外桃源”都是可能世界。我们生活着的现实世界只不过是可能世界的一种。莱布尼茨用可能世界的概念去界定模态词“必然”和“可能”。“必然”意味着“在所有可能世界为真”；“可能”意味着“在有的可能世界为真”。

根据命题P在每个可能世界中的真假就可以确定模态命题“必然P”和“可能P”的真假：

当P在所有可能世界里都真时，“必然P”就是真的，否则就是假的。

当P在所有可能世界里都假时，“必然¬P”就是真的，否则就是假的。

当P至少在一个可能世界里为真时，“可能P”就是真的，否则就是假的。

当P至少在一个可能世界里为假时，“可能¬P”就是真的，否则就是假的。

各种模态命题的真假情况如表5-1所示。

表5-1　各种模态命题的真假情况

<table>
<tr><th>命题种类</th><th>P在所有可能世界里为真</th><th>P在所有可能世界里可真可假</th><th>P在所有可能世界里为假</th></tr>
<tr><td>□P</td><td>+</td><td>−</td><td>−</td></tr>
<tr><td>□¬P</td><td>−</td><td>−</td><td>+</td></tr>
<tr><td>◇P</td><td>+</td><td>|</td><td>−</td></tr>
<tr><td>◇¬P</td><td>−</td><td>+</td><td>+</td></tr>
</table>

例如，命题“事物是发展变化的”在所有可能世界里为真，所以“事物必然是发展变化的”和“事物可能是发展变化的”为真，而“事物必然不是发展变化的”和“事物可能不是发展变化的”为假。

又如，命题“张三和王五是同事关系”在所有可能世界里可真可假，所以“张三和王五必然是同事关系”和“张三和王五可能不是同事关系”是真的。

再如，命题“资产阶级的法是永存的”在所有可能世界里为假，所以“资产阶级的法必然不是永存的”和“资产阶级的法可能不是永存的”为真，而“资产阶级的法必然是永存的”和“资产阶级的法可能是永存的”为假。

四、事物的模态和认识的模态

对于模态命题，还必须注意区分事物的模态和认识的模态。

一方面，人们使用模态命题来如实反映事物本身确实存在的可能性和必然性。例如，我们前面所举出的“社会必然不断进步”“明天可能下雨”这两个模态命题，它们就分别反映了客观事物确实存在的必然性和可能性，是客观事物在其发展过程中必定遵循的规律或者可能显现出来的趋向，可以说这是一种事物的模态，又称做客观的模态。

另一方面，由于我们对事物是否确实存在某种情况一时还不确定，因而只能用可能命题来表示对事物情况认识的不确定性。例如，“罪犯可能会潜逃”“张某可能是教师”，这些可以说是一种认识的模态，只表示人认识的确定程度，又称做主观的模态。

第二节　模态推理

定义：模态推理是根据模态命题的性质和关系进行的推理。它的前提中至少有一个模态命题，结论是模态命题。例如：

（1）所有在历史上产生的东西最终必然消亡，封建主义制度是历史上产生的东西，所以，封建主义制度最终必然消亡。

（2）是人必然就会有缺点，所以，人不可能没有缺点。

这两个推理都是模态推理，它们前提中有模态命题，结论必然是模态命题。

模态推理是一个极其复杂的问题，古往今来已经有许多模态逻辑系统，早在古希腊，亚里士多德就详细研究过模态三段论。亚里士多德的学生泰奥弗拉斯多也创造了一个不同的模态三段论系统。此后的麦加拉和斯多噶学派也对必然与可能这些模态概念进行了较深入的探讨。在公元 9—12 世纪，阿拉伯逻辑学研究者将古希腊的模态逻辑思想吸收并发展。12—15 世纪的欧洲经院哲学家又将命题模态和事物模态区分并发展。本书只介绍传统逻辑中的三种模态推理的基本形式：对当模态推理，“必然”“实然”“可能”三种命题间的推演和模态三段论。

一、对当模态推理

对当模态推理是指根据模态逻辑方阵中的模态命题之间的对当关系进行的推理。表 5－1 所示的四种模态命题◇P、◇¬P、□P、□¬P 之间的关系也有规律可循，其关系类似于直言命题的对当关系，可以用逻辑方阵图表示，如图 5－1 所示。

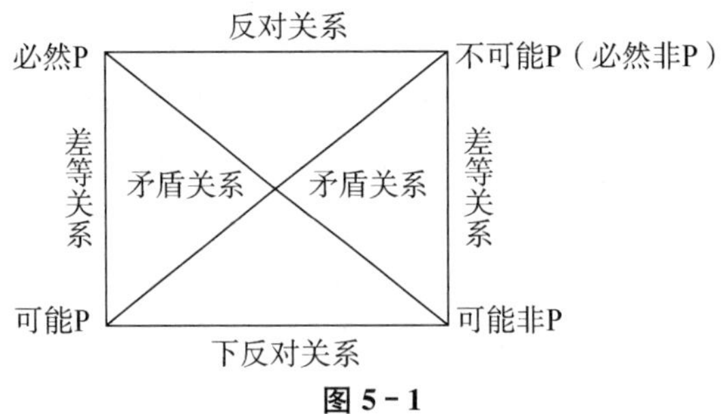

图 5－1

（一）反对关系

反对关系在模态命题中是□P 和□¬P 之间不同真、可同假的真假关系。可以由其中一个真推知另一个假，不可以由一个假推知另一个真。根据反对关系进行的推理有：

（1）必然 P，所以，不必然非 P（$\Box P \rightarrow \neg\Box\neg P$）。例如：

今天必然下雨，所以，今天不必然不下雨。

（2）必然非 P，所以，不必然 P（$\Box\neg P \rightarrow \neg\Box P$）。例如：

好学生必然不会偷懒，所以，好学生不必然会偷懒。

（二）下反对关系

下反对关系在模态命题中是$\Diamond P$和$\Diamond\neg P$之间不同假、可同真的真假关系。可以由其中一个假推知另一个真，不可以由一个真推知另一个假。根据下反对关系进行的推理有：

（1）不可能 P，所以，可能非 P（$\neg\Diamond P \rightarrow \Diamond\neg P$）。例如：

明天不可能下雨，所以，明天可能不下雨。

（2）不可能非 P，所以，可能 P（$\neg\Diamond\neg P \rightarrow \Diamond P$）。例如：

明天不可能不下雨，所以，明天可能下雨。

（三）矛盾关系

矛盾关系在模态命题中是$\Box P$和$\Diamond\neg P$、$\Box\neg P$和$\Diamond P$之间不同真、不同假的真假关系。可以由其中一个真推知另一个假，也可以由一个假推知另一个真。根据矛盾关系进行的推理有：

（1）必然 P，所以，不可能非 P（$\Box P \rightarrow \neg\Diamond\neg P$）。例如：

事物必然运动，所以，事物不可能不运动。

（2）不必然 P，所以，可能非 P（$\neg\Box P \rightarrow \Diamond\neg P$）。例如：

得癌症不必然死，所以，得癌症可能不死。

（3）必然非 P，所以，不可能 P（$\Box\neg P \rightarrow \neg\Diamond P$）。例如：

谎言必然不能长期骗人，所以，谎言不可能长期骗人。

（4）不必然非 P，所以，可能 P（$\neg\Box\neg P \rightarrow \Diamond P$）。例如：

张三的病不必然治不好，所以，张三的病可能会治好。

同理，也可以由可能 P，可能非 P 的真假，推出必然非 P 与必然 P 的假真。所以，矛盾关系的模态推理简化为以下四种：

$$\Box P \longleftrightarrow \neg\Diamond\neg P$$

$$\neg\Box P \longleftrightarrow \Diamond\neg P$$

$$\Box\neg P \longleftrightarrow \neg\Diamond P$$

$$\neg\Box\neg P \longleftrightarrow \Diamond P$$

（四）差等关系

差等关系在模态命题中是$\Box P$和$\Diamond P$之间，$\Box\neg P$和$\Diamond\neg P$之间可同假、可同真的真假关系。根据差等关系进行的推理有：

（1）必然 P，所以，可能 P（$\Box P \rightarrow \Diamond P$）。例如：

某人必然是党员，所以，某人可能是党员。

（2）必然非 P，所以，可能非 P（$\Box\neg P \rightarrow \Diamond\neg P$）。例如：

规律必然不依人的意志为转移，所以，规律可能不依人的意志为转移。

（3）不可能 P，所以，不必然 P（$\neg\Diamond P \rightarrow \neg\Box P$）。例如：

明天不可能下雨，所以，明天不必然下雨。

（4）不可能非 P，所以，不必然非 P（$\neg\Diamond\neg P \rightarrow \neg\Box\neg P$）。例如：

2 的平方不可能不等于 4，所以，2 的平方不必然不等于 4。

二、“必然”“实然”“可能”三种命题间的推演

实然命题是在日常语言中不带模态词的命题，前面讲的直言命题都是实然命题。为了与模态命题一致，我们用“P”表示实然肯定命题，“非P”表示实然否定命题。例如：

老王必然是公务员。

老王是公务员。

老王可能是公务员。

从上例中可以看出由“必然”到“实然”，再到“可能”口气越来越弱，“必然”的断定较“实然”的多，“实然”的断定较“可能”的多。因此，可以由必然P真推出实然P真，由实然P真推出可能P真；反之则不能。P和必然P、可能P，非P和必然非P、可能非P之间，有以下四种有效推理形式：

（1）必然P真，则P真（□P→P）。

（2）P真，则可能P真（P→□P）。

（3）必然非P真，则非P真（□¬P→¬P）。

（4）非P真，则可能非P真（¬P→◇¬P）。

三、模态三段论

模态三段论是在三段论的基础上引入模态词构成的推理，就是以模态命题为前提和结论的三段论。模态三段论主要有以下形式。

（一）必然模态三段论

必然模态三段论是在三段论中引入必然这一模态词所构成的三段论。以AAA式为例，它的形式为

所有M必然是P

所有的S必然是M

所以，所有S必然是P

例如：

所有的法律必然有阶级性，

经济法必然是法律，

所以，经济法必然有阶级性。

（二）必然和可能模态三段论

由必然和可能两种模态命题组成的三段论，其结论是可能模态命题，而不是必然模态命题。它的形式为

M必然是P

S可能是M

所以，S可能是P

例如：

灵长类动物必然有比较复杂的大脑，

这种动物可能是灵长类动物，

所以，这种动物可能有比较复杂的大脑

（三）必然和实然混合的模态三段论

必然和实然混合的模态三段论，其结论是必然命题。其形式为

所有 M 必然是 P
所有 S 是 M
———————————
所以，所有 S 必然是 P

这里小前提肯定了 S 包含于 M 中，而 M 又必然包含于 P 中，所以，S 也必然包含于 P 中。例如：

所有旧事物必然会被淘汰，
封建制度是旧事物，
———————————
所以，封建制度必然会被淘汰。

（四）可能和实然混合的模态三段论

可能和实然混合的模态三段论，其结论是可能命题。其形式为

所有 M 可能是 P
所有 S 是 M
———————————
所以，所有 S 可能是 P

这里小前提肯定了 S 包含于 M 中，而 M 又可能包含于 P，所以 S 也可能包含于 P 中。例如：

凡与被害者有仇恨的人都可能是作案的凶手，
张某是与被害者有仇恨的人，
———————————
所以，张某可能是作案的凶手。

模态三段论除了要遵守三段论的一般规则外，还要根据前提的模态确定结论的模态。概括起来，模态三段论应遵守以下规则方能保证是有效推理：

（1）必须遵守三段论的一切规则。

（2）如果两个前提都是必然命题，则结论可以是必然命题。

（3）如果前提中有一个可能命题，或两个前提都是可能命题，则结论只能是可能命题。

（4）如果一个前提是必然命题，一个前提是直言命题，一般情况下，结论只能是直言命题或可能命题；但当小前提是肯定命题而大前提是必然命题，或者小前提是必然否定命题时，结论可以是必然命题。

练习：

1. 已知下列命题为真，根据模态逻辑方阵推出同素材的其他命题的真假情况。

（1）我国现代化建设的目标一定能够实现。

（2）历史的车轮必然不会倒转。

（3）城市的人口密度可能会增加。

（4）火星上可能有生命存在。

2. 下列模态推理是否正确？为什么？

（1）明天必然会下雨，所以，明天不可能不下雨。

（2）明天可能不下雨，所以明天不一定下雨。

（3）明天必然不下雨，所以，明天不可能下雨。

(4) 明天可能下雨，所以，明天不一定不下雨。

(5) 明天可能不下雨，所以明天必然不下雨。

(6) 明天可能会下雨，所以明天会下雨。

3. 请列出下列模态推理的形式，并说明它是否正确。

(1) 李明今年可能考上大学，所以，李明今年不必然考上大学。

(2) 今年的物价不必然会涨，所以，今年的物价必然不会涨。

(3) 患感冒的人不必然发烧，所以，患感冒的人可能发烧。

(4) 北方人冬天到南方来对气候可能不适应，所以，北方人冬天到南方来对气候不必然不适应。

4. 写出下列模态三段论的形式，并分析其是否有效。

(1) 所有的猫必然不会飞，大雁都会飞，所以，大雁必然不是猫。

(2) 所有的动物必然不能永远活着，有的动物是人，所以，人必然不能永远活着。

第三节　规范命题

一、规范命题的概念

规范命题是一种特殊的模态命题，是指含有“必须”（或“应该”）、“允许”、“禁止”这些规范模态词的命题。规范命题描述的是行为规范，即要求人们在特定条件下必须如此、可以如此或者不准如此行为的规定或命令。因此，规范命题往往以祈使句的形式出现。以下都是规范命题：

(1) 所有教师上课必须讲普通话。

(2) 70 岁以上老人允许免费乘坐公交。

(3) 开车禁止不系安全带。

从上面的例子我们可以看到，规范命题描述的是规定或命令。命题 (1) 表示教师上课讲普通话是必须的。命题 (2) 表示 70 岁以上老人免费乘坐公交是允许的。命题 (3) 表示开车不系安全带是禁止的。规范命题无所谓真假。如“所有教师上课必须讲普通话”不同于“所有教师上课讲的都是普通话”，它是对教师行为的规定，与事实无关。

二、规范命题的种类

在现代规范逻辑中，作为逻辑常项的规范模态词有三个：“必须”“允许”“禁止”。相应的规范命题也可以分为三种：必须规范命题、允许规范命题、禁止规范命题。

(1) 必须规范命题。这类命题表达的是要求承受者一定要如此行为的规范。规范算子“必须”通常可以用这样一些语词来表达：“必须”“应当”“有义务”“有责任”等，我们用“O”表示规范模态算子“必须”，必须规范命题的逻辑形式是“OP”。

（2）允许规范命题。这类命题表达的是规范承受者可以，或者说被允许如此行为的规范。规范算子“允许”通常可以用这样一些语词来表达：“允许”“可以”“有权”等。我们用符号“P”表示规范算子“允许”，允许规范命题的逻辑形式是“PP”。

（3）禁止规范命题。这类命题表达的是禁止，或者说不允许规范承受者如此行为的规范。规范算子“禁止”通常可以用这样一些语词来表达：“禁止”“不得”“不准”“不可”等。我们用符号“F”表示规范算子“禁止”，禁止命题的逻辑形式是“FP”。

这三种规范命题根据质的不同又可分为“肯定的”或“否定的”，这样规范命题就可分为以下六种：

（1）必须肯定规范命题：必须 P（OP）。

例如：我们必须认真学习逻辑学。

（2）必须否定规范命题：必须非 P（O ¬P）。

例如：一切公民的行为都必须不违反现行法律。

（3）允许肯定规范命题：允许 P（PP）。

例如：允许一部分人先富起来。

（4）允许否定规范命题：允许非 P（P ¬P）。

例如：允许部分学生不选修这门课。

（5）禁止肯定规范命题：禁止 P（FP）。

例如：禁止随地大小便。

（6）禁止否定规范命题：禁止非 P（F ¬P）。

例如：禁止开车不系安全带。

由于禁止 P（FP）同必须非 P（O ¬P）、禁止非 P（F ¬P）同必须 P（OP）的陈述是相同的。因而，我们可以用“必须 P”来表示“禁止非 P”；“必须非 P”表示“禁止 P”。这样一来，上述 6 种命题实际上可归结为以下四种命题：

（1）必须 P（OP）；

（2）必须非 P（O ¬P）；

（3）允许 P（PP）；

（4）允许非 P（P ¬P）。

第四节　规范推理

所谓规范推理，就是讨论在素材相同的不同规范命题之间所进行的逻辑推演关系，是指依靠规范逻辑方阵之间的对当关系进行的推理。

一、四种主要规范命题之间的关系

四种主要规范命题之间也具有类似直言命题之间的真假关系，也可用逻辑方阵表示，如图 5－2 所示。

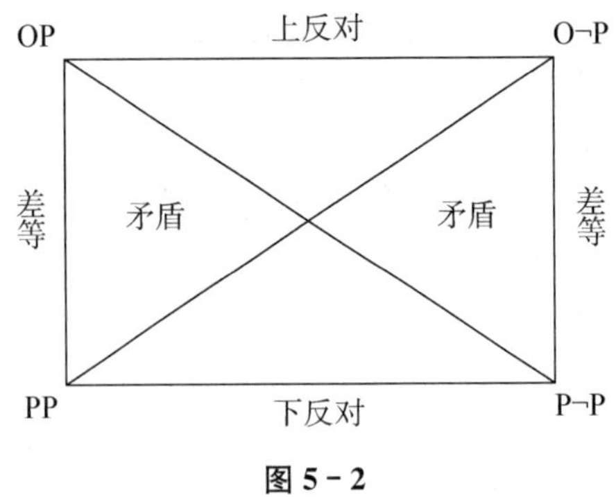

图 5－2

二、规范对当推理

根据四种规范命题的对当关系，它们的推理有如下四种：

（一）反对关系

（1）OP→¬O¬P

（2）O¬P→¬OP

（二）下反对关系

（1）¬PP→P¬P

（2）¬P¬P→PP

（三）矛盾关系

（1）OP←→¬P¬P

（2）O¬P←→¬PP

（3）PP←→¬O¬P

（4）P¬P←→¬OP

（四）差等关系

（1）OP→PP

（2）O¬P→P¬P

（3）¬PP→¬OP

（4）¬P¬P→¬O¬P

三、规范三段论

规范三段论就是在三段论中引入规范模态词的三段论，其大前提是规范命题，小前提是直言命题，结论是规范命题。

（一）必须规范三段论

凡M必须是P
凡S是M
所以，凡S必须是P

（二）禁止规范三段论

凡M禁止P
凡S是M
所以，凡S禁止P

（三）允许规范三段论

凡M允许P

凡S是M

所以，凡S允许P

综合拓展题

1. 伊拉克战争前，甲、乙两个人对战争爆发的可能性进行如下分析：

甲：根据我的分析，不必然打起来。

乙：那你的意思是说，肯定打不起来了？

甲：不对！

以下和甲的意思最接近的是？（　　）。

A. 必然打不起来　　B. 可能打起来

C. 可能打不起来　　D. 不可能打起来

2. 近一段时期，有关要发生地震的传言很多。一天傍晚，小明问在院里乘凉的爷爷："爷爷，他们都说明天要地震了。"爷爷说："根据我的观察，明天不必然地震。"小明说："那您的意思是明天肯定不会地震了。"爷爷说不对。小明很迷惑。

以下与爷爷的意思最为接近的是（　　）。

A. 明天必然不地震　　B. 明天可能地震

C. 明天可能不地震　　D. 明天不可能地震

3. 张三、李四今年都考大学，对此，有如下断言：

（1）他们两个人中至少考上一个

（2）张三并不必然考上

（3）李四确实考上了

（4）并非张三可能没考上

录取结果表明，四个断言两真两假。那么，我们可以推出（　　）。

A. 张三考上了，李四没考上　　B. 张三、李四都考上了

C. 张三、李四都没考上　　D. 张三没考上，李四考上了

4. 不可能所有的广东人都会讲普通话。

以下判断的含义与上述判断最为接近的是（　　）。

A. 可能所有的广东人都会讲普通话　　B. 可能所有的广东人都不会讲普通话

C. 必然所有的广东人都不会讲普通话　　D. 必然有的广东人不会讲普通话

5. 选举社会，每一位政客为了当选都要迎合选民。程扁是一位超级政客，特别想当选；因此，他会想尽办法迎合选民。在很多时候，不开出许多空头支票，就无法迎合选民。而事实上，程扁当选了。

为此，我们可以推断出（　　）。

A. 程扁肯定向选民开出了许多空头支票

B. 程扁肯定没有向选民开出许多空头支票

C. 程扁很可能向选民开出了许多空头支票

D. 程扁很可能没有向选民开出许多空头支票

6. 湖里的一种微生物通常在冰点以上繁殖。现在是冬季，湖水已经结冰。因此，如果湖里的确有我们所研究的那种微生物的话，它们现在不会繁殖。

   假如题干中的前提都是真的，可以推知（　　）。

   A. 其结论不可能不真

   B. 其结论为真的可能性很高，但也有可能为假

   C. 其结论为假的可能性很高，但也有可能为真

   D. 其结论不可能真

7. 依次取 $n(n>1)$ 个自然数组成一有穷数列，其中的奇数数列和偶数数列显然都比该自然数数列短。但是，假如让该自然数数列无限延长，则其中的奇数数列和偶数数列就会与自然数数列本身一样长。由此我们可以得出结论：在有穷的世界里，部分必定小于整体；在无穷的世界里，部分可能等于整体。

   下面不可能是上面结论的逻辑推论的项是（　　）。

   A. 在有穷的世界里，部分可能小于整体

   B. 在无穷的世界里，部分必然不等于整体

   C. 在无穷的世界里，整体可能等于部分

   D. 在有穷的世界里，整体必定大于部分

8. 不可能宏达公司和亚鹏公司都没有中标。

   以下（　　）项最为准确地表达了上述断定的意思。

   A. 宏达公司和亚鹏公司可能都中标

   B. 宏达公司和亚鹏公司至少有一个可能中标

   C. 宏达公司和亚鹏公司必然都中标

   D. 宏达公司和亚鹏公司至少有一个必然中标

9. “小陈不可能去北京旅游。”对这句话，甲、乙、丙三人分别理解为：

   甲：“小陈去北京旅游是可能的。”

   乙：“小陈不去北京旅游是可能的。”

   丙：“小陈去北京旅游不具有可能性。”

   对上述这句话的理解，正确的是（　　）。

   A. 甲、乙、丙三人都正确　　B. 乙或丙正确，甲不正确

   C. 甲和乙正确，丙不正确　　D. 甲和丙正确，乙不正确

10. 不可能所有的错误都能避免。

    以下最接近上述命题含义的是（　　）。

    A. 可能有的错误不能避免

    B. 可能所有的错误都不能避免

    C. 可能有的错误能避免

    D. 必然有的错误不能避免

11. 英国牛津大学充满了一种自由讨论、自由辩论的气氛，质疑、挑战成为学术研究之常态．以至有这样的夸张说法：你若到过牛津大学，你就永远不可能再相信任何人所说的任何一句话了。如果上面的陈述为真，以下陈述必定为假的是（　　）。

    A. 你若到过牛津大学，你就永远不可能再相信爱因斯坦所说的任何一句话。

B. 你到过牛津大学，但你有时仍可能相信有些人所说的有些话。

C. 你若到过牛津大学，你必然不再相信任何人所说的任何一句话。

D. 你若到过牛津大学，你就必然不再相信有些人所说的有些话。

12. 父母不可能整天与他们的未成年孩子待在一起，即使他们能够这样做，他们也并不总是能够阻止他们的孩子去做可能伤害他人或损坏他人财产的事情。因此，父母不能因为他们的未成年孩子所犯的过错而受到指责和惩罚。

如果以下一般原则成立，则最有助于支持上面论证中的结论的是（　　）。

A. 未成年孩子所从事的所有活动都应该受到成年人的监管

B. 在司法审判体系中，应该像对待成年人一样对待未成年孩子

C. 人们只应该对那些他们能够加以控制的行为承担责任

D. 父母有责任教育他们的未成年孩子去分辨对错

13. 研究表明，在大学教室中，有90%的重度失眠者经常工作到凌晨2点。张宏是一名大学教师，而且经常工作到凌晨2点，所以，张宏很可能是一位重度失眠者。

以下陈述最准确地指明了上文推理中的错误的是（　　）。

A. 它依赖一个未确证的假设：经常工作到凌晨2点的大学教师有90%是重度失眠者

B. 它没有考虑到这种情况：张宏有可能属于那些10%经常工作到凌晨2点而没有患重度失眠症的人

C. 它没有考虑到这种情况：除了经常工作到凌晨2点以外，还有其他导致大学教师重度失眠的原因

D. 它依赖一个未确证的假设：经常工作到凌晨2点是人们患重度失眠症的唯一原因

本章小结

模态逻辑看似艰深晦涩，但是关键问题只有两个：第一，要抓住模态词；第二，掌握模态对当关系推理。

第六章

关系命题及其推理

关系命题就是陈述事物之间的关系的命题。关系命题的掌握，对于分析能力的提高十分重要。分析能力是把一件事情、一种现象分成较简单的组成部分，找出这些部分的本质属性和彼此之间的关系单独进行剖析、分辨、观察和研究的一种能力。

本章知识点

1. 关系命题及其结构
2. 关系命题的对称性和传递性
3. 关系推理

学习要求

理解并掌握关系命题的对称性和传递性。

第一节　关系命题

一、关系命题的概念

(一) 关系命题的定义

关系命题是一种简单命题，它是反映事物与事物之间关系的命题，例如：

(1) 甲与乙是兄弟。

(2) 1加2等于3。

(3) 张某和李某是同案犯。

命题（1）陈述了“甲”和“乙”之间具有“兄弟”的关系；命题（2）陈述了“1”和“2”之间有“等于3”的关系；命题（3）陈述了“张某”与“李某”之间有“同案犯”的关系。本书第三章介绍的直言命题断定的是对象的属性，而本章的关系命题断定的是对象之间的关系。

关系命题都由三部分组成：关系者项、关系项和量项。

关系者项：表示被陈述的关系的承担者的词项，也就是关系命题的主项。如上述命题（1）中的“甲”和“乙”，命题（2）中的“1”和“2”，命题（3）中的“张某”和“李某”。关系命题所陈述的是对象之间的关系，而任何关系总是存在于两个或几个对象之间，也就是说，关系的承担者总有两个或两个以上。这样，关系命题的主项即关系者项就可以有两个、三个，甚至更多。有两个主项的称为二元关系，在前的称为关系者前项，在后的称为关系者后项；有三个主项的称为三元关系，有 n 个关系者项的称为 n 元关系。

关系项：表示关系者项之间具有的关系的词项，也就是关系命题的谓项。如上述命题（1）中的“兄弟”，命题（2）中的“2”，命题（3）中的“同案犯”。

量项：表示关系者数量情况的语词，每个关系者项的前面都应当有量词，但如果关系者项是单独词项，就不需要使用量词。如上述例子中的关系者项都是单独词项，都没有加量词。再如，“有些老师表扬了甲班的所有学生。”这样一个命题中“有些”“所有”都是量项。

（二）关系命题的逻辑结构

如果用 R 表示关系项，用 a、b 表示关系者项，具有两个关系者项的关系命题的形式可表示为

所有（有的）a 与所有（有的）b 之间具有 R 关系。

也可表示为

aRb 或 R（ab）

需要注意的是，有些关系命题和直言命题在语言表达形式上十分相近，例如：

（1）张某和李某是同学。

（2）张某和李某是学生。

其中，命题（1）是关系命题，命题（2）是复合命题。因为命题（2）可以分解为“张某是学生”并且“李某也是学生”，其逻辑变项是命题。但是命题（1）是不可以分解为其他命题的简单命题，逻辑变项是概念。

二、关系的逻辑性质

所谓关系的逻辑性质，是指不同类型的关系所共有的逻辑特性。这里主要介绍对称性和传递性。

（一）关系的对称性

关系的对称性讨论的是在特定论域中，当对象 a 与对象 b 之间具有 R 关系时，对象 b 与对象 a 是否也具有 R 关系的问题。也就是说，当 aRb 真时，bRa 是否也真的问题。关系的对称性有三种不同情况：对称关系、反对称关系和非对称关系。

（1）关系的对称：在特定的论域里，如果 aRb 真，那么 bRa 也一定真，在这种情况下，关系“R”就是对称的。即：

aRb 成立，且 bRa 也成立，R 就是对称的。

例如，冯梦龙撰写的笔记《古今谭概》中讲道，王安石的儿子王元泽小时候十分聪明。有一天，客人给王安石送来了一只獐和一只鹿。王元泽非常喜欢。有位客人问王元泽：“这两只动物中，哪一只是獐，哪一只是鹿？”因为獐和鹿很相似，只是獐没有角，而鹿有角。所以，这个问题把只有几岁的王元泽难住了。王元泽看看这只，又看看那只，想了一会，突然叫了起来：“我知道了！”“那么，你指给大家看看，哪一只是獐，哪一只是鹿？”“獐旁边的是鹿，鹿旁边的是獐。”王元泽大声答道。王元泽的回答的确很机灵。他的话实际上没有具体地回答客人的提问，但他回答的方法却很巧妙。他巧妙地利用了“旁

边”这样的对称关系，即獐对鹿有某种关系，而鹿对獐也有某种关系，那么，獐与鹿之间的关系就是对称关系。

再如诗人王勃十四岁时的作品《滕王阁序》中“落霞与孤鹜齐飞，秋水共长天一色”就是利用“落霞”与“孤鹜”、“秋水”与“长天”的对称关系，创造出无限的文学意境。

前面讲过的概念之间的“全同”“交叉”和“全异”关系，两个命题之间的“反对”“下反对”和“矛盾”关系都是对称关系。其他如“等于”“同学”“邻居”“配偶”“兄弟”等概念，也都表示这种对称关系。

（2）关系的反对称：在特定论域中，当 aRb 真时，bRa 必假，aRc 必假，在这种情况下，关系 R 就是反对称关系。即：

aRb 成立，但 bRa 一定不成立；则 R 就是反对称的。

如“大于”“小于”“在……之北”等都是反对称的。

例如，命题“甲商品重于乙商品”中的“重于”关系就是反对称关系，因为如果甲商品重于乙商品，那么，乙商品一定不重于甲商品。两个词项之间的“真包含于”和“真包含”关系也是反对称关系。其他如“多于”“早于”“大于”“以南”“之上”“剥削”等概念，也都表示反对称关系。

再如这样一个故事：有一位地主去世了，他的两个儿子要求对遗产平均分配，族长帮他们把遗产一分为二，可是，兄弟二人都觉得对方分得的财产比自己多，两人争得难分难解，只好告到官府去。县官了解到原告和被告是兄弟，问道：“你们两人说的是确实的吗?”两人齐答：“确实。”随后两人就在供词上画押，表示认可。最后县官判决：“既然二人都说对方分的比自己的多，二人即日交换所分得的财产。”结果，两人再也无话可说了。

在这个故事里，“原告和被告是兄弟”，这是一个关系判断。“兄弟”的关系是对称性关系。“比……多”的关系是反对称性关系。弟弟分的比哥哥的多，那么哥哥分的必定没有弟弟分的多。哥哥分的比弟弟的多，那么弟弟分的必定没有哥哥的多。既然兄弟两人都认为自己分得少，对方分得多，那最好的办法就是互换分到的财产。

（3）关系的非对称：在特定的论域里，如果 aRb 真，那么 bRa 可能真也可能假，在这种情况下，关系“R”就是非对称的。即：

aRb 成立，但 bRa 可能成立，也可能不成立，则 R 就是非对称的。

例如，“喜欢”关系就是非对称关系，因为，如果甲喜欢乙，则乙可能喜欢甲，也可能不喜欢甲。《红楼梦》中，林黛玉爱贾宝玉，贾宝玉也爱林黛玉；可是薛宝钗爱贾宝玉，但贾宝玉并不爱薛宝钗。其他如“信任”“帮助”“尊敬”“认识”“赞扬”“批评”等概念，也都表示非对称关系。

（二）关系的传递性

关系的传递性讨论的是在特定论域中，当对象 a 与对象 b 之间具有 R 关系，并且对象 b 与对象 c 之间也具有 R 关系时，对象 a 与对象 c 是否也具有 R 关系的问题。也就是说，当 aRb 真并且 bRc 真时，aRc 是否也真的问题。关系的传递性有三种不同情况：传递关系、反传递关系和非传递关系。

（1）传递关系：在特定的论域里，如果 aRb 真，并且 bRc 也真，那么 aRc 必真，在这种情况下，关系“R”是传递的。即：

aRb 成立，bRc 成立，并且一定有 aRc，则 R 就是传递的。

例如，“大于”就是传递关系，如果甲商品的体积大于乙商品的体积，并且乙商品的体积大于丙商品的体积，那么甲商品的体积必定大于丙商品的体积。两个概念间的“全同”“真包含于”和“真包含”关系也是传递关系。其他概念如“重于”“高于”“在前”“年长于”“早于”“以东”等都表示传递关系。

长篇小说《堂吉诃德》中，有一段描写了桑丘断案的故事：堂吉诃德的仆人桑丘·潘沙在一个海岛上当总督，一次，一个女人揪住一个牧人前来告状，控告牧人用暴力强奸了她，玷污了她的清白之身。牧人申辩说，这个女人是卖身的，他可以起誓并没有强奸她。总督问牧人带银圆了没有，他回答带了 20 个。总督叫他拿出来，全部交给原告。那女人接过钱袋，向总督行了一个礼，双手捧着钱袋，高高兴兴地走出了公堂。那个牧人流着眼泪，一肚子委屈，又不敢发作。总督见状，就叫他去追那个女人，把钱袋要回来。牧人拔腿就去追那个女人。在场的人都莫名其妙，不知总督大人的葫芦里卖的是什么药。一会儿，那一男一女就相互扭着回到了公堂。女的撩起她的裙子，把钱袋藏在里边；男的要把它抢回来，可是白费劲，因为女的死命护卫着它。女的一面护卫钱袋，一面喊道：“总督大人，你看看，这个恶棍多么大胆，竟在大街上要把您断给我的钱袋抢走!”总督问：“抢走了没有?”那女人回答：“我是宁可让他抢走我的性命，也不让他抢走我的钱袋的。哼，简直把我当作小孩子看了！像他这种不中用的家伙哪里是我的对手!”那牧人气喘吁吁地说：“她的话一点也不错，我的力气用尽了，钱袋是抢不回来了，我只好认输了。”说着他就放开了手。这时，总督哈哈一笑，然后脸一沉，对那个女人说：“把钱袋交给我吧！你这泼妇!”女人不敢违抗，乖乖地把钱袋交给了总督。总督把它交给了牧人，然后就教训那个女人：“刚才已经看出来了，如果你有勇气和决心护卫你的贞操，正如你护卫你的钱袋一般，哪怕那牧人有天神赫克里斯的力气也强奸不了你。你给我滚吧！从今以后不许待在这个海岛上。”那女人被训得哑口无言，围观者都佩服总督的智慧。

桑丘审判的方法，第一，证明了牧人的力气没有这个女人大，牧人不可能用暴力强奸她。第二，证明了这个女人是卖身赚钱的。在这里利用的就是关系的传递性。对这个女人来说，“金钱比性命更宝贵”，而“性命比贞操更宝贵”。在这里，“比……更宝贵”是传递关系，所以桑丘断定：这个女人是把金钱看得比贞操更宝贵的，她为了金钱，是可以出卖她的贞操的。

（2）反传递关系：在特定的论域里，如果 aRb 真，并且 bRc 也真，那么 aRc 必假，在这种情况下，关系“R”是反传递的。即：

aRb 成立，bRc 成立，并且一定没有 aRc，则 R 就是反传递的。

例如，“父子”关系就是反传递关系，因为如果甲与乙是父子并且乙与丙是父子，那么甲与丙就一定不是父子。两个命题之间的矛盾关系也是一种反传递关系。其他概念如“母女”“叔侄”“甥舅”“年长两岁”“比……早两天”“迟一个月”“垂直于”等，都表示反传递关系。

（3）非传递关系：在特定的论域里，如果 aRb 真，并且 bRc 也真，那么 aRc 有可能为真，也有可能为假，在这种情况下，关系“R”是非传递的。即：

aRb 成立，bRc 成立，并且不一定有 aRc，则 R 就是非传递的。

例如，有一个智者，他有许多好朋友。有一天，一个打猎的朋友给他送来了一只兔子。智者非常高兴，杀了兔子做成菜请打猎的朋友吃。过了几天，有五六个人来找智者。

他们说："我们是送您兔子的那位朋友的朋友，今天想在您这里住一夜，请多关照！""原来是打猎的朋友的朋友，好，请住下吧！"智者热情地说，并拿出兔子汤来招待他们。又过了几天，又来了八九个人，很客气地对智者说："老人家，我们是送您兔子的那位朋友的朋友的朋友，麻烦您让我们在这里住一夜，请多关照！""原来是打猎的朋友的朋友的朋友呀，那就住下吧！我去给你们弄些吃的。"智者也客气地说。"不好意思，打扰您了！随便弄些什么东西吃就行了。"智者给他们端来一碗泥水，说："亲爱的送我兔子的朋友的朋友的朋友，请用吧！""您怎么用泥水来招待我们？"客人们很生气。"这就是我那位朋友送来的兔子的汤的汤，现在请送我兔子的朋友的朋友的朋友吃，不是很恰当吗？"智者笑着说。客人们无言以对，一个个悄悄离去了。

在这个故事里，"朋友"是非传递关系。即甲与乙有某种关系，而乙与丙也有这种关系，但甲与丙却并非必然有这种关系，那么，这种关系就是非传递关系。老人与送兔子的猎人是朋友，而与送兔子的猎人的朋友以及与送兔子的猎人的朋友的朋友，就未必是朋友。这些人硬要老人把他们当朋友，是违背逻辑基本规律的。

再如，印度电影《流浪者》中的法官拉贡纳达坚信"好人的儿子一定是好人，坏人的儿子一定是坏人。法官的儿子一定是法官，贼的儿子一定是贼"的信条，并以这个信条为依据，错判了一些出身不好而本人并无犯罪行为的无辜者。后来拉贡纳达自食其果，他的亲生儿子竟沦为窃贼。

"认识"关系就是非传递关系，因为如果甲认识乙并且乙认识丙，那么甲可能认识丙也可能不认识丙。其他概念如"离……很近""教唆""控告""信任""喜欢""帮助""表扬""相邻"等，都表示非传递关系。

练习：

1. 下列关系属于何种关系？

(1) 甲概念包含于乙概念。

(2) 张某控告了王某，王某控告了刘某。

2. 请指出下列关系命题各断定了什么具体关系，并用传递性或反传递性或非传递性关系确定其逻辑特性。

(1) "思维形式"真包含"命题"，"命题"真包含"性质命题"。

(2) a 厂与 b 厂相隔一条马路，b 厂与 c 厂相隔一条马路。

(3) 张某是李某的母亲，李某是王某的母亲。

(4) 概念 a 与概念 b 交叉，概念 b 与概念 c 交叉。

(5) 概念 a 与概念 b 全异，概念 b 与概念 c 全异。

(6) 甲队打败了乙队，乙队打败了丙队。

第二节 关系推理

关系推理就是前提中至少有一个是关系命题的推理。它是根据前提中关系的逻辑性质进行推演的。例如：

长江长于黄河，
黄河长于珠江，
———————————
所以，长江长于珠江。

这个推理的前提含有关系命题，所以，它是一个关系推理。

关系推理可分为两类：纯关系推理和混合关系推理。

一、纯关系推理

纯关系推理就是前提和结论都是关系命题的推理。它包括对称关系推理、反对称关系推理、传递关系推理和反传递关系推理。

（一）对称关系推理

对称关系推理就是依据对称关系的逻辑性质进行推演的关系推理。例如：

（1）

张某和李某是同学，
———————————
所以，李某和张某是同学。

（2）

甲和乙是共同犯罪，
———————————
所以，乙和甲是共同犯罪。

在这里，“同学”和“共同犯罪”关系都是对称关系，这是这两个推理成立的依据。

对称关系推理的形式可表示为

$$\frac{aRb}{\text{所以，} bRa}$$

（二）反对称关系推理

反对称关系推理就是依据反对称关系的逻辑性质进行推演的关系推理。例如：

（1）

未成年人的父母是未成年人的监护人，
———————————
所以，未成年人不是其父母的监护人。

（2）

a 概念真包含 b 概念，
———————————
所以，b 概念不真包含 a 概念。

上例中，“监护人”“真包含”关系均为反对称关系，这是这两个推理成立的依据。

反对称关系推理的形式可表示为

$$\frac{aRb}{\text{所以，} \neg(bRa)}$$

（三）传递关系推理

传递关系推理就是依据传递关系的逻辑性质进行推演的关系推理。例如：

（1）

张山早于李斯出生，
李斯早于王武出生，
———————————
所以，张山早于王武出生。

（2）

广州在武汉以南，
武汉在北京以南，
———————————
所以，广州在北京以南。

上例中，“早于”“在……以南”关系均为传递关系，这是这两个推理成立的依据。

传递关系推理的形式可表示为

$$\frac{\begin{array}{c}aRb\\bRc\end{array}}{所以，aRc}$$

（四）反传递关系推理

反传递关系推理就是依据反传递关系的逻辑性质进行推演的推理。例如：

（1）

甲是乙的母亲，
乙是丙的母亲，
所以，甲不是丙的母亲。

（2）

张山比李斯大两岁，
李斯比王武大两岁，
所以，张山不是比王武大两岁。

上例中，“……是……母亲”“大两岁”关系均为反传递关系，这是上面推理成立的依据。

反传递关系推理的形式可表示为

$$\frac{\begin{array}{c}aRb\\bRc\end{array}}{所以，\neg(aRc)}$$

注意：在进行纯关系推理时，不能把非对称关系或非传递关系作为推理的逻辑依据，因为依据它们不能推出必然结论。

例如：

（1）

李斯认识王武，
所以，王武认识李斯。

（2）

张山控告李斯盗窃，
李斯控告王武盗窃，
所以，张山决不会控告王武盗窃。

命题（1）和（2）的推理都是错误的。因为“认识”是非对称关系，“控告”是非传递关系，所以，它们的结论都是不可靠的。

二、混合关系推理

混合关系推理就是一个前提是关系命题，另一个前提是直言命题，推出的结论是关系命题的推理。例如：

有些老师表扬了甲班的所有学生，
张山是甲班的学生，
所以，有些老师表扬了张山。

这就是一个混合关系推理，其推理形式为

所有 a 与所有 b 有 R 关系
c 是 a
所以，c 与 b 有 R 关系

混合关系推理又称关系三段论。这是因为在混合关系推理中，有两个前提和一个结论；在前提和结论中共有三个不同的概念，而两前提也有一个共同的概念（相当于三段论的中项），通常称它为媒概念。这些都与直言三段论相类似。混合关系推理中，需要遵守如下规则：

（1）媒概念在前提中至少要周延一次。

（2）在前提中不周延的概念，在结论中不得周延。

（3）前提中的直言命题必须是肯定命题。

（4）前提中的关系命题与结论要同质。即：如果前提中的关系命题是肯定的，则结论中的关系命题也应是肯定的；如果前提中的关系命题是否定的，则结论中的关系命题也应是否定的。

（5）除对称关系外，在前提中作为关系者前项（或后项）的项，在结论中也应相应地作为关系者前项（或后项）。

违反其中任何一条规则的混合关系推理，都是无效的。例如：

有的学生喜欢看足球比赛，
他是学生，
―――――――――――――
所以，他喜欢看足球比赛。

这个混合关系推理的形式为

有些 a 与有些 b 有 R 关系
c 是 b
―――――――――――――
所以，有些 a 与有些 b 有 R 关系

这个混合关系的媒概念在大前提特称，小前提肯定，没有周延一次，违反了规则（1），是无效的。

练习：

1. 从对称性的角度分析下列命题中划有横线的关系各属何种关系。

（1）概念 A 包含于概念 B。

（2）中国支援过巴基斯坦。

（3）甲和乙邻居。

（4）太原在北京之西。

2. 从传递性的角度分析下列命题中标有横线的关系各属何种关系。

（1）甲个子比乙高，乙个子比丙高。

（2）李白早生于白居易，白居易早生于苏轼。

（3）老王是大王的父亲，大王是小王的父亲。

（4）中国队战胜了日本队，日本队战胜了韩国队。

3. 下列各关系推理是否正确，如不正确，请指出错在哪里。

（1）张山的家离学校很远，李斯的家离学校也很远，所以，张山的家离李斯的家很远。

（2）小赵和小钱是同班同学，小钱和小孙是同班同学，所以，小赵和小孙是同班同学。

（3）甲比乙年长两岁，乙比丙年长两岁，所以甲比丙一定不是年长两岁。

（4）中文系的同学都要选修比较文学，中文系的同学不是历史系的同学，所以，历史系的同学不选修比较文学。

（5）所有大四同学雅思分数高于所有大一同学，张三是大四同学，所以，张三雅思分数高于所有大一同学。

综合拓展题

1. 在同一侧的房号为 1、2、3、4 的四间房里，分别住着来自韩国、法国、英国和德国的四位专家。有一位记者前来采访他们。

韩国人说："我的房号大于德国人，且我不会说外语，也无法和邻居交流。"

法国人说："我会说德语，但我却无法和我的邻居交流。"

英国人说："我会说韩语，但我只可以和我的一个邻居交流。"

德国人说："我会说我们这四个国家的语言。"

那么，按照房号从小往大排，房间里住的人的国籍依次是（　　）。

A. 英国、德国、韩国、法国　　B. 法国、英国、德国、韩国

C. 德国、英国、法国、韩国　　D. 德国、英国、韩国、法国

2. 有四个外表看起来没有分别的小球，它们的重量可能有所不同。取一个天平，将甲、乙归为一组，丙、丁归为另一组，分别放在天平的两边，天平是基本平衡的。将乙和丁对调一下，甲、丁一边明显地要比乙、丙一边重得多。可奇怪的是，我们在天平一边放上甲、丙，而另一边刚放上乙，还没有来得及放上丁时，天平就压向了乙一边。

请你判断，这四个球由重到轻的顺序是（　　）。

A. 丁、乙、甲、丙　　B. 丁、乙、丙、甲

C. 乙、丙、丁、甲　　D. 乙、甲、丁、丙

3. 在超市购物后，张林把七件商品放在超市的传送带上，肉松后面紧跟着蛋糕，酸奶后面放的是饼干，可口可乐汽水紧跟在水果汁后面，方便面后面紧跟着酸奶，肉松和饼干之间有两件商品，方便面和水果汁之间有两件商品，最后放上去的是一个蛋糕。

如果上述陈述为真，那么，以下哪项也为真？（　　）

Ⅰ. 水果汁在倒数第三位置上。

Ⅱ. 酸奶放在第二。

Ⅲ. 可口可乐汽水放在中间。

A. 只有Ⅰ　　B. 只有Ⅱ　　C. 只有Ⅰ和Ⅱ　　D. 只有Ⅰ和Ⅲ

4. 在英语四级考试中，陈文的分数比朱利低，但是比李强的分数高；宋颖的分数比朱利和李强的分数低；王平的分数比宋颖的高，但是比朱利的低。

如果以上陈述为真，下列各项中能够推出张明的分数比陈文的分数低的是（　　）。

A. 陈文的分数和王平的分数一样高

B. 王平的分数和张明的分数一样高

C. 张明的分数比宋颖的高，但比王平的低

D. 王平的分数比张明的高，但比李强的分数低

5. 甘蓝比菠菜更有营养。但是，因为绿芥蓝比莴苣更有营养，所以甘蓝比莴苣更有营养。以下各项，作为新的前提分别加入题干的前提中，都能使题干的推理成立，除了（　　）。

A. 甘蓝与绿芥蓝同样有营养　　B. 绿芥蓝比甘蓝更有营养

C. 菠菜比绿芥蓝更有营养　　D. 菠菜与绿芥蓝同样有营养

6. 关于小王、小李和小张，我们知道他们三人中一位是律师，一位是医生，一位是教师，

并且我们还知道：小张比教师的年龄大；小王和医生不同岁；医生比小李年龄小。由此可知（ ）。

A. 小王是律师，小李是医生，小张是教师

B. 小王是医生，小李是教师，小张是律师

C. 小王是教师，小李是律师，小张是医生

D. 小王是教师，小李是医生，小张是律师

7. 去年高考四门课中，张山和李斯只有数学成绩相同，其他科的成绩互有高低，但所有课程的分数都在 60 分以上。在录取时只能比较他们的总成绩了。

下列（ ）项如果为真，能够使你判断出张山的总成绩高于李斯。

A. 张山的最低分是数学，而李斯的最低分是英语

B. 张山的最高分比李斯的最高分要高

C. 张山的最低分比李斯的最低分高

D. 张山的最低分比李斯的平均成绩高

8. 一次聚会上，麦吉遇到了汤姆、卡尔和乔治三个人，他想知道他们三人分别是干什么的，但三人只提供了以下信息：三人中一位是律师、一位是推销员、一位是医生；乔治比医生年龄大，汤姆和推销员不同岁，推销员比卡尔年龄小。根据上述信息麦吉可以推出的结论是（ ）。

A. 汤姆是律师，卡尔是推销员，乔治是医生

B. 汤姆是推销员，卡尔是医生，乔治是律师

C. 汤姆是医生，卡尔是律师，乔治是推销员

D. 汤姆是医生，卡尔是推销员，乔治是律师

9. 甲、乙、丙三人是同一家公司的职员，他们的未婚妻 A、B、C 也都是这家公司的职员。知情者介绍说：“A 的未婚夫是乙的好友，并在三个男子中最年轻；丙的年龄比 C 的未婚夫大。”依据该知情者提供的信息，我们可以推出三对夫妻分别是（ ）。

A. 甲—A，乙—B，丙—C　　B. 甲—A，乙—C，丙—B

C. 甲—B，乙—C，丙—A　　D. 甲—C，乙—B，丙—A

10. 三位高中生赵、钱、孙和三位初中生张、王、李参加一个课外学习小组；可选修的课程有：文学、经济、历史和物理；赵选修的是文学或经济，王选修物理。

如果一门课程没有任何一个高中生选修，那么任何一个初中生也不能选修该课程；如果一门课程没有任何初中生选修，那么任何一个高中生也不能选修该课程；一个学生只能选修一门课程。

如果上述断定为真，且钱选修历史，以下（ ）项一定为真。

A. 孙选修物理　　B. 赵选修文学

C. 张选修经济　　D. 李选修历史

本章小结

关系命题及其推理要求同学们分析一些已知的情况，培养理解题设条件和引出结论的能力，要求同学们根据已知的人物、地点、事件和项目中的关系进行演绎，得出结论。本

章的学习强调以下三方面的能力：第一，阅读能力，要求同学们能既快又准地阅读所给的信息，从复杂的文字中简化出条件信息。第二，抽象能力，要求同学们将阅读中获得的信息抽象提炼成清晰、完整的图表或条件推理关系。第三，推理能力，要求能根据抽象提炼出来的图表、条件推理关系以及题目所给的附加条件，推理出新的信息。

第七章

非演绎推理

前面几章我们所研究的推理都是演绎推理。演绎推理的前提蕴涵结论，从真前提必然能得出真结论。我们把研究演绎推理的逻辑称为演绎逻辑。本章研究非演绎推理，其前提并不蕴涵结论，从真前提只能或然地得出真结论。非演绎推理包括溯因推理、类比推理、归纳推理、求因果联系五法等。

本章知识点

1. 溯因推理
2. 归纳与类比
3. 求因果联系五法

学习要求

了解溯因推理的形式结构。熟知如何提高类比和归纳的可靠性。熟练掌握求因果联系五法，尤其注意如何提高求同法和求异法的可靠性。

第一节　溯因推理

一、溯因推理的概念

溯因推理又称回溯推理。它有广义和狭义两种理解：广义的溯因推理是指根据事物的发展过程所造成的结果，推断形成结果的一系列原因的整个逻辑思维过程；狭义的溯因推理是指从结果出发，运用一般规律性知识，推测出该结果发生的原因的过程。简而言之，溯因推理的思维方法就是一种“由果及因”的方法，即从事物的结果倒回到事物的原因。

二、溯因推理的逻辑结构

溯因推理的逻辑结构是在前提中以一个充分条件假言命题为前提，并以这个充分条件假言命题的后件为另一个前提，从而结论或然性地肯定充分条件假言命题的前件。其公式表达为

q
如果 p，那么 q
————————
所以，p

上式中，“q”表示已知的结果，“如果 p，那么 q”表示一般规律性知识，“p”表示根据已知的结果和一般规律性知识推测出的导致结果发生的原因。

不难看出，整个溯因推理的逻辑结构从演绎逻辑的角度来看是无效的，因为它是充分条件假言推理的肯定后件式，但我们不能说溯因推理不符合逻辑。因为我们在运用溯因推理时并没有按照演绎推理的规则来进行，所以溯因推理不受演绎推理规则的约束。溯因推理的根据在于客观现象之间的因果联系。在客观世界中，一个现象的发生必然存在一定的原因。正是由于这一点，人们才能根据已知的现象和已有的关于因果联系的知识而做出推测。由于客观世界的因果联系是复杂的，既有一因一果，还有一因多果、一果多因等，所以，从结果出发，只能或然地回溯原因。归纳逻辑是在承认溯因推理结论是或然性的前提下，来研究如何提高推理结论的可靠性程度的。

三、溯因推理的作用

溯因推理虽然是或然性推理，但无论是在日常生活中还是在科学研究中，这种思维方法的应用都极其广泛。

（一）运用溯因推理有助于推测事件发生的原因

例如，由于地球和天体不仅存在的时间久远，而且体积硕大，因此人们不可能对它进行直接测试，大多是利用溯因推理的方法对它们进行研究。根据对陨石的测定，人们用溯因推理的方法推知银河系的年龄为 140 亿～170 亿年。又根据对地球上最古老岩石的测定，人们推知地球大概有 46 亿年的历史，而且在漫长的演化过程中，经历了“天文时期”和“地质时期”两个阶段，从而形成了原始的地球。

（二）溯因推理在刑事侦查工作中具有特别重要的作用

例如，甲某（女）于某日凌晨前后在自己的房间里被杀，据查，房屋门完好无损，没有刀拨痕迹。侦查人员据此进行溯因推理：首先，确定门是被叫开的，而只有非常熟悉的人半夜叫门，才能将门叫开，故而得出结论——是非常熟悉的人半夜叫门。因此将侦查范围缩小到与死者非常熟悉的人身上。据查，死者之夫乙某曾提出要与甲某离婚，甲某被杀的前夜，有人看见乙某回过村。接着，侦查人员进一步使用溯因推理：

乙某有作案时间，
如果是乙某杀害甲某，那么他有作案时间，
————————————————
所以，可能是乙某杀甲某。

后来，侦查人员通过进一步调查，证实了乙某是杀人凶手。

第二节　类比推理

一、类比推理的概念

类比推理也称类推、类比。我国古代《汉书》曾经用过“类推”这个词，即“夫明暗之征，上乱飞鸟，下动渊鱼，各以类推”。这里的“类推”，就是由一事物而推度其他相类事物，是以关于两个事物的某些属性相同的判断为前提，推出两个事物的其他属性相同的结论的推理。

本章研究的类比推理，也称为“比较类推法”，就是依据两个（或两类）对象之间存在某些类似或相似的属性，并且已知其中一个（或一类）对象还有某种属性，从而推出另一个（或一类）对象具有某一相应的属性推理。

与其他思维方法相比，类比推理的方向是由个别到个别，属于平行式思维的方法。也就是说，无论何种层次的类比推理，都应在同层次的事物之间进行。正如亚里士多德在《前分析篇》中指出的：“类推所表示的不是部分对整体的关系，也不是整体对部分的关系。”

例如，鲁班是春秋时鲁国的巧匠。传说，他有一次承造一座大宫殿，需用很多木材，便叫徒弟上山去砍伐大树。当时还没有锯子，用斧子砍，一天砍不了多少棵树，木料供应不上，他很着急，就亲自上山去看。山非常陡，他在爬山的时候，一只手拉着丝茅草，一下子就把手指头划破了，流出血来。鲁班非常惊奇，一根小草为什么会这样厉害？在回家的路上，他就摘下一棵丝茅草，带回家去研究。他发现丝茅草的两边有许多小细齿，这些小细齿非常锋利，用手指去扯，就划破了一个口子。这启发了鲁班，他想，如果像丝茅草那样，打成有齿的铁片，不就可以锯树了吗？于是，他和铁匠一起试制了一条带齿的铁片，拿去锯树，果然成功了。有了锯子，木料供应问题就解决了。这就是我国第一把锯子诞生的经过。在这把锯子诞生的过程中，类比推理的作用是显而易见的。

再如，18 世纪 60 年代初，英国人詹姆斯·哈格里沃斯和妻子两人一个织布、一个纺纱。一天，哈格里沃斯看妻子纺纱，不小心将纺车碰倒了。纺车上的纺锤从水平变成垂直，立了起来。有趣的是，纺锤仍然骨碌碌地转动着。哈格里沃斯望着直立转动的纺锤出神，他想：原来纺锤立着也能转动！如果在一个框子中并排立上这么几个纺锤，用一个纺轮带动它们同时转动，不就可以同时纺出几根纱来了吗？这个新发现使他十分兴奋。他马上动手做了一个立式纺锤的纺车，在一个框子上并排安置了 8 个纺锤，用手轮一摇，同时就纺出 8 根线来，工效提高了 8 倍。哈格里沃斯用他女儿的名字给这个纺车命名为“珍妮纺纱机”。

“珍妮纺纱机”成了“摇撼旧世界基础”的杠杆，孕育了一场新的工业革命。哈格里沃斯是从碰倒的纺车那里得到启发，通过类比发明出“珍妮纺纱机”的。

通过这两个案例可以发现，类比推理是根据两个或两类对象在某些属性上相同，推断出它们在另外的属性上（这一属性已为类比的一个对象所具有，而在另一个类比的对象那里尚未发现）也相同的一种推理。

类比推理用公式表示如下：

$$\frac{\begin{array}{l}\text{A 有属性 } a_1、a_2、\cdots\cdots a_n、b \\ \text{B 有属性 } a_1、a_2、\cdots\cdots a_n\end{array}}{\text{所以，B 也有属性 } b}$$

类比推理有以下两个特征：

第一，类比推理的推理方向是由特殊到特殊。类比推理不同于演绎推理和归纳推理，演绎推理通常是由一般到特殊的推理，归纳推理则是由特殊到一般的推理。类比推理通常是在两个（或两类）对象之间进行的，在推理方向上表现为从特殊到特殊的过渡。

第二，类比推理结论具有或然性。因为类比推理是把某个（或某类）对象所具有的属性推广到与之相似的另一个（或一类）对象上去，以对象之间已知的相同和相似点为根据，从而结论的范围超出了前提的范围，所以，类比推理的前提并不蕴涵结论，从前提的真实，不能必然推出结论的真实，它的结论不是可靠的，是带有或然性的。

二、类比推理的类型

类比推理的使用范围非常广泛，它既可以在同类事物中进行，又可以在毫不相干的两类事物中进行。类比者可以根据自己的主观目的，把类比对象的任何属性作为类比属性。因此，类比推理的具体形式主要有如下两种分类方法。

(1) 根据类比中的断定不同，类比可分为正类比、负类比和正负类比等类型。

1) 正类比推理。

正类比又称肯定式类比，它是根据两个或两类对象有一系列属性相同或相似，并且又已知其中一个对象还具有其他属性，由此推得另一个对象也具有这个属性的推理方法。正类比推理的逻辑模式如下：

A 具有 a、b、c 和 d，
B 也具有 a、b、c，
———————————
所以，B 也具有 d。

2) 负类比推理。

负类比又称否定式类比，是根据两个或两类对象在一系列属性上的不相同或不相似，而且已知其中一类或一个对象还不具有其他的属性，从而推出另一个或一类对象也不具有其他属性的推理方法。负类比推理的逻辑模式如下：

A 不具有 a、b、c 和 d，
B 也不具有 a、b、c，
———————————
所以，B 也不具有 d。

3) 正负类比推理。

正负类比推理又称肯定否定式类比，它是根据两个或两类对象在一系列属性上相同或相异，由此推得在另一些属性上也相同或相异的推理方法。正负类比推理的逻辑模式如下：

A 具有 a、b、c，另有 d，不具有 e、f、g 和 h；
B 具有 a、b、c，不具有 e、f、g；
———————————
所以，B 也具有 d，不具有 h。

(2) 根据思维方向，类比可分为单向类比、双向类比和多向类比等类型。

1) 单向类比。

单向类比是指拿某个对象和另一个对象进行单方向类比的推理方法。例如，我们平常所说的“铁不炼不成钢，人不运动不健康”“良药苦口利于病，忠言逆耳利于行”“路遥知马力，日久见人心”等用的就是这种类比。

2) 双向类比。

双向类比是指既拿甲对象和乙对象进行类比，又拿乙对象和甲对象进行类比的推理方法。这种类比既可以“以己推人”，又可以“以人推己”。

3）多向类比。

双向类比是在二者之间进行的，而多向类比是在三个以上对象之间进行的。例如，鸦有反哺之义，羊有跪乳之恩，所以人应有孝敬父母之德；合抱之木，生于毫末；九层之台，起于累土；千里之行，始于足下。这些用的都是多向类比。

三、提高类比推理的可靠性

类比推理作为一种或然性推理，有明显的局限性。类比推理的结论往往超出了前提所断定的范围；同时，类比法的根据是两个对象之间的相似性，而被人们忽略了的差异性往往决定了类比的结果是不成立的。如果不注意类比法的局限性，就可能会犯“机械类比”或“庸俗类比”的逻辑错误。为了避免在运用类比法时犯逻辑错误，只有尽可能地提高结论的可靠性，才能更大限度地发挥类比的作用。

（1）尽可能多地确认类比对象的相同或相似属性，相同属性越多，结论的可靠性就越大。因为类比对象之间相同属性或相似属性越多，它们的类别就越接近。这样，类推的属性就有较大的可能为两个类比对象所共有。

（2）力求从两个或两类事物的本质属性进行类比。前提中确认的相同本质属性越多，结论的可靠性就越大。因为对象的本质属性制约着其他属性，前提中确认的相同或相似的属性越是本质的，这些属性与推出属性之间的联系就越密切相关。

四、类比推理的作用

除了日常生活、科研，类比推理在法学当中运用得也非常广泛。

第一，类比推理是构造科学假说的重要途径。许多科学发现和科学理论的建立，都是先由假说开始的。科学假说是以已有的事实材料和科学原理为依据，对未知的事物的规律性做出推测性的论断。在科学研究中，人们为了缩短时间，总是要根据已确证的知识提出假说，来说明未知的现象。

1844 年，德国天文学家培塞尔研究天狼星在天空位置的变化时，发现天狼星的位移具有周期性的偏差度，会忽左忽右地摆动。为什么会这样呢？这在当时是个谜。培塞尔根据有关天狼星的观测资料和万有引力定律，对天狼星位置的摆动做出了假定的解释，认为天狼星有一个我们未知的光度较弱而质量很大的伴星，它们两者围绕着共同的引力中心运行。这个伴星的引力使天狼星的位置忽左忽右，具有周期性摆动的现象。这就是培塞尔关于天狼星位置摆动所提出的假设。1862 年，新的高倍望远镜生产出来了，天文学家看见天狼星旁边果然有个伴星。以后根据星光的光谱分析，又进一步证实了培塞尔关于天狼星摆动现象的假设。他的假说就是把万有引力定律和天狼星的摆动两类对象作类比提出的。

第二，类比推理是一种激发人们产生创造性思维的重要方法。类比法可以启发人们的思路，触发信息的直接转移，产生灵感。仿生技术就是类比方法在现代的一种推广形式。

海边的老百姓请鲁班造个能出海打鱼的东西，鲁班琢磨了好久，依然没有头绪。有一天，鲁班的妻子到河边洗衣服，把脚上穿的一双翻头鞋放在河边。忽然，刮来一阵风，水借风势冲到了翻头鞋那里，翻头鞋又顺着水势，漂浮在了河面上。鲁班的妻子一看，翻头鞋浮到水里了，很着急，三步并作两步去“抢救”她的鞋子。鞋子一会儿被水波涌到这边，一会儿又被水波冲向那边，好一会儿她才把鞋子给抓到手上。鲁班的妻子洗完衣服回到家里就把这件事对鲁班说了。鲁班一听，高兴极了，拿起翻头鞋看个没完。他用心琢磨了一会儿，像发现了什么似的，自言自语地说：“一是空心，二是不漏水，空心又不漏水，就不会沉到水底。”于是，鲁班就仿照翻头鞋的样子造了一只可供出海打鱼用的木船。这里鲁班依旧在运用类比推理。鲁班从翻头鞋不会沉在水里是因为“一是空心，二是不漏水”，推想到同样的特性运用在造船上也许有效。

第三，类比推理是人们论证思想、说服教育的强有力工具。由于类比推理的结论是或然的，因此它的论证作用主要不是从已知推出未知，而主要是通过强调类似对象的相似特征和不同特征，来精确地阐明已知的事实，或借助某一具体的、典型的、形象的感性事物，起到启发思路、举一反三、触类旁通的作用，同时使抽象的道理变得深入浅出，通俗易懂。我国著名的地质学家李四光，在对我国的地质结构进行了长期、深入的调查研究后发现，我国的东北松辽平原的地质结构与中亚细亚的地质结构极其相似。他推断，既然中亚细亚蕴藏大量石油，那么，我国的松辽平原也很可能蕴藏着大量的石油。后来，大庆油田的开发证明了他的推断是正确的。李四光在思考的过程中所运用的推理就是类比推理。

第三节　归纳推理

一、归纳推理的概念

归纳推理是由已知的个别性命题为前提，推出一般性命题的结论的推理方法。传统逻辑根据前提所考察对象范围的不同，把归纳推理分为完全归纳推理和不完全归纳推理。完全归纳推理考察了某类事物的全部对象，属于必然性推理的范围，不完全归纳推理则仅仅考察了某类事物的部分对象，属于或然性推理的范围。进一步根据前提是否揭示对象与其属性间的因果联系，可以把不完全归纳推理分为简单枚举归纳推理和科学归纳推理。例如：

狗是胎生的，
马是胎生的，
羊是胎生的，
虎是胎生的，
……
狗、马、羊、虎……都是哺乳动物，
———————————————
所以，哺乳动物都是胎生的。

这就是一个归纳推理。当人们将无数种哺乳动物考察完后，发现都是胎生的，就理所当然得出了“哺乳动物都是胎生的”结论，但后来人们发现鸭嘴兽虽是哺乳动物，却不是胎生的，这一发现就推翻了上述结论。从这一例子可以看出，归纳推理的结论是或然的。

归纳推理不仅是推理的方法，也是我们第九章探讨的论证方法的一种。例如，“盖文王拘而演《周易》；仲尼厄而作《春秋》；屈原放逐，乃赋《离骚》；左丘失明，厥有《国语》；孙子膑脚，《兵法》修列；不韦迁蜀，世传《吕览》；韩非囚秦，《说难》《孤愤》；

《诗》三百篇，大底圣贤发愤之所为作也。此人皆意有所郁结，不得通其道，故述往事、思来者。乃如左丘无目，孙子断足，终不可用，退而论书策，以舒其愤，思垂空文以自见。”司马迁《报任安书》中的这段经典论述就是从诸多现象中归纳出一般原理，其优点在于用很多真实的例子去吸引注意力，事实胜于雄辩。

二、归纳推理和演绎推理的关系

既然归纳推理的结论不可靠，那为什么人们还研究这种推理呢？因为人们通过归纳，可以使已有的知识扩大和推广，可以发现新的知识，而且演绎推理是离不开归纳推理的，在演绎推理中，表达一般知识的大前提是靠归纳得来的。当然，归纳推理也离不开演绎推理，归纳推理的结论有待于用演绎推理加以论证，或者要用演绎推理导出可供实践检验的命题，由实践来证明其为真或为假。总之，在认识现实的思维进程中，归纳推理和演绎推理都有着不可或缺的作用，二者相互联系、相互补充，正如恩格斯所言：“归纳和演绎，正如综合和分析一样，必然是相互关联的。不应当牺牲一个而把另一个捧到天上去，应当没法把每一个都用到该用的地方，但是只有认清它们是相互关联、相辅相成的，才能做到这一点。”[①] 归纳与演绎的关系，既有区别，又有联系。

它们的区别在于：第一，思维的方向不同。演绎是一般到个别，归纳则是由个别到一般。演绎推理的大前提通常是一般原理，因此，同经验没有直接的关系。归纳推理的前提常常涉及个别的事物，因而它们直接与经验相关。第二，结论断定的范围不同。演绎推理的结论没有超出前提的范围。归纳推理的结论一般都超出前提的范围（完全归纳除外）。第三，前提与结论之间的联系不同。演绎推理的结论和前提的联系是必然的，归纳推理的结论和前提的联系不一定都是必然的，有的结论是确实可靠的，有的结论却只具有一定程度的可靠性。演绎推理的前提蕴涵结论，一般来说归纳推理的前提不蕴涵结论.

它们的联系在于：第一，演绎推理离不开归纳推理。其大前提要靠归纳推理来提供。第二，归纳推理也离不开演绎推理。因为进行归纳推理并非是盲目的，要有科学知识作为指导。提高归纳推理结论的可靠程度，也要应用科学知识来分析所研究的现象。无论是以一般性的知识作为指导，还是对归纳推理的前提进行科学分析，都要应用演绎推理。

在实际思维过程中，并不只有单纯的归纳或者单纯的演绎，而是归纳之中有演绎，演绎之中有归纳，两者相互依赖、相互补充，只不过有时以归纳为主，有时以演绎为主罢了。

三、收集和整理经验材料的逻辑方法

归纳作为一种由个别知识前提推出一般知识结论的推理，它不等于认识由个别到一般的整个研究活动。显然，人们先要收集一定的事实材料，有了个别的知识作为前提，然后才能进行归纳推理，所以收集事实材料是归纳推理的第一步。而收集事实材料必须依靠经验的认识方法，即观察和实验等。

---

① 马克思，恩格斯．马克思恩格斯选集．3卷．北京：人民出版社，2012：930.

（一）观察

观察就是人们有目的、有计划地通过感觉器官去认识事物现象的一种经验方法。观察不同于一般的感知，它有其自身的特点。第一，观察是一种有目的、有计划的活动；第二，观察有选择性。

一位师傅带了两个徒弟。有一天，师傅想考考这两个徒弟，他把两个徒弟叫到面前说："给你们俩每人一麻袋带壳花生，看看每一粒花生仁是不是都有粉衣包着，看谁能先回答我的问题。"大徒弟一听，就快步流星地抱着麻袋往家跑，连饭也顾不上吃，从早晨一直剥到傍晚，才把一麻袋花生剥完。之后发现所有花生仁都有粉衣包着。二徒弟不慌不忙地抱着麻袋走回家去。他先对着花生观察了一会儿，伸手拣了几个饱满的，又拣了几个干瘪的；拣了几个熟了的，又拣了几个没熟的；拣了几个三个仁的，又拣了几个一个仁、两个仁的，总共不过一把花生。他把这几种不同类型的花生剥开了皮后发现所有的仁都有粉衣包着。大徒弟剥完后，他连歇也没歇就急忙去向师傅报告。到那里一看，师弟早已在那里了。这里大徒弟使用的是完全归纳推理，二徒弟使用的是不完全归纳推理。结论是一样的，但是效果有很大差别。差别就在于二徒弟在收集经验材料的过程中，观察更具有选择性。

人们通过观察可以收集各种事实材料，但是，由于观察者的知识水平、社会背景、个人取向不同，往往是同一件事物，让不同的人来观察就会得出不同的结论。单纯依靠感官所能观察到的范围毕竟是有限的。随着观察范围的不断扩展，人们在观察中越来越多地利用仪器，如望远镜、显微镜等，通过这些科学仪器，人们就可以做到精确测量和精确记录。

（二）实验

实验是人们根据科学研究目的，应用一定的科学仪器，使对象在自己的控制之下，按照自己的设计发生变化，并通过观察和思索这种变化来认识对象的方法。

尽管人们观察的方法日益精确化，然而对自然现象的观察仍有很大局限性。因为自然现象所表现出来的规律常常要受到很多偶然因素的干扰。因此，人们就要创造条件去排除干扰，"纯化"被研究的现象，这就要求人们掌握利用实验的方法。

实验有三个特征：一是简化和纯化自然现象，二是强化和再现自然现象，三是延缓和加速自然过程。由于实验有以上特征，所以实验比观察有更大的意义。实验可以按以下标准分类：一是按目的和在科学中的作用分为探索性实验和验证性实验。探索性实验是指对未知领域进行的实验；验证性实验是指对已有理论、假说通过实验来进行检验。二是按实验手段是否直接作用于被研究对象可分为直接实验和间接实验。直接实验就是直接作用于被研究对象的实验，间接实验是通过模拟被研究对象的功能所进行的实验。

但是，通过观察、实验而得到的经验材料往往是零散的，还需要进行整理和加工，使之形成正确真实的经验性命题，这便要运用理性思维的方法，即分析、综合等。

（三）分析和综合

分析是在思维过程中把客观对象分成各个部分、方面、特性等进行认识的方法。综合是在思维过程中将原有的关于客观对象的各个部分、方面、特性等的认识结合起来，形成关于客观对象的统一整体的认识的方法。例如，白色的光经过三棱镜，分解成红、橙、黄、绿、青、蓝、紫七色光就是光谱的分析，反过来，七色光又合成白色光，这就是光谱的综合，由此可以解释彩虹的成因。分析和综合在认识上是两个相反的认识过程，但它们是相互联系、不可分割的。分析是综合的基础，而综合是分析的目的。为了综合，必须进行分析，没有分析就没有综合；分析也依赖综合，没有一定的综合知识，就不能对事物进行深入的分析。分析和综合是理性认识中两种重要的认识方法。

（四）抽象与概括

抽象是人们在研究活动中，应用思维能力，排除对象次要的、非本质的因素，抽出其主要的、本质的因素，从而达到认识对象本质的方法。

概括是在思维中把对象本质的、规律性的认识，推广到所有同类的其他事物上去的方法。

《黄帝内经》中记载了这样一个故事：有一个患头痛的樵夫上山砍柴，不小心碰破脚趾，出了一点血，但头部不疼了。当时没有引起他的注意，后来头疼复发，又偶然碰破原处，头疼又好了。这次引起了他的注意，以后头疼时，他就有意刺破该处，都有效果。这个樵夫刺破的地方，即现在所称的“大敦穴”。这个故事里的樵夫就是根据自己以往的个别经验做出了一个有关刺破脚趾能治好头痛的一般性结论。

在这里，就其所运用的推理形式来说，就是一个不完全的归纳推理。具体过程是这样的：第一次碰破脚趾某处，头痛好了；第二次碰破脚趾某处，头痛好了；与此同时，没有出现相反的情况，所以，凡碰破脚趾某处，头痛都会好。这样一个从全面筛选，到舍去无用的材料，拣出有用的信息的过程就是一个抽象和概括的过程。

四、完全归纳推理

完全归纳推理是根据某类的每一个对象具有（或不具有）某种属性，推出一个关于某类的一般性知识的结论。从前提和结论之间的联系程度看，完全归纳推理的特点是在前提中考察了一类事物的全部对象，结论没有超出前提所断定的知识范围。因此，其前提和结论之间的联系是必然的。

完全归纳推理既是一种发现的方法，同时又是一种论证的方法。作为发现的方法，可以用下面的事例来说明。

德国著名数学家卡尔·弗里德里希·高斯在很小的时候就表现出非凡的数学才能。他十岁那一年，还是一个小学生，有一次上数学课，几十个顽皮的孩子不认真学习，老师就给他们出了一道能消磨时间的算术题，他要孩子们计算一下：

1＋2＋3＋4＋…＋97＋98＋99＋100＝?

老师想，要加的数字这么多，可得费些劲呀！而且稍不小心，答案就会弄错。但是，小高斯想了一会儿，就报出答案等于5 050。高斯是怎样算出来的？高斯告诉大家，他发现1～100这一百个数有一个特点，那就是依次把头尾两个数相加都等于101，即：

1＋100＝101

2＋99＝101

3＋98＝101

……

50＋51＝101

在 1～100 中有 50 对 101，因此，这一百个数的总和就是

101×50=5 050

高斯的解题方法就是对完全归纳推理的运用。

完全归纳推理的逻辑形式是：

S_1 是（或不是）P
S_2 是（或不是）P
S_3 是（或不是）P
……
S_n 是（或不是）P
S_1、S_2、S_3、……S_n 是 S 类的全部对象
所以，所有的 S 都是（或都不是）P

例如：

直角三角形内角和是 180°，
锐角三角形内角和是 180°，
钝角三角形内角和是 180°，
直角三角形、锐角三角形、钝角三角形是三角形的全部类型，
所以，三角形的内角和是 180°。

这个例子从直角三角形、锐角三角形和钝角三角形内角和分别都是 180°这些个别性知识，以及“直角三角形、锐角三角形、钝角三角形是三角形的全部类型”，推出了“三角形的内角和都是 180°”这样的一般性结论，就属于完全归纳推理。

完全归纳推理在前提中考察的是某类的全部对象，结论的知识范围没有超出前提的知识范围，因此，前提与结论的联系是必然的。应用完全归纳推理要获得正确的结论，必须遵循以下两点：

第一，前提中的每一个经验命题必须是真实可靠的。如果前提中有不真实的命题，那么就不能得出真实的一般性结论。

第二，完全归纳推理必须毫无遗漏地考察一类事物中的全部对象，否则得出的结论就不是必然的了。

完全归纳推理最大的局限性是考察的对象有限时可以使用，考察的对象众多时甚至无限的时候就难以使用。例如，上例中对三角形内角和的断定可以使用完全归纳推理，但是如果考察中国家庭经济状况等就很难使用完全归纳推理。例如，有这样一则笑话：

爷爷：“小明，火柴买来了吗?”

小明：“买来了，爷爷。”

爷爷：“火柴好划吗?”

小明：“每根都好划，一划就着，我一根一根都试过了。”

五、不完全归纳推理

完全归纳推理只有在研究对象确定而且数目有限时才可以采用，因而它的适用范围就受到了限制。当人们所要认识的事物包含的对象数量极大，或者数量无限时，就很难或根本无法使用完全归纳推理，这时就需要运用不完全归纳推理。

不完全归纳推理是根据某类事物的部分对象具有（或不具有）某种属性，从而得出一般性的结论的推理。如“瑞雪兆丰年”“自古长安东风不下雨”等，都是由不完全归纳得出的结论。再如：

（1）　硫酸（H_2SO_4）中含有氧元素，
　　　硝酸（HNO_3）中含有氧元素，
　　　碳酸（HCO_3）中含有氧元素，
　　　……
　　　硫酸、硝酸、碳酸等都是酸，
　　　所以，一切酸中都含有氧元素。

这是法国化学家拉瓦锡所进行的不完全归纳推理。

（2）
$$6=3+3$$
$$8=3+5$$
$$10=3+7=5+5$$
$$12=5+7$$
$$14=3+11=7+7$$
……
6、8、10、12、14 是大于 4 的偶数
所以，所有大于 4 的偶数都可以写成两个素数之和

这是用不完全归纳推理提出的著名的哥德巴赫猜想。

不完全归纳推理的逻辑形式是：

S_1 是（或不是）P
S_2 是（或不是）P
S_3 是（或不是）P
……
S_n 是（或不是）P
S_1、S_2、S_3、……S_n 是 S 类的部分对象
所以，所有的 S 都是（或不是）P

不完全归纳推理的前提真并不能保证结论必然真。因为人们所观察到的事物是有限的，而单凭观察所得的结论是不能证明事物的必然性的。例如，“乌鸦都是黑色的”“天鹅都是白色的”“血都是红色的”“鸟都会飞”“哺乳动物都是胎生的”“鱼都是用鳃呼吸的”等，在一段时间里，人们都认为这些结论是正确的，后来陆续出现了反例：在日本发现了白鸦；在澳洲发现了黑天鹅；虾和蟹的血是蓝青色的，海边岩缝里的小环虫的血是绿色的；鸵鸟不会飞；鸭嘴兽是哺乳动物，却是卵生的；在南美洲还有用肺呼吸的鱼。事实上，人们用不完全归纳推理得到的许多结论，后来都因为遇到相反的事例，被证明是错误的。

数学家华罗庚对不完全归纳推理的或然性作过通俗而形象的说明：“从一个袋子里摸出来的第一个是红玻璃球，第二个是红玻璃球，甚至第三个、第四个、第五个都是红玻璃球的时候，我们立刻会出现一种猜想：‘是不是这个袋子里的东西全部都是红玻璃球？’但是，当我们有一次摸出一个白玻璃球的时候，这个猜想就失败了。这时我们会出现另一种猜想：‘是不是袋子里的东西都是玻璃球？’但是，当我们有一次摸出来的是

一个木球的时候，这个猜想就又失败了。那时，我们又会出现第三个猜想：‘是不是袋子里的东西都是球?’这个猜想对不对，还必须加以检验，要把袋子里的东西全部摸出来，才能见分晓。”

要提高不完全归纳推理结论的可靠性，应当注意以下问题：

第一，被考察的事物对象数量要尽可能多，范围要尽可能大。考察的对象越多，考察的范围涉及的环境条件越多，漏掉相反情况的可能性就越小，结论的可靠程度也就越高。反之，如果考察的对象很少，范围不大，漏掉相反情况的可能性就大，结论的可靠性就低，就难免会犯“轻率概括”或“以偏概全”的逻辑错误。

有这么一个故事：有个土财主，几代人都不识字。有一天，土财主决心让儿子念书，于是请了一位老先生教他儿子识字。这位老先生写下一画，对这个小孩说，这是一字；写下二画，对这个小孩说，这是二字；写下三画，对这个小孩说，这是三字。这个小孩学会这三个字以后，得意地对他父亲说：“我全会了，可以把先生辞掉了。”土财主很高兴，认为儿子长进很快，就把先生辞退了。过了几天，土财主要请一个姓万的人吃饭，叫儿子写请帖。儿子从早写到中午还没写完，土财主去催儿子，儿子却抱怨说：“天下的姓多得很，为什么你这位朋友偏要姓万？害得我从早到现在才完成五百画。”这个小孩在进行归纳推理时犯了错误。他从一字一画、二字二画、三字三画这些个别现象中归纳出了这样一个结论：“凡表示多少数目的字就有多少画。”这在逻辑上就叫犯了“轻率概括”的错误。

还有这么一则故事，有一次，苏东坡去看望王安石，恰好王安石出去了。苏东坡在王安石的桌子上看到了一首咏菊诗。诗中开头写道：“西风昨夜过园林，吹落黄花满地金。”苏东坡认为“西风”就是秋风，“黄花”就是菊花，菊花最能耐寒、耐久，怎么会被秋风吹落呢？于是抬笔续了两句：“秋花不比春花落，说与诗人仔细吟。”王安石回来以后，看了这两句续诗，心里很不高兴。他为了用事实教训苏东坡，就把苏东坡贬为黄州团练副使。苏东坡在黄州住了将近一年。到了九月重阳，发现菊花纷纷落瓣，满地铺金。这时他想起给王安石续诗的往事，才知道原来是自己错了。这里，苏东坡犯的是“以偏概全”的错误。他平时看到的菊花都是只会枯萎，不会落瓣的，因而他就得出了“天下的菊花都是不会被秋风吹落的”这样一个一般性结论。

第二，注意考察有无反面事例。进行不完全归纳推理时，只要出现一个反例，就不能得出结论。如果在一些可能出现相反情况的场合，注意了反例并且真的没有发现反例，那么就说明结论的可靠性程度较高。

第三，被考察对象与其属性之间存在的因果联系越多，则结论的可靠性程度就越高。例如，我们观察到铜受热之后体积膨胀，铝受热后体积膨胀，通过分析，认识到这些金属受热之后体积膨胀的原因在于：它们受热之后，分子之间的凝聚力减弱，相应的，分子间的距离就会增大，从而导致体积膨胀。在上述观察及分析之后得出结论：所有金属受热后体积都会膨胀。这样的结论就比仅靠观察更多的金属的受热情况而得出的结论的可靠性要高得多。在这种情况下，前提的数量不具有重要作用。恩格斯说的好：十万部蒸汽机并不比一部蒸汽机能更多地证明热能转化为机械运动。

不完全归纳推理突破了完全归纳推理的局限性，虽然它的结论具有或然性，但它在人们的科学研究和实际工作中仍然起着重要作用。

练习：

判断下列推理属何种推理，请分析是否正确，并写出推理形式。

(1) 在航天科学研究发展，人未正式乘坐航天器遨游天空之前，先用其他一些动物做实验，通过考察鼠、狗、兔等动物的身体在太空中能经受长时间失重的考验得出结论："一切动物的身体在太空中都能经受长时间的失重考验。"

(2) 水稻能够进行光合作用，大豆能够进行光合作用，松树能够进行光合作用，水稻、大豆、松树都是绿色植物，因此凡是绿色植物都能进行光合作用。

(3) 水星是沿椭圆轨道绕太阳运行的，金星是沿椭圆轨道绕太阳运行的，地球、火星、木星、土星、天王星、海王星也是沿椭圆轨道绕太阳运行的；而水星、金星、地球、火星、木星、土星、天王星、海王星是太阳系的全部大行星。所以，太阳系所有的大行星都是沿椭圆轨道绕太阳运行的。

(4) 某医生之子在期中考试中不及格，他却告诉父母说"及格了"。两天后，当医生的父亲知道了实情后，便斥责儿子："为什么撒谎?"儿子说："爸爸，您不是常对那些本来病重的人说'你的病不重'吗?"

(5) 达尔文和他的表姐埃玛结婚，生了十多个子女，无不体弱多病，大女儿早亡，二女儿和两个儿子终生不育。后来，他在科学实验中发现异花授粉的后代较优，自花授粉的后代较弱。于是，他进一步意识到子女的体弱多病根源在于近亲结婚。

(6) 元素的排列、四季的交替、生物的进化、社会的发展、天体的运行，都有固定不移的基本秩序。这种秩序表明，一切物质的运动形态都是有其固有规律的，没有任何规律的物质运动是不存在的。

(7) 自然科学来自人类的生产活动。最早的天文学是在人们的游牧活动和农业活动中，总结各种天象及日月星辰的观察材料而建立起来的；农业生产和商业交往活动需要丈量土地、衡量器物、计数事物、测定时间，从而出现了古代数学；在手工劳动中，人们制造和使用各种工具、器械，从事建筑，做推、拉、举、抛等动作，体验到一些机械运动原理，产生了古代力学；从畜牧和种植活动中，人们了解到动物、植物、微生物的性状和生长规律，获得了最早的生物学知识等。

(8) 一支地质勘探队在勘察一个铁矿时，发现除了铁元素外，还有钴、硫、铜、镍等伴生元素；在勘探一个锡矿时，发现除了锡元素外，还有铌、钽、镉、钒、硒等元素；在勘探硫化镍矿时，除发现镍元素外，还有铂、铁、硒、金、银等元素；在勘探黄铜矿时，发现除了铜元素外，还有金、铅、锌、硒、钴、锗、铟等元素。后来进一步查明：一个矿区之所以会以某种元素为主，同时存在其他多种元素，是因为一种元素的原子构造中，原子粒子半径的大小总是和相近的一些元素相关，就是说，元素与元素在各种化合物中相互区别又互相渗透。因而勘探队得出结论：每一个矿里往往都会有以某种元素为主同时含有多种元素的伴生现象。

(9) 我国只有北京、天津、上海、重庆四个直辖市。北京的人口超过 2 000 万，重庆的人口超过 2 000 万，上海的人口超过 2 000 万。所以，天津的人口一定也超过 2 000 万。

第四节　求因果联系的逻辑方法

原因和结果是揭示客观世界中普遍联系着的事物具有先后相继、彼此制约的一对范畴。它们是对自然界和社会领域中普遍存在的一种必然联系的哲学概括和反映。原因是指引起一定现象的现象，结果是指由于原因的作用而引起的现象。

因果联系是一种普遍的、客观的联系，是世界万物之间普遍联系的一个方面。科学研究的一个重要任务就是要把握事物之间的因果联系，以便掌握事物发生、发展的规律。任何一种现象的出现都必然存在其产生的原因，同时又存在其产生的结果。无因之果或无果之因是根本不存在的。

因果联系具有以下几个特点，这些特点是探求因果联系逻辑方法的客观标准。

第一，原因和结果是前后相继的，原因先于结果，结果后于原因。这是因果联系在时间上的特征表现，也是最直观、最具体的特征表现。我们在寻找某一现象的原因时，一定要在先于它的现象中去寻找，寻找某一现象的结果时，一定要在后于它的现象中去寻找。因果联系虽然在时间上先后相继，但并非时间上先后相继的现象都有因果联系。例如，白昼和黑夜，在时间上虽是先后相继的，但它们之间并不具有因果联系，它们都是由于地球自转和绕太阳旋转所引起的结果。因此，在探求因果联系时，如果只是根据两个现象在时间上是先后相继的，就得出它们之间具有因果联系的结论，就会犯“以先后为因果”的逻辑错误。19 世纪有一位英国改革家说，每一个勤劳的农夫，都至少拥有两头牛。那些没有牛的，通常是好吃懒做的人。因此，他的改革方式便是给每一个没有牛的农夫两头牛，这样整个国家就没有好吃懒做的人了。这位改革家明显犯了一个“以先后为因果”的逻辑错误。

第二，因果联系是确定的。因果联系的确定性从质的方面说，就是在同样的条件下，同样的原因会产生同样的结果。例如，在通常的大气压下，水的温度降到零摄氏度以下就会结冰，而把水加热至 100℃，它就会沸腾。

第三，因果联系是复杂多样的。有一因一果、多因一果、合因一果、一因多果和多因多果等情形。例如，日光、二氧化碳和水是使植物叶子能进行光合作用的原因，而且这三者是植物的叶子能进行光合作用的不可缺少的条件，这种原因称做复合原因。忽视原因的多样性，在实践上会导致有害的后果。例如，一块地里的农作物生长不好的原因，可能是水分不足，也可能是肥料太少，还可能是病虫害等。如果我们忽略了原因的多样性，只注意一种原因，比如，只注意施肥，那就必然会导致减产的后果。因此，探求因果联系是一个复杂的认识过程。

因果联系是人们认识客观事物的一个重要方面，而其认识是一个很复杂的过程，那么究竟如何把握这种联系呢？近代英国逻辑学家穆勒提出了五种探求因果联系的方法，这五种方法是：求同法、求异法、求同求异并用法、共变法、剩余法。逻辑史上称之为“穆勒五法”。

一、求同法

求同法又称契合法。它的内容是：在被研究的那类现象出现的几个场合中，若只有一种情况是相同的，而其他有关情况都不相同，则可得出结论：这个唯一相同的情况与被研究的那类现象之间有因果联系。

例如，在19世纪，人们还不知道为什么某些人的甲状腺会肿大，后来人们对甲状腺肿大盛行的地区进行调查和比较时发现，这些地区的人口、气候、风俗等状况各不相同，然而有一个共同情况，即土壤和水流中缺碘，居民的食物和饮水也缺碘，由此得出结论：缺碘是引起甲状腺肿大的原因。

再如，1960年，英国某农场十万只火鸡和小鸭吃了发霉的花生，在几个月内得癌症死了。后来，用这种花生喂羊、猫、鸽子等动物，又发生了同样的结果。1963年，有人又用发了霉的花生喂大白鼠、鱼和雪貂，它们也都纷纷得癌症而死。上述各种动物患癌症的前提条件中，对象、时间、环境都不同，唯一共同的因素就是吃了发霉的花生。于是，人们推断：吃了发霉的花生可能是这些动物得癌症死亡的原因。后来通过化验证明，发霉的花生内含有黄曲霉素，而黄曲霉素是致癌物质。这个推断就是通过求同法得出的。

还有人做过一个十分有趣的统计：过去几百年间流传至今的466幅圣母玛丽亚的画像中，373幅里的耶稣是在左边吸吮圣母的乳汁的，这一数字大约是全部被统计画幅的80%。艺术是生活的概括，如果稍微注意的话，就会发现，大多数母亲喂奶时，也是把婴儿抱在自己的左边。据心理学家统计，80%的母亲都是把婴儿抱在左边的。为什么会这样呢？为此，心理学家做了这样的实验：让一些婴儿间断地听每分钟72次心跳录音。结果发现，这些婴儿在不听录音时啼哭时间是60%，而在听录音时，就比较安静，啼哭的时间降至38%。在这个实验中，心理学家运用的就是求同法，通过实验证明听到母亲的心跳声对婴儿有某种抚慰的作用。

求同法可用下列图式表示：

场合	有关情况	被研究现象
（1）	A、B、C	a
（2）	A、D、E	a
（3）	A、G、F	a
……	……	……

所以，A与a之间有因果联系

求同法的特点是“异中求同”，即在各种不同的情况中寻求唯一相同的情况。由于事物的相关因素往往是复杂的，很可能表面相同的而实非相同，或表面相异而实非相异。而且，求同法没有考察所有场合，也没有考察各个场合中所有的情况，所以，求同法得出的结论是或然的。

要提高求同法结论的可靠性，需注意以下两点：

第一，各场合是否还有其他的共同情况。人们在应用求同法时，往往会忽略不同情况中隐藏着另一个共同情况，而这个比较隐蔽的共同情况又恰好是被研究现象的真正原因。例如，某甲晚上看了半个小时书，喝了几杯浓茶，结果失眠了；第二天，他同样看了半个小时书，抽了几根烟，又失眠了；第三天，他仍然看了半小时书，喝了几罐咖啡，又失眠了。他根据求同法得出这样一个结论：晚上看半个小时书容易引起失眠。这个结论显然是不对的。事实上，兴奋性的东西——浓茶、烟、咖啡才是导致失眠的真正原因。

第二，要尽量增加可比较的场合。进行比较的场合越多，结论的可靠程度就越高，如果比较的机会少了，往往可能有一个不相干的现象恰好是它们共有的，人们便会产生误解。随着观察场合的增多，各场合共有一个不相关现象的可能性便会随之减少。例如，把自己的生死福祸归于无所不在、无所不能、无所不为的神灵，把疾病归于符咒的作用，把灾祸归罪于报应，把死亡归罪于敌对者的魔力，把生看做灵魂的复归等，这些迷信的说法正是利用少数场合的偶然巧合，把一个不相干的现象与被研究现象联系起来了。

二、求异法

求异法又称差异法。它的内容是：比较被研究现象出现和不出现的两种场合，若其他情况完全相同，只有一个情况不同，而唯一不同的这个情况，在被研究现象出现的场合中是存在的，在被研究现象不出现的场合是不存在的，则可以得出结论：这两个场合中唯一不同的情况与被研究现象之间有因果联系。

例如，关于条件反射的实验就是把一群生活条件相同、饲养方法相同的同种狗分成两组，对其中一组狗做手术，切除它们的大脑皮质，另一组则不施行这种手术。研究者发现，做了手术的那一组狗失去了条件反射，另一组未做手术的狗有条件反射。于是得出了这样的结论：狗的大脑皮质的功能是狗有条件反射的原因。

再如，一百多年前，一艘远洋帆船载着五个中国人和几个外国人由中国开往欧洲。到达目的地后，除五个中国人外，其他人全病得奄奄一息。经诊断，他们都患了败血病。同乘一艘船，同样是人，一样是风餐露宿，受苦挨饿，漂洋过海，为什么中国人和外国人却判若异类呢？原来这五个中国人都有喝茶的嗜好，而外国人却没有。于是得出结论：喝茶是这五位中国人不得败血病的原因。这个结论也是用求异法得出的。

求异法可用图式表示如下：

场合	有关情况	被研究现象
(1)	A、B、C	a
(2)	—、B、C	—

所以，A 与 a 之间有因果联系

求异法的特点是“同中求异”，它要求被研究现象出现的场合与不出现的场合中，只有一种情况不同，其余的情况完全相同。这一般只有在人工控制的条件下才能做到，因此，求异法的应用一般是以实验为基础的，从而求异法的结论要比求同法的结论可靠得多。但是，求异法也不能保证它考察了所有的情况，结论仍然是或然的。

应用求异法时应注意以下两点：

第一，两个场合是否还有其他差异情况。求异法要求，在被研究现象出现的场合和被研究现象不出现的场合中只有一种差异情况存在，其他情况必须完全相同。如果其他情况中还存在另一个差异情况，那么它很可能就是被研究现象的真正原因。例如，在对生物的研究中，医务人员注意到，同样的医疗措施得出不同的医疗效果，这往往与治疗的时间有关系。糖尿病人在早晨 4 时对胰岛素最敏感；人得传染病最可能死亡的时间与细菌最敏感的时间是一致的，在早晨 5 时左右。由此，他们认识到，在进行医学研究时，对试验组和对照组除了采取或不采取某种医疗措施、使用或不使用某种药物外，还必须注意时间的相同，以免因时间的不同而导致错误的结论。所以，在使用求异法时应注意在表面上其他情况相同，而实际上还隐藏着另一种差异情况的情形，必须严格遵守“其他情况完全相同”的要求。

第二，两个场合唯一不同的情况，是被研究现象的整个原因，还是被研究现象的部分原因。如果被研究现象的原因是复合的，但各部分原因的单独作用是不同的，那么，当总原因的一部分消失时，被研究现象也就不出现了。例如，农作物高产的原因是复合的：天气条件良好、恰当的管理、良种等都是农作物高产的原因。其中，良好的天气条件仅仅是农作物高产的部分原因，并不是总原因。如果把天气条件看成唯一的原因，就会得出错误的结论。因此，只有找出被研究现象的原因，才能真正把握这些现象与被研究现象之间的因果联系。

例题：

世界卫生组织在全球范围内进行了一项有关献血对健康影响的跟踪调查。调查对象分为三组。第一组对象均有两次以上的献血记录，其中最多的达数十次；第二组对象均仅有一次献血记录；第三组对象均从未献过血。调查结果显示，被调查对象中癌症和心脏病的发病率，第一组分别为 0.3%和 0.5%，第二组分别为 0.7%和 0.9%，第三组分别为 1.2%和 2.7%。一些专家依此得出结论，献血有利于减少患癌症和心脏病的风险。这两种病已经不仅在发达国家而且也在发展中国家成为威胁中老人生命的主要杀手。因此，献血利己利人，一举两得。

以下哪项如果为真，将削弱以上结论？（　　）

Ⅰ.60 岁以上的调查对象，在第一组中占 60%，在第二组中占 70%，在第三组中占 80%。

Ⅱ.献血者在献血前要经过严格的体检，一般具有较好的体质。

Ⅲ.调查对象的人数，第一组为 1 700 人，第二组为 3 000 人，第三组为 7 000 人。

A. 只有Ⅰ　　B. 只有Ⅱ

C. 只有Ⅲ　　D. 只有Ⅰ和Ⅱ

解析：

这个题目进行调查所依据的就是求异法。

这个调查的结论要成立，则要求被调查对象除了献血与不献血的差异外，在其他方面没有重要的差别。如果能发现情况不是如此，则对其结论构成了削弱。

命题Ⅰ能削弱题干的结论。因为在三个组中，60 岁以上的被调查对象，呈 10%递增，又题干断定，癌症和心脏病是威胁中老人生命的主要杀手，因此，有理由认为，三个组的癌症和心脏病发病率的递增，与其中中老年人比例的递增有关，而并非说明献血有利于减少患癌症和心脏病的风险。

命题Ⅱ能削弱题干的结论。因为如果献血者一般有较好的体质，则献血记录较高的调查对象，一般患癌症和心脏病的可能性就较小，因此，并非是献血减少了他们患癌症和心脏病的风险。

命题Ⅲ不能削弱题干。因为题干中进行比较的数据是百分比，被比较各组的绝对人数的一定差别，不影响这种比较的说服力。

求同法和求异法的题目解题思路如下：

第一步：确定题干中的原因和结果。

第二步：确定题干的求因果方法。

第三步：根据问题是支持还是反对审视题目有无他异（同）。

三、求同求异并用法

求同求异并用法又称契合差异并用法。它的内容是：如果在被研究现象出现的几个场合中都有某一情况出现，而在被研究现象不出现的几个场合中都没有这种情况出现，那就得出结论：这种情况与被研究的那类现象之间有因果联系。

例如，我国唐代著名医学家孙思邈对脚气病进行了研究。他发现富人患这种病的人较多，穷人患这种病的人很少。他通过进一步观察、比较后发现富人的性格、脾气、身体状况、生活习惯等情况各有差别，但有一个共同点是吃去掉米糠、麦麸的精米、白面；穷人的情况也各不相同，但也有一个共同点，即吃的多是含有米糠、麦麸的糙米、粗粮。于是他得出结论：富人得脚气病是由于食物中缺少米糠、麦麸引起的。于是，他试着用米糠、麦麸来治脚气病，结果果真灵验。从孙思邈的推理过程来看，他实际上用了求同求异并用法。

再如，很久以来，人们发现有些鸟能远航万里而不迷失方向。人们对此原因曾作过不少的猜测，但都没有得到证实。近年来，科学工作者发现每当天晴能见到太阳时，这些鸟都能确定其飞行的正确方向；反之，每当天阴见不到太阳时，它们就迷失方向。由此，科学工作者得出结论：有些鸟能远航万里而不迷失方向的原因是它们能利用太阳来定位。

求同求异并用法可用以下图式表示：

场合		有关情况	被研究现象
正面	(1)	A、B、C	a
	(2)	A、D、E	a
	(3)	A、F、C	a
……		……	……
反面	(1)	—、B、G	—
	(2)	—、D、N	—
	(3)	—、F、G	—
……		……	……

所以，A 与 a 之间有因果联系

求同求异并用法的特点是：“两次求同，一次求异”。应用这种方法实际上要经过三个步骤：第一步，比较被研究现象 a 出现的正面场合，运用求同法得知，凡有 A 情况就有现象 a 出现；第二步，比较被研究现象 a 不出现的反面场合，运用求同法得知，凡无 A 情况就无现象 a 出现；第三步，比较正反两组场合，根据有 A 就有 a，无 A 就无 a，运用求异法即可得知 A 与 a 有因果联系。由于求同求异并用法在考察有关情况时，可能忽视原本相关的情形，故而其结论也是或然的。

为了提高求同求异并用法结论的可靠程度，运用求同求异并用法时应注意以下问题：

第一，尽量考察更多的场合。因为考察的场合越多，就越能排除凑巧的偶然情形，就不大容易把一个不相干的因素，与被研究现象联系起来。

第二，选择被研究现象不出现的反面场合时，其情况应尽量与被研究现象出现的正面场合的其他情况相似。因为被研究现象不出现的场合是很多的，它们对于探求被研究现象的因果联系并不都是有意义的。反面场合组的情况与正面场合组的情况相似，结论的可靠程度就高。

四、共变法

共变法的内容是：如果在被研究现象发生变化的几个场合中，其他有关情况都不变化，唯有一种情况相应地变化，那就得出结论：这种相应变化的情况与被研究现象之间有因果联系。

例如，在其他情况不变的条件下，气温上升了，温度计里的水银柱也就上升了；温度下降了，温度计里的水银柱也就下降了。由此，我们可以得出结论：温度的升降是温度计里的水银柱升降的原因。

另外，通过实验证明听到母亲的心跳声对婴儿有某种抚慰的作用，这里心理学家使用的是共变法：任选四组婴儿，每组人数相同，把他们放在声音环境不同的房间里。第一个房间保持寂静；第二个房间放催眠曲；第三个房间放模拟的心跳声；第四个房间放真实的心跳声的录音。用这样的方法，试验哪一个房间的婴儿能最先入睡。结果是第四个房间的婴儿，只用了其他房间中婴儿入睡所需时间的一半。然后依次是第三个房间、第二个房间、第一个房间里的婴儿入睡。这个实验不但证明心跳声是一种有很强镇静作用的外界刺激，而且表明模拟的心跳声的效果不如真的心跳声的效果。

共变法可用图式表示如下：

场合	有关情况	被研究现象
(1)	A_1、B、C	a_1
(2)	A_2、B、C	a_2
(3)	A_3、B、C	a_3

所以，A 与 a 之间有因果联系

共变法是以被研究现象与有关情况之间的因果联系的量的确定性作为客观根据的，在特定的条件下，原因的一定量的作用只能引起完全确定的结果。当原因的作用扩大或缩小时，表现于结果的效应也必然扩大或缩小，原因和结果在量上是共变的。

共变法的特点是“同中求变”，即在其他有关情况都保持不变的条件下，寻求唯一与被研究现象发生相应变化的情况。如果许多情况都在变化，就很难确定哪种情况与被研究现象有因果联系。显然在自然条件下，要做到这一点是很困难的。所以，共变法通常是在人工控制的条件下应用的，因而其结论的可靠性程度也较高。但在最终的原因未得到证实之前，它的结论仍具有或然性。

运用共变法时应注意以下两点：

第一，与被研究现象发生共变的现象必须是唯一的，否则，结论便不可靠。例如，在研究温度变化与气体体积变化之间的关系时，必须以压力不变为前提。如果除了温度在变化，压力也在变化，所得的结论就会出差错。

第二，两个现象间的共变关系有一定的限度，超过这个限度，就会失掉原来的共变关系。例如，农作物的密植，在一定限度内，可以增产；但如果超过这个限度，就会适得其反。

五、剩余法

剩余法的内容是：如果已知某一复合现象与另一复合现象之间有因果联系，又知前一现象中某一部分与后一现象中某一部分有因果联系，那就得出结论：前一现象的剩余部分与后一现象的剩余部分之间有因果联系。

例如，“镭”的发现就是使用了剩余法：居里夫人和她的丈夫为弄清一批沥青铀矿样品中是否含有值得加以提炼的铀，就对其中的含铀量进行测定。但他们发现，有几块样品的放射性比纯铀的放射性还要大。这就说明这些沥青铀矿中一定含有别的放射性元素。同时，这些未知的放射性元素只能是非常小量的，因为用普通的化学分析方法不能把它们检测出来。这就是说，它们一定具有很强的放射性。1898 年 7 月，居里夫人终于分离出极少量的黑色粉末，这些黑色粉末的放射性比同等数量的铀强 400 倍。

剩余法可用图式表示如下：

复合情况 A、B、C、D 与被研究的复合现象 a、b、c、d 有因果联系
B 与 b 有因果联系
C 与 c 有因果联系
D 与 d 有因果联系
―――――――――――――――――――――――
所以，A 与 a 有因果联系

剩余法的特点是“余中求因”，即已知两个复合现象之间有因果联系后，把其中已确定了有因果联系的部分除去，再从剩余的结果中分析原因。由于剩余法不能保证将各种因果联系都研究穷尽，可能还有其他因素未被研究，因而其结论也具有或然性。

应用剩余法时应注意以下两点：

第一，必须确知被研究的复合现象中的一部分现象（b、c、d）是由复合现象中的某些情况（B、C、D）引起的，并且剩余部分（a）不可能是这些情况（B、C、D）引起的，否则，结论就不可靠。

第二，复合现象的剩余部分（A）不一定是单一的情况，还有可能是复合情况，在这种情况下，人们就必须进一步研究、探求剩余部分的全部原因。

练习：

指出下列各题运用了何种探求因果联系的方法。

1. 国外文献报道，长期使用 1%阿托品滴眼，每天一次，可防止近视进一步发展。上海某个眼防所在这方面做了大量研究工作。他们用 1%的阿托品滴一只眼和另一只不滴阿托品的眼进行对照，经过 7 个月治疗，滴药的眼睛近视度数平均降低 0.88 度，不滴药的眼睛视力无进步。但是这个疗法的缺点是患者畏光。后来他们将阿托品浓度降低并用于治疗近视的学生，疗效和副作用也随阿托品浓度降低而减弱。

2. 20 世纪 50 年代，我国森林覆盖率为 19%，60 年代为 11%，70 年代为 6%，80 年代不到 4%。随着森林覆盖率的逐年减少，植被被大量破坏，削弱了土地对雨水的拦蓄作用，一下暴雨，水卷泥沙滚滚而下，使洪涝灾害逐年严重。可见，森林资源的破坏是酿成洪灾的原因。

3. 在一个有空气的密闭的玻璃瓶内放一只老鼠，只见它在瓶内神态自若，情况正常。然后抽去瓶内空气，老鼠马上死亡。这可证明，没有空气是老鼠死亡的原因。

4. 苏联科研人员在实验室中发现，有泪腺的动物伤口愈合得快，而摘除这些动物的泪腺则伤口愈合得慢，伤口愈合时间是有泪腺动物的六至八倍。于是可以得出结论，动物伤口的愈合过程与泪腺功能关系密切。

5. 地球磁场发生磁暴的周期性经常与太阳黑子的周期一致。随着太阳黑子数目的增加，磁暴的强度增大。当太阳黑子的数目减少时，磁暴的强度降低。所以科学家推测，太阳黑子的出现可能是磁暴的原因。

6. 19 世纪，当时人们从各种化合物中分离出来的氮，其密度总是相同的，可是大气中的氮，却比从化合物中得到的氮多出 0.5%的重量，于是人们分析，这多出来的重量一定有原因，经过对大气的反复测定，终于证明空气中的氮气加重的原因，是因为存在氩气的缘故。

7. 在一起中毒案件中，某甲报告说，他家里人发生了呕吐、昏迷现象；某乙报告说，他家里人发生了呕吐、昏迷现象；某丙也有同样的报告。现在我们要寻找呕吐、昏迷的原因。我们发现，这些住户的居住条件都不相同，中毒者的年龄、健康状况也不相同，但有一个情况则是共同的，就是同饮一口井的水。那么我们可以判断，井水可能是引起呕吐、昏迷的原因。

8. 科学家通过对头发的化学成分的分析，发现头发内包含有大量的硫和钙。精确的测定表明，心肌梗死患者头发中的含钙量已降到了最低限度。假定一个健康男子头发的含钙量平均为 0.26%，那么，一个患有心肌梗死的男子，他的头发的含钙量仅有 0.09%。据此，科学家们相信，根据头发含钙量的变化，可以诊断出心肌梗死的发展情况。

9. 几十年前，人们开始使用雷达对地球大气的电离层发射电波，通过对接收到的回波的分析来研究电离层对电波的影响。后来人们发现，接收到的回波往往有所增强。于是，就有人提出猜测说，这种反常现象可能是由于电波在空中遇到了能够反射电波的其他物体。后来人们发现，当许多看得见的流星经过头顶上空时，就会观测到非常强的无线电回波。从此，人们终于了解到，这些来历不明的无线电回波原来是由流星引起的。

10. 意大利的雷地反复进行了一个实验：在 4 个大口瓶里，放进肉和鱼，然后盖上盖或蒙上纱布，苍蝇进不去，一个蛆都没有；另 4 个大口瓶里，放进同样的肉和鱼，敞开瓶口，苍蝇飞进去产卵，腐烂的肉和鱼很快生满了蛆。可见，苍蝇产卵是鱼肉腐烂生蛆的原因。

11. 研究人员把栽种的向日葵植株分为四组来做人工辅助授粉的实验。第一组不进行人工辅助授粉；第二组只进行了一次；第三组隔几天进行一次，共两次；第四组也隔几天进行一次，共三次。实验的结果是，第一组的产量与往年持平；第二组增产 13.5%；第三组增产 17.3%，第四组增产 25.1%。

12. 丹麦有两艘钓鳗鱼船，船员、船上设备以及鱼竿、鱼饵等其他捕鱼条件完全一样，但A船钓得的鳗鱼较多，B船钓得的鳗鱼只有A船的1/4。原因何在？后来一位渔民发现：A船的渔民不抽烟，B船的渔民抽烟，抽烟的渔民满手烟味，装饵时把烟味沾到鱼饵上去了。于是他认为，鱼饵上有无烟味直接影响到捕鱼量。

13. 种植马铃薯是选用大个的薯块作种好，还是选用小的作种好？有一个农业试验站曾做过这样的试验：用10克、20克、40克、80克、160克重的马铃薯分别播在同一块田里，施同样的肥料。结果10克重的产量是245克，20克重的产量是430克，40克重的产量是565克，80克重的产量是940克，160克重的产量竟达1 090克。这说明选用大个的薯块作种，可以提高产量。

14. 长期生活在又咸又苦的海水中的鱼，它的肉却不是咸的，这是为什么？科学家们考察了一些生活在海水中的鱼，发现它们虽然在体形、大小、种类等方面不同，但它们的鳃片上都有一种含盐分的特殊构造，称氯化物分泌细胞组织。科学家们又考察了一些生活在淡水中的鱼，发现它们虽然也在体形、大小、种类等方面不同，但它们鳃片上都没有这种氯化物分泌细胞组织。由此可见，具有氯化物分泌细胞组织是海鱼在海水中长期生活而肉不具有咸味的原因。

15. 据载，某农场进行过一项试验。试验工作由植物学家斯密夫负责进行。自1960年春季开始，斯密夫首先利用两个温室来进行试验，即在两个温室同时种上两种庄稼——玉蜀黍与大豆。两个温室的土壤、湿度、温度和施肥的数量都是相同的，所不同的是其中一个温室中设置了一架电唱机及扩音器，电唱机一天24小时都不停地播送优美的乐曲，而另一个温室则没有。

首次试验的结果是，那些曾受音乐“熏陶”的庄稼首先发芽，而且颜色青绿，它们的茎比那些没有受音乐“熏陶”的庄稼更粗壮、更坚韧。十棵曾受音乐“熏陶”的玉蜀黍共重40.2克，而十棵未受音乐“熏陶”的玉蜀黍只重28克，十棵受音乐“熏陶”的大豆重31克，而没有听到音乐的十棵大豆只重24克。

五月来临时，在田野上试验，把玉蜀黍种子撒在两块土壤、面积都相同的田地上。在一块田地旁边装上播送音乐的扩音器，这块田地称为“音乐区”，另一块田地则无音乐播送，称为“静寂区”。试验结果：音乐区的玉蜀黍比静寂区的玉蜀黍早12小时发芽，音乐区的庄稼长得特别壮实、丰满；收获的结果是音乐区亩产185千克，而静寂区亩产仅160千克。

综合拓展题

1. 威胁美国大陆的飓风是由非洲西海岸高气压的触发而形成的。每当在撒哈拉沙漠以南的地区有大量的降雨之后，美国大陆就会受到特别频繁的飓风袭击。所以，大量的降雨一定是上升气流的压力而构成飓风的原因。

   以下哪项论证所包含的缺陷与上述论证中的最相似？（　　）

   A. 汽车在长的街道上比在短的街道上开得更快，所以，长街道上的行人比短街道上的行人更危险

B. 许多后来成为企业家的人，他们在上大学时经常参加竞争性的体育运动。所以，参加竞争性体育运动一定能促使人获得成为企业家的能力

C. 桑菊的花瓣在正午时会合拢，所以，桑菊的花瓣在夜间一定会张开

D. 东欧事件会影响中美洲的政治局势，所以，东欧的自由化会导致中美洲的自由化

2. 一家化工厂生产一种可以让诸如水獭这样的小哺乳动物不能生育的杀虫剂。工厂开始运作以后，一种在附近小河中生存的水獭不能生育的发病率迅速增加。因此，这家工厂在生产杀虫剂时一定污染了河水。

以下哪项陈述中所包含的推理错误与上文中的最相似？（　　）

A. 低钙饮食可以导致家禽产蛋量下降。一个农场里的鸡在春天被放出去觅食后，它们的产蛋量明显减少了。所以，它们找到和摄入的食物的含钙量一定很低

B. 导致破伤风的细菌在马的消化道内生存，破伤风是一种传染性很强的疾病。所以，马一定比其他大多数动物更容易染上破伤风

C. 营养不良的动物很容易感染疾病，在大城市动物园里的动物没有营养不良。所以，它们肯定不容易染病

D. 猿的特征是有可反转的拇指并且没有尾巴。最近，一种未知动物的化石残余被发现，由于这种动物有可反转的拇指，所以，它一定是猿

3. 午夜时分，小约翰安静地坐着。他非常希望此时是早晨，这样他就可以出去踢足球了。他平心静气，祈祷太阳早点升起来。在他祈祷的时候，天慢慢变亮了。他继续祈祷。太阳逐渐冒出地平线，升上天空。小约翰想了想发生的事情，得出一个结论：如果他祈祷的话，他就能够把寒冷而孤寂的夜晚变成温暖而明朗的白天。他为自己感到自豪。

下面哪项陈述最恰当地指明了小约翰推理中的缺陷？（　　）

A. 小约翰只是个孩子，他懂得很少很少

B. 太阳环绕地球运转，不管他祈祷还是不祈祷

C. 他有什么证据表明：如果他不祈祷，该事情就不会发生？

D. 一件事情在他祈祷之后发生，并不意味着因为他祈祷而发生

4. 英国研究各类精神紧张症的专家们发现，越来越多的人在使用互联网之后都会出现不同程度的不适反应。一项对10 000个经常上网的人的抽样调查表明：承认上网后感到烦躁和恼火的人数达到了1/3；而20岁以下的网迷则有44%承认上网后感到紧张和烦躁。有关心理专家认为确实存在某种“互联网狂躁症”。

根据上述资料，以下哪项最不可能成为导致“互联网狂躁症”的病因？（　　）

A. 由于上网的人数剧增，通道拥挤，如果要访问比较繁忙的网址，有时需要等待很长时间

B. 上网者经常是在不知道网址的情况下搜寻所需的资料和信息，成功的概率很小，有时花费了功夫也得不到预想的结果

C. 虽然在有些国家使用互联网是免费的，但在我国实行上网交费制，这对网络用户的上网时间起到了制约作用

D. 在互联网上能够接触到各种各样的信息，但很多时候信息过量会使人们无所适从，失去自信，个人注意力丧失

5. 科学家给内蒙古的40亩盐碱地施入一些发电厂的脱硫灰渣，结果在这块地里长出了玉米和牧草，科学家得出结论：发电厂的脱硫灰渣可以用来改造盐碱地。

以下哪项如果为真，最能支持科学家的结论？（　　）

A. 用脱硫灰渣改良过的盐碱地中生长的玉米与肥沃土壤中玉米的长势差不多

B. 脱硫灰渣的主要成分是石膏，而用石膏改良盐碱地已有一百多年的历史

C. 这40亩试验田旁边没有施用脱硫灰渣的盐碱地上灰蒙蒙一片，连杂草也很少见

D. 这些脱硫灰渣中重金属及污染物的含量均未超过国家标准

6. 对6位罕见癌症的病人的研究表明，虽然他们生活在该县的不同地方，有很多不相同的病史、饮食爱好和个人习惯——其中2人抽烟，2人饮酒——他们都是一家生产除草剂和杀虫剂的工厂的员工。由此可得出结论：接触该工厂的化学品很可能是他们患癌症的原因。

以下哪一项最准确地概括了题干中的推理方法？（　　）

A. 通过找出事物之间的差异而得出一个一般性结论

B. 消除不相干因素，找出一个共同特征，由此断定该特征与所研究事件有因果联系

C. 根据6个病人的经历得出一个一般性结论

D. 所提供的信息允许把一般性断言应用于一个特例

7. 在一项实验中，将实验对象的一半作为实验组，使其食用了大量某种味精。而作为对照组的另一半没有食用这种味精。结果，实验组的认知能力比对照组差得多。这一不利的结果是由于味精的一种主要成分——谷氨酸造成的。

以下哪项如果为真，则最有助于证明味精中某些成分造成这一实验结论？（　　）

A. 大多数味精消费者不像实验中的人那样食用大量的味精

B. 上述结论中所提到的谷氨酸在所有蛋白质中都有，为了保证营养必须摄入一定量

C. 实验组中人们所食用的味精数量是在政府食品条例规定的安全用量之内的

D. 两组实验对象是在实验前按其认知能力均等划分的

8. 有一则电视广告说，草原绿鸟鸡，饿了吃青草，馋了吃蚂蚱，似乎在暗示该种鸡及其鸡蛋的营养价值与该种鸡所吃的草原食物有关。

为了检验这个结论，下面哪种实验方法最为可靠？（　　）

A. 选择一优良品种的蛋鸡投放到草原上喂养，然后与在非草原喂养的普通鸡的营养成分做比较。

B. 化验、比较草原上的鸡食物和非草原上的鸡食物的营养成分。

C. 选择品种等级完全相同的蛋鸡，一半投放到草原上喂养，一半在非草原喂养，然后比较它们的营养成分。

D. 选出不同品种的蛋鸡，投放在草原上喂养，然后比较它们的营养成分。

9. 英国医生约翰·斯诺的“污水理论”开启了流行病学研究的历史。1854年，伦敦爆发了大规模的霍乱，约翰·斯诺发现，大多数死亡病例都曾经饮用同一个水泵汲取的水，而使用其他水泵或水井的人最初都没有感染霍乱。后经调查，下水道的废水污染了那个水泵，从而引发了霍乱。

以下哪一选项是约翰·斯诺的推理没有运用的方法或原则？（　　）

A. 在被研究现象出现的各个场合都存在的因素很可能是该现象的原因。

B. 当被研究现象变化时，同步发生量变的那个因素很可能是该现象的原因。

C. 在被研究现象不出现的各个场合都不出现的因素很可能不是该现象的原因。

D. 被研究现象出现的场合与该现象不出现的场合之间的差异很可能是该现象的原因。

10. 科学家发现，一种名为“SK3”的蛋白质在不同年龄的实验鼠脑部的含量与其记忆能力密切相关：老年实验鼠脑部 SK3 蛋白质的含量较高，年轻实验鼠脑部 SK3 蛋白质的含量较少；而老年实验鼠的记忆力比年轻实验鼠差，因此，科学家认为，脑部 SK3 蛋白质含量增加会导致实验鼠记忆力衰退。

以下哪项如果为真，最能支持科学家的结论？（　　）

A. 在年轻的实验鼠中，也发现脑部 SK3 蛋白质含量较高的情况

B. 已经发现人类的脑部也含有 SK3 蛋白质

C. 当科学家设法降低老年实验鼠脑部 SK3 蛋白质的含量后，它们的记忆力出现了好转

D. 科学家已经弄清了 SK3 蛋白质的分子结构

11. 一项研究报告表明，随着经济的发展和改革开放，我国与种植、养殖有关的单位几乎都有从国外引进物种的项目。不过，我国华东等地作为饲料引进的空心莲子草，沿海省区为护滩引进的大米草等，很快蔓延疯长，侵入草场、林区和荒地，形成单种优势群落，导致原有植物群落的衰退。新疆引进的意大利黑蜂迅速扩散到野外，使原有的优良蜂种伊犁黑蜂几乎灭绝。因此____。

以下哪项可以最合乎逻辑地完成上面的论述？（　　）

A. 引进国外物种可能会对我国的生物多样性造成巨大危害

B. 应该设法控制空心莲子草、大米草等植物的蔓延

C. 从国外引进物种是为了提高经济效益

D. 我国 34 个省、市、自治区都有外来物种

12. 一项调查显示，我国各地都为引进外资提供了非常优惠的条件。不过，外资企业在并购中国企业时要求绝对控股，拒绝接受不良资产，要求拥有并限制原有中国品牌。例如，我国最大的工程机械制造企业被美国某投资集团收购了 85%的股权；德国一家公司收购了我国油嘴油泵的龙头企业；我国首家上市的某轴承股份有限公司在与德国一家公司合资两年后，成了德方的独家公司。因此____。

以下哪项可以最合乎逻辑地完成了上面的论述？（　　）

A. 以优惠条件引进外资有可能危害中国的产业

B. 以优惠条件引进外资是为了引进先进的技术和管理

C. 在市场经济条件下资本和股权是流动的

D. 以优惠条件引进外资是由于我国现在缺少资金

13. 当北大西洋海域的鳕鱼数量大大减少时，海豹的数量却由原来的 150 万只增加到 250 万只左右。有人认为是海豹导致了鳕鱼的减少。但海豹却很少以鳕鱼为食，所以，不可能是海豹数量的大量增加导致了鳕鱼数量的显著下降。

以下哪项陈述如果为真，能够最有力地削弱上面的论证？（　　）

A. 在海豹数量增加之前，北大西洋海域的鳕鱼数量就大大减少了

B. 鳕鱼几乎只吃毛鳞鱼，而这种鱼也是海豹的主要食物

C. 在传统的鳕鱼捕鱼带，大量的海豹给捕鱼船造成了极大的不方便

D. 海水污染对鳕鱼造成的伤害比对海豹造成的伤害更加严重

14. 相对论的创立者爱因斯坦是左撇子，发明家富兰克林和科学家牛顿是左撇子，达·芬奇、米开朗琪罗、毕加索和贝多芬也都是左撇子。这表明，创造性研究是左撇子独特的天然禀赋。

以下哪项陈述是上述论证所依赖的假设？（　　）

A. 自福特以来的美国总统，除少数几位外都是左撇子

B. 左撇子突出的创新研究能力并不是由教育和环境等后天因素决定的

C. 20 世纪初，中国的父母还在煞费苦心地矫正孩子惯用左手的“坏毛病”

D. 左撇子具有一定的遗传性，例如，英国女王伊丽莎白和她的母亲都是左撇子

15. 光线的照射有助于缓解冬季忧郁症。研究人员曾对九名患者进行研究，他们均因冬季白天变短而患上了冬季抑郁症。研究人员让患者在清早和傍晚各接受三小时伴有花香的强光照射。一周之内，七名患者完全摆脱了抑郁，另外两人也有了显著的好转。由于光照会诱使身体误以为夏季已经来临，这样便治好了冬季抑郁症。

以下哪项如果为真，最能削弱上述论证的结论？（　　）

A. 研究人员在强光照射时有意使用花香伴随，对于改善患上冬季抑郁症的患者的适应性有不小的作用

B. 九名患者中最先痊愈的三位均为女性，而对男性治疗的效果较为迟缓

C. 该实验均在北半球的温带气候中进行，无法区分南北半球的实验差异，但也无法预先排除

D. 每天六小时的非工作状态，改变了患者原来的生活环境，改善了他们的心态，这是对抑郁症患者的一种主要影响

16. 京华大学的 30 名学生近日里答应参加一项旨在提高约会技巧的计划。在参加这项计划前一个月，他们平均已经有过一次约会。30 名学生被分成两组：第一组与 6 名不同的志愿者进行 6 次“实习性”约会，并从约会对象那里得到对其外表和行为的看法的反馈；第二组仅为对照组。在进行实习性约会前，每一组都要分别填写社交忧惧调查表，并对其社交的技巧评定分数。进行实习性约会后，第一组需要再次填写调查表。结果表明：第一组较之对照组表现出更少社交忧惧，在社交场合更多自信，以及更易进行约会。显然，实际进行约会能够提高我们社会交际的水平。

以下哪项如果为真，最可能质疑上述推断？（　　）

A. 这种训练计划能否普遍开展，专家们对此有不同的看法

B. 参加这项训练计划的学生并非随机抽取的，但是所有报名的学生并不知道实验计划将要包括的内容

C. 对照组在事后一直抱怨他们并不知道计划已经开始，因此，他们所填写的调查表因对未来有期待而填得比较悲观

D. 填写社交忧惧调查表时，学生需要对约会的情况进行一定的回忆，男学生普遍对约会对象评价得较为客观，而女学生则显得比较感性

本章小结

由于非演绎推理的结论具有或然性，因而归纳逻辑不用“有效”或“无效”作为评价非演绎推理的标准，而是研究推理的前提对结论的支持程度，并且研究如何提高结论的可靠性，这也是或然性推理的逻辑性问题。

第八章

逻辑规律

正确的思维不是胡思乱想，人们的日常思维只有遵守了一定的逻辑规则，才能够是正确的；违反了这些规则中的任何一条，就将导致思维错误。传统逻辑把这些在思维中运用非常广泛的规则称为形式逻辑的基本规律。逻辑规律就是运用各种思维形式进行思维时必须遵守的最一般的准则。思维的确定性表现为概念、命题的自身同一，这就是同一律；思维的确定性表现为命题的前后一贯，不自相矛盾，这就是矛盾律；思维的确定性表现为在两个相互矛盾的思想之间做出明确的回答，排除中间的可能性，这就是排中律。思维的确定性表现为推理有逻辑性和论证有说服力。

本章知识点

1. 同一律
2. 矛盾律
3. 排中律
4. 充足理由律

学习要求

熟练掌握逻辑基本规律的要求，知晓违反每条规律所犯的逻辑错误。

第一节　同一律

一、同一律的内容与逻辑要求

同一律的基本内容是：在同一思维过程中，即在同一时间、同一方面、关于同一个思维对象（概念或命题），应保持确定和同一。

同一律的公式为

$$A 是 A$$

用符号表示为

$$A \rightarrow A$$

公式里的“A”表示任一概念或命题，“A 是 A”表示在同一思维过程中每一概念、命题自身都具有同一性。就是说，在同一思维过程中，每一个概念、命题的内容都要保持确定和同一，是什么内容就是什么内容，绝不能时而是这个内容时而又是与此完全不同的内容。

例如，小男孩对爸爸说："爸爸，我不会用格外造句。"

爸爸说："你真蠢，这还不好造，不要把字写到格外边。"

这里的"格外"在父子二人那里代表的内容完全不同，因此结论是荒谬的。

根据同一律的基本内容，我们可以将同一律的基本要求归结为以下两点：

（一）在同一个思维过程中，概念必须保持同一

所谓概念必须同一，是说在同一思维过程中，必须保持概念的内容不变，原来在某种意义上使用某个概念，就应该按照这个意义使用这一概念，决不能随便变换某一概念的含义，也不能把不同的概念加以混淆。为了避免在思维和论证中发生混乱，我们必须预先确定我们所运用的概念。不仅在社会问题的论战中要这么做，而且在各门科学研究中也要如此。对一些重要的基本概念、范畴或术语，都要预先明确其含义和适用范围，以后在这个确定的意义上加以使用。

（二）在同一个思维过程中，命题必须同一

所谓命题必须同一，是说在运用命题进行推理的时候，或者在论证某一问题时，人们所适用的命题，必须保持它自身的同一，不能用另外的命题代替它。在思考问题和议论问题时，要有确定的对象，要始终围绕中心，以保持思维和论证的同一性。

二、违反同一律的要求产生的逻辑错误

在运用概念、命题进行推理论证的过程中，如果违反了同一律的要求，就要出现逻辑错误，这些逻辑错误包括混淆概念与偷换概念、转移论题与偷换论题。

（一）混淆概念与偷换概念

混淆概念是无意识违反同一律的要求，把不同的概念当成同一个概念来使用所犯的逻辑错误。这种逻辑错误主要是由于思想模糊、认识不清或缺乏逻辑素养，不善于准确使用概念来表达思想而造成的。混淆概念的错误常常在词义相近或一词多义的情况下发生。例如《韩非子》中有这样一则故事：有一个姓卜的人裤子破了一个洞。他买了新布，回家让妻子为他做一条新的裤子，妻子问他怎么做，他说"照原样"。于是他的妻子把裤子照原来的样式做好后，照原样在裤子破洞的地方剪了一个洞。从逻辑的角度来说，"原样"在丈夫的那里指的是原来的样式、尺寸，绝不是有破洞的原样。他的妻子无意地违反了同一律"混淆概念"的错误。

如果说混淆概念是由于无意识违反同一律而发生的逻辑错误，那么，偷换概念则是故意违反同一律的要求，将不同的概念当作同一概念来加以运用的逻辑错误。偷换概念是辩论中经常使用的诡辩手段之一，其目的在于颠倒黑白，混淆是非，使人上当受骗。例如，司马光夫人说："我要去看花灯。"司马光说："家中这么多灯，何必去看？"司马光夫人说："我要去看游人。"司马光说："家中这么多人，何必出去看？"

再如，苏格拉底领了一个青年到智者欧底姆斯那里去请教。这个智者为了显示自己的本领，给这个青年一个下马威，他提出了这样的问题：你学习的是已经知道的东西还是不知道的东西？这个青年当然回答说，学习的是不知道的东西。于是这个智者就向这个青年提出了一连串的问题：

“你认识字母吗?”

“我认识。”

“所有的字母都认识吗?”

“是的。”

“而教师教你的时候，不正是教你认识字母吗?”

“是的。”

“如果你认识字母，那么他教你的不就是你已经知道的东西吗?”

“是的。”

“那么，或者你并不在学，只是那些不认识字母的人在学吧!”

“不，我也在学。”

“那么，如果你认识字母，就是学你已经知道的东西了。”

“是的。”

“那么，你最初的回答就不对了。”

这个青年就这样被智者欧底姆斯搞晕了，从而甘心拜欧底姆斯为师。

其实，智者欧底姆斯使用的就是“偷换概念”的方法，把这个青年弄得昏头昏脑的。

从以上我们混淆概念和偷换概念的分析可以看出：二者的共同之处在于都违反了同一律对于概念确定性、同一性的要求；二者的不同之处在于无意与故意，混淆概念是无意识的，偷换概念是故意的，二者在性质上有所不同。

（二）转移论题与偷换论题

按同一律的要求，在人们的同一思维过程中，不仅要保持概念的同一性，而且要保持论题的同一性，不能随意改变论题，否则也同样会发生逻辑错误。

转移论题是指无意识违反同一律的要求，使议论离开论题所犯的逻辑错误。在我们的日常生活中，一些人非常喜欢发议论，但是由于缺乏逻辑训练，所以在发议论的时候，往往东拉西扯，使人不知所云。

某个汽车司机把一位上了年纪的路人险些撞伤，两人因此争吵起来，司机说责任在走路的人，因他走路不小心；走路的人说责任在司机，因司机开车不小心。争到后来，司机说：“责任不在我，因为我已经开了五年车。”走路的人很不高兴，回敬道：“你开了五年车有什么了不起，我已经走了五十五年的路!”这两个人开头争论的是“这次事故是谁的责任”，两人都把责任推给对方，后来却争论起开车与走路资历长短的问题，这两个人在逻辑上都犯了“转移论题”的错误。

再如，父亲外出，告诉孩子说，如果有人来找我，就说“外出未归，请进喝茶”，并把这两句话写在纸条上，放在孩子袖子里，说如果忘了就看看。直到第三天，这个孩子都没看见有人来找，就把纸条烧了。第四天，来了一个人问：“你爸爸呢?”孩子看看袖口说：“没了。”“什么时候没的?”“昨天已经烧了。”在这通对话中，这个小孩转移了论题。

与转移论题不同，偷换论题是故意违反同一律的要求，把议论的论题改换为另外一个论题，是有意违反同一律要求的一种诡辩方法。例如，甲、乙、丙、丁四代人，乙批评儿子不争气，儿子说：“你为什么批评我，我的父亲比你父亲强，我的儿子比你儿子强。”这里儿子犯的就是“偷换论题”的逻辑错误。

再如，鲁迅在厦门大学任教时，校长林文庆经常克扣办学经费。在一次校务会议上，林文庆又提出要克扣一笔经费，教授们纷纷表示反对。林说：“关于这件事，不能听你们的。学校的经费是有钱人拿出来的；只有有钱人，才有发言权！”鲁迅一下站起来，从口袋里摸出两个银币拍在桌上：“我有钱，我也有发言权。”在这里，鲁迅就是有意违反同一律。

同一律是逻辑学的一条最基本的规律，也是人们正确思维的一条最基本的原则，它是人们保持思维确定性的前提。遵守同一律是正确认识事物的必要条件。人们在认识事物的过程中，总是离不开概念、命题、推理等思维形式，概念、命题、推理构成人们的基本知识和知识体系并进而形成科学的理论体系。如果我们不能保持思想的确定性，不能准确地在同一意义上运用概念、判断和推理，就无法认识事物、把握事物。同时，遵守同一律有助于人们正确地交流思想。在日常交际和交流思想的过程中，必须准确地表达思想，这就要求人们遵守同一律，保持所使用的概念和命题的确定、同一。如果违反了同一律，就会造成概念混乱、思想模糊，从而无法有效地进行思想交流。

当然，我们强调同一律的作用，并不等于要夸大同一律的作用。我们必须明确，同一律只是一条逻辑思维规律，而不是世界观。它只是要求在同一思维过程中，人们所使用的概念和命题要保持同一，不得随意变换，如果否认这一点，单纯指客观事物永远与自身绝对同一、永远不变，就会导致形而上学。

练习：

1. 老师向甲、乙两个同学提了一个问题：“一炉铁水凝结成铁块，它的体积缩小了1/34，铁块又熔化成铁水，体积增加了多少？”

学生甲经过计算，回答说“增加了1/33”。

学生乙反驳说：“不对，同是一块铁，缩小的是1/34，增加的是1/33，是自相矛盾。”

学生甲说：“不是我自相矛盾，而是你混淆了概念。”

甲、乙二人谁是谁非？

2. 某甲买了一块新手表，与家中的挂钟对照，新手表一天慢3分钟。又将挂钟与电视标准时间对照，挂钟一天快3分钟。因此，某甲认定刚买的新手表是准时的。

下列哪项是对某甲推断的正确评述？（　　）

A. 由于新手表比挂钟慢3分钟，挂钟比标准时间快3分钟。因此，某甲的推断正确。

B. 新手表一般不会有错，因此，某甲的推断正确。

C. 某甲不应该把新手表与挂钟对照，而是应该直接与标准时间对照。因此，某甲的推断不正确。

D. 挂钟比标准时间快3分钟，是标准的3分钟；新手表比挂钟慢3分钟，是不标准的3分钟。因此，某甲的推断是错误的。

第二节　矛盾律

一、矛盾的内容和逻辑要求

矛盾律的基本内容是：在同一思维过程中，两个相互否定的思想不能同真，必有一

假。可以用公式表示为

A 不是非 A

用符号表示为

$$\neg(A \wedge \neg A)$$

从矛盾律的内容，我们可以引申出关于矛盾律的两点基本要求：

(1) 在词项方面，矛盾律要求在同一思维过程中，不能同时用两个相互否定的词项，“A”和“非 A”指称同一对象。比如，我们不能同时说某图形既是“圆形”，又是“非圆形”。

(2) 在命题方面，矛盾律的要求是不能同时肯定两个相互矛盾或相互反对的命题同真，必须肯定其中有一个是假的。

二、违反矛盾律的要求所产生的逻辑错误

根据矛盾律的内容，矛盾律对人们的要求是：在同一个思维过程中，也就是在同一时间、同一关系下，对于具有矛盾关系和反对关系的两个命题，不应该承认它们都是真的，二者必有一假。如果违反这一要求，在同一思维过程中对一个对象既予以肯定，又予以否定，就会犯“自相矛盾”的逻辑错误。

韩非子在《韩非子·难一》的一则故事中，最为生动地描述了自相矛盾的这种错误。该故事描写了一个既卖矛又卖盾的楚国人，他吹嘘自己的矛是世界上最为锋利的，以至于“任何东西都能被它刺透”；继而，他又炫耀自己的盾是世界上最为坚固的，“没有任何东西能刺透它”。旁边有好事者问他：“若以你的矛刺你的盾，其结果又如何呢?”这个卖矛又卖盾的楚国人张口结舌，无以为答。其所以不能回答，就在于他在宣传自己的矛与盾的过程中所陈述的两个命题“任何东西都能被它刺透”和“没有任何东西能刺透它”，构成了一对逻辑矛盾，因而犯了“自相矛盾”的逻辑错误。

需要注意的是，在现实的思维过程中，违反矛盾律的要求所产生的逻辑矛盾表现形式是多种多样的，有的是显而易见的，两个相互否定的命题紧紧相连，有的非常隐蔽，需要经过推导才能发现。比如，一个年轻人对大发明家爱迪生说：“我有一个伟大的理想，那就是我想发明一种万能溶液，它可以溶解一切物品。”爱迪生听罢，惊奇地问：“什么！那你想用什么器皿来放置这种万能溶液？它不是可以溶解一切物品吗?”这个年轻人的想法包含了逻辑矛盾。因为他一方面承认“万能溶液可以溶解一切物品”，另一方面又承认“作为存放这种溶液的器皿是万能溶液所不能溶解的”，这两个判断是相互矛盾的。由此，我们必须对矛盾律有一个深入的理解，一方面在自己的思想、言论中尽量避免自相矛盾；另一方面善于运用矛盾律揭露他人思想和言论中的逻辑矛盾。

1919 年，英国著名的数学家、逻辑学家罗素曾经提出这样一个问题：“某村子里有个理发师，他规定：在本村我只给而且一定要给那些自己不刮胡子的人刮胡子。请问：这个理发师给不给自己刮胡子?”这就是著名的“理发师悖论”，如果理发师不给自己刮胡子，那么按照他的规定（我一定要给那些自己不刮胡子的人刮胡子），他就应该给自己刮胡子。这就是说，从理发师不给自己刮胡子出发，必然推出理发师应该给自己刮胡子的结论，这本身就构成逻辑矛盾。如果理发师给自己刮胡子，那么按照他的规定（我只给那些自己不刮胡子的人刮胡子），他就应该不给自己刮胡子。这就是说，从理发师给自己刮胡子出发，

必然推出理发师应该不给自己刮胡子的结论，这本身也是一个逻辑矛盾。类似的悖论在哲学史上还有很多，我们下面列举几个供读者思考：

（1）言尽悖。

（2）世界上没有绝对的真理。

（3）我只知道一件事，那就是什么都不知道。

（4）R 是所有不包含自身集合的集合。

（5）一个图书馆编纂了一本书名词典，它列出这个图书馆里所有不列出自己书名的书。那么它列不列出自己的书名？

在平时说话、写文章时，稍不注意也会出现逻辑矛盾，如“蓝蓝的天，万里无云，一丝微风也没有，只见树梢轻轻地摆动着，天空飘着朵朵白云。”“他是多少个死难者中幸免的一个。”“船桨忽上忽下拍打着水面，发出紊乱的节奏声。”“他的意见基本正确，一点错误也没有。”“作业做完了，还有一点。”“深夜，抬头望去，整个大楼漆黑一片，只有五楼的一个房间还亮着灯。”

矛盾律保证思维无矛盾性即思维的前后一贯性，从而是保证正确思维的必要前提。矛盾律也是我们进行反驳的一个重要理论依据，人们在反驳一个假命题时，常常是间接地去证明这个假命题的矛盾命题或反对命题为真，从而根据矛盾律去说明原命题的假。而在确立某个命题的真时，也可以通过证明该命题的矛盾命题的假，从而根据矛盾律来说明原命题的真。

练习：

1. 某班有 60 名同学，男女各占一半。其中有 40 名同学喜欢数学，有 50 名同学喜欢语文。这表明可能会有（　　）。

A. 20 名男生喜欢数学但不喜欢语文

B. 20 名喜欢语文的男生不喜欢数学

C. 30 名喜欢语文的女生不喜欢数学

D. 30 名喜欢数学的男生只有 10 个喜欢语文

2. 三班的一次联欢活动有学生没有参加，何捷、小马、丹丹、小珍中有一人没有参加，其他三人都参加了。老师在询问时，他们做了如下的回答。

何捷：小马没来。

小马：我不但参加了，而且还表演了节目。

丹丹：我晚来了一会儿，但一直到晚会结束才走。

小珍：如果丹丹来了，那就是我没来。

如果他们中只有一个人说了谎，则以下哪项成立？（　　）

A. 何捷没参加。　　B. 小马没参加。

C. 丹丹没参加。　　D. 小珍没参加。

E. 不能推出谁没有参加。

3. 有一天，某市一家珠宝店被盗，丢失了一块贵重钻石，经过三个月的侦查，查明作案的人肯定是赵、钱、孙、李四人中的某一个人。于是，这四个人被作为重大嫌疑人拘捕。在审讯中，这四人的口供如下：

赵：不是我作案的。

钱：李就是罪犯。

孙：钱是盗窃这块钻石的罪犯。

李：我不是罪犯。

现在我们假定这四个人中只有一个人说真话，请问：这案子里的罪犯是谁？如果假定这四人中只有一个人说假话，请问：这个案子里的罪犯又是谁？

4. 有甲、乙、丙、丁四名球迷，就乒乓球运动员小赵和小钱能否入选国家队问题发表了意见。甲说：如果小赵能入选，那么小钱就不能入选。乙说：小赵和小钱两人中至少有一人能入选。丙说：小钱不能入选。丁说：小赵和小钱都能入选。事后证实，甲、乙、丙、丁四人的断定，只有一个是假的。问：谁能入选？请写出推导过程。

5. A、B、C 三个人凑在一起，相互指责别人说假话。A 说 B 说假话，B 说 C 说假话，C 说 A、B 两人都说假话。（指他们现在所说的话。）

他们三人现在谁说真话，谁说假话？

第三节　排中律

一、排中律的内容和逻辑要求

排中律的内容是：在同一思维过程中，两个相互矛盾的思想不能都假，必有一真。排中律可以用公式表示为

A 或者非 A

用符号表示为

$$A \lor \neg A$$

从排中律的内容可以看出，排中律与矛盾律作为逻辑思维的基本规律，二者具有不同的适用范围。矛盾律适用于两个不可同真的命题，即适用于具有矛盾关系或反对关系的两个命题；排中律适用于两个不可同假的命题，即适用于具有矛盾关系或下反对关系的命题。

根据排中律的内容以及排中律与矛盾律的区别，我们可以将排中律的要求概括为以下两个方面：

（1）在词项方面，排中律要求在同一思维过程中，在用两个具有矛盾关系的词项指称同一对象的情况下，必须承认其中有一种情况是真的，而不能对两者都加以否定。

（2）在命题方面，排中律要求在同一思维过程中，不能同时否定两个具有矛盾关系或下反对关系的命题，不能对两者同时都加以否定，必须肯定其中有一个是真的。

二、违反排中律要求所产生的逻辑错误

在同一思维过程中，如果对两个相互矛盾的思想既不承认这个，又不承认那个，就违

反了排中律的要求，违反排中律的要求所产生的逻辑错误被称为“模棱两不可”。

违反排中律的原因或者是由于在“是”与“非”面前含糊其词，持骑墙态度；或者由于认识模糊，把具有矛盾关系的思想混为一谈。

违反排中律而产生的“模棱两不可”错误，有的明显一些，有的隐蔽一些。比如，“这篇文章的观点不能说是全面的，也不能说是片面的。”“说世界上有鬼，这不对，这是迷信；但要说世界上没鬼，也未免武断，因为有些现象还真不好解释。”

三、矛盾律与排中律的区别

（一）适用范围不同

矛盾律适用于矛盾关系的命题和反对关系的命题；排中律适用于矛盾关系的命题和下反对关系的命题。例如，甲、乙两人下棋，若甲说这盘棋我既赢了又输了，就违反了矛盾律；若甲说这盘棋我既没有赢也没有输，就没有违反逻辑规律。

（二）要求不同

排中律要求人们在相互矛盾的判断中间，不能都否定；而矛盾律则要求人们在相互矛盾或相互反对的判断中间，不能都肯定。如果把排中律与矛盾律的要求结合起来，那就是在两个相互矛盾的判断中，必须肯定一个、否定一个，既不能都否定，也不能都肯定。有一则寓言：凤凰是百鸟的领袖，碰到凤凰生日，百鸟都去祝寿，只有蝙蝠没有去。事后凤凰责问蝙蝠：“别的鸟都来了，你为什么不来?”蝙蝠说：“我有脚，能走，是兽，不属于你管的，所以我就不必来祝寿。”接着是麒麟的生日。百兽都去祝寿，蝙蝠还是没有去。事后麒麟也问蝙蝠：“别的兽都来了，你为什么不来呢?”蝙蝠回答说：“我有翅膀，能飞，是鸟，不属于你所管，所以我没有来祝寿。”把蝙蝠的话合起来就是——我既是鸟，又是兽；我既不是鸟，又不是兽；我是鸟也是兽。从逻辑上看，这不仅违反了矛盾律，而且违反了排中律。因为对于蝙蝠这种动物来说，要么是鸟，要么是兽，二者必居其一，既不能都肯定，也不能都否定。蝙蝠说自己是鸟也是兽，违反了矛盾律，又说自己是既不是鸟也不是兽，违反了排中律。

（三）错误不同

矛盾律是为了保证思维的首尾一贯性，在推理中可以由真推假。违反矛盾律的错误是“自相矛盾”的错误。排中律是为了保证思维的明确性，在推理中可以由假推真。违反排中律的错误是“模棱两不可”的错误。

排中律是正确思维的必要条件。它保证思想的明确性，在一定意义上，排中律比矛盾律更接近真理。因为矛盾律所遇到的命题，其中不一定有真的命题，但排中律遇到的命题，其中必有一个是真的命题。

练习：

1. 甲、乙、丙、丁四个公司投标竞争某工程建设项目，在标底公布前，它们的经理进行了预测。

甲公司的经理说：我们公司最有可能中标。

乙公司的经理说：中标的不是我们公司就是丙公司。

丙公司的经理说：如果甲公司中不了标，那就是我们公司中标。

丁公司的经理说：中标的非我们公司莫属。

标底公布后，发现四个人中只有一个人的预测成真了。

是哪个公司中标了？

2. 有一个失学儿童收到一笔助学捐款。经多方查证，断定是甲、乙、丙、丁四人中的某两个人捐的款，经询问：

甲说：不是我捐的。

乙说：是丁捐的。

丙说：是乙捐的。

丁说：我肯定没有捐。

最后经过确认，这四个人中有两人说的是真的。

根据上述条件，请判断下列哪项断定最可能为真？（　　）

A. 是乙和丁捐的　　B. 是甲和丁捐的

C. 是丙和丁捐的　　D. 是乙和丙捐的

E. 是甲和丙捐的。

第四节　充足理由律

一、充足理由律的内容和逻辑要求

充足理由律的内容是：在同一思维和论证过程中，一个思想被确定为真，总是有充足理由的。

这里所说的思想通常是指其真实性需要确定的命题，因此充足理由律可以表述为

P 真，因为 Q 真，并且由 Q 能推出 P

在这里，“P”代表其真实性需要加以确定的命题，我们称之为命题，“Q”代表用于确定“P”真的命题，我们称之为理由。一个命题“Q”真可以推出“P”真。那么，“Q”就是“P”的充足理由。

充足理由律的逻辑要求是：

第一，理由真实。

第二，推理有效，即理由与推断之间要有逻辑联系。

二、违反充足理由律的要求所产生的逻辑错误

违反充足理由律的要求，就会犯“理由虚假”或“推不出”的逻辑错误。

（一）理由虚假

一个小偷偷了一个人的手机，之后被公安人员抓获了。公安人员问他：“你为什么要偷别人的手机?”他回答说：“别人有手机，我没有手机，所以就偷了。”这里小偷所说的“理由”是不成立的，也就是“理由虚假”。

（二）推不出

有时，理由孤立地来看是真实的，但它同推断之间没有必然联系，从理由就推不出推断。

战国时期，宋玉曾经写了一篇《登徒子好色赋》，用来证明他并不好色，真正好色的是登徒子。宋玉写道：

大夫登徒子侍于楚王，短宋玉曰："玉为人体貌闲丽，口多微辞，又性好色。愿王勿与出入后宫。"王以登徒子之言问宋玉。玉曰："体貌闲丽，所受于天也；口多微辞，所学于师也；至于好色，臣无有也。"王曰："子不好色，亦有说乎？有说则止，无说则退。"玉曰："天下之佳人莫若楚国，楚国之丽者莫若臣里，臣里之美者莫若臣东家之子。东家之子，增之一分则太长，减之一分则太短；著粉则太白，施朱则太赤；眉如翠羽，肌如白雪；腰如束素，齿如含贝；嫣然一笑，惑阳城，迷下蔡。然此女登墙窥臣三年，至今未许也。登徒子则不然。其妻蓬头挛耳，齞唇历齿，旁行踽偻，又疥且痔。登徒子悦之，使有五子。王孰察之，谁为好色者矣？"

宋玉的推理就是：美人爬在墙上偷看我三年，我还没答应娶她；登徒子的妻子长得很难看，登徒子竟然会喜欢她，和她生了五个孩子。到底谁好色呢？

这种推理的方法，从逻辑角度来看，违反了充足理由律，犯了"推不出来"的逻辑错误。

充足理由律主要是有关论证的逻辑规律，但由于论证是复杂的思维过程，包括运用概念、判断和推理，如果违反充足理由律，也会影响判断和推理的正确运用。因此，它同所有的逻辑形式，包括概念、判断、推理和论证都有关系，即使不是直接有关，也是间接有关。因而可以说，充足理由律具有普遍意义，对于任何一种逻辑形式都起作用。

练习：

分析以下各题是否违反普通逻辑基本规律。如有违反，请指出违反什么逻辑基本规律，犯什么逻辑错。

1. 或问："文章有体乎？"曰："无"。又问："无体乎？"曰："有"。"然则果如何？"曰："定体则无；大体须有。"

2. 19 世纪 70 年代英国资产阶级庸俗经济学家杰文斯（1835 年—1882 年）提出"太阳黑点论。"他把经济周期性危机说成是由于太阳周期性出现黑点所造成的。他认为，太阳黑点周期性的出现，会使气候发生变化，影响谷物收成，从而引起整个经济混乱。

3. 我的意思是"只有她不去，我才去"，而不是"我去，她也去"。

4. 甲和乙下了两局棋。丙问甲："你下棋赢了吗？"甲说："没有赢。"丙再问："那么，你输了？"甲答："也没有输。"。

5. 整个大楼一片漆黑，只有二楼教授工作室还亮着灯。

6. 这个山洞从来没有人进去过，进去的人也从来没有出来的。

7. "对同一事物，有人说'好'，有人说'不好'，这两种人之间没有共同语言。可见，不存在全民族通用的共同语言。"

8. 类人猿既不是人，又是人。说它不是人，是因为它还保留着许多猿的特征；说它是人，是因为它在许多方面像人。

9. 刚才几位专家就我市教育问题谈了一些不同的意见，尽管这些意见是有分歧的，但对我都是有启发的。这几位专家各有专长，他们的意见都是中肯的，都是非常正确的。

10. 世界上没有任何东西是可信的。

11. 从古墓中出土的西汉陶俑图案精致，颜色多样，可惜都有损坏，不能展出。经过考古工作者的努力，现在已将它们一一复制出来，终于使这些西汉陶俑能与广大市民见面。

12. 鲁迅说：创作的基础是生活经验，生活经验是在“所做”之外，还包括“所遇、所见、所闻的”。作者写出作品来，对于其中的事情，虽然不必亲历过，最好是经历过。对鲁迅的话，有人提出责难：“那么写杀人最好是自己杀过人，写妓女还得去卖淫吗?”

13. 在第二次世界大战时，某国空军有一条军规：“如果飞行员被医生断定有精神病，他可以不参加作战飞行，不过在他退出作战之前，其本人应提出不参加战斗的理由；而假如他意识到自己有病不能参加战斗，那就证明他头脑健全，没患精神病。”

14. 这是一张我国明初洪武年间（公元 1368 年—1398 年）的纸币，一贯钱的大明通行宝钞。它是世界上最古老、最大的纸币，长 34.4cm，宽 23cm，币值 14 个铜钱。上面印着：“户部奏准印造大明宝钞，与铜钱通行使用，伪造者斩。告捕者赏银贰百伍拾两，并给犯人财产。”我国使用纸币要比欧洲早好几百年。在七世纪时，我国就有了用于祭献的纸币，这种祭献纸币是模仿真正纸币制造的，可见真正的纸币出现得更早。

15. 教师：在人口统计中，不论是哪一个国家，不论是哪一个民族，也不论是哪一个时期的统计资料，都发现一个同样的规律：在新生婴儿中，男婴的出生率总是摆动于 22/43 这个数值左右，而不是 1/2。曾经发生过这样有趣的事情：某年，在法国某地发现男婴出生率同 22/43 有较大的偏差，后经验查是计算时出了差错。在正确地纠正了原始资料的计算错误后，发现男婴出生率仍是稳定在 22/43。这说明：随机事件是存在统计规律性的。

学生：男婴出生率是 22/43，那就是说，男婴出生率要比女婴出生率高。可是，我看过许多材料，这些材料说明，许多国家和地区，例如日本、美国以及我国的台湾地区都是女人比男人多。可见，认为男婴出生率总是在 22/43 上下摆动，是不能成立的。

谁的说法是错误的？试分析之。

综合拓展题

1. 这所大学的学生学习了很多课程，小马是这所大学的一名学生，所以她学习了很多的课程。

以下哪项论证展示的推理错误与上述论证中的最相似？（　　）

A. 这所学校里的学生学习数学这门课程，小马是这所学校的一名学生，所以他也学习数学这门课程

B. 这本法律期刊的编辑们写了许多法律方面的文章，老李是其中的一名编辑，所以他也写过许多法律方面的文章

C. 这所大学的大多数学生学习成绩很好，小贞是这所大学的一名学生，所以她的学习成绩很好

D. 所有的旧汽车需要经常换零件，这部汽车是新的，所以不需要经常换零件

2. 某对外营业游泳池的更衣室的入口处贴着一则启事，称“凡穿拖鞋进入泳池者，罚款5～10元”。某顾客问：“根据有关法规，罚款规定的制度和实施，必须由专门机构进行，你们怎么可以随便罚款呢？”工作人员回答：“罚款本身不是目的，目的是通过罚款来教育那些缺乏公德意识的人，保证泳池的卫生。”

上述对话中工作人员所犯的逻辑错误，与以下哪项中出现的最为类似？(　　)

A. 管理员：“每个进入泳池的同志必须带上泳帽，没有泳帽的到售票处购买。”

某顾客：“泳池中那两个女同志怎么没戴泳帽？”

管理员：“那是本池的工作人员。”

B. 市民：“专家同志，你们制定的《市民文明公约》15条60款，内容太多，不易记忆。可否精简，以便直接起到警示的作用？”

专家：“这次《市民文明公约》是在市政府的直接领导下，组织专家组，在广泛听取市民意见的基础上制定的，是领导、专家、群众三结合的产物。”

C. 甲：“什么是战争？”

乙：“战争是两次和平之间的间歇。”

甲：“什么是和平？”

乙：“和平是两次战争之间的间歇。”

D. 甲：“为了使我国早日步入发达国家之列，应该加速发展私人汽车工业。”

乙：“为什么？”

甲：“因为发达国家私人都有汽车。”

3. 在美国与西班牙作战期间，美国海军曾经广为散发海报，招募兵员。当时最有名的一个海军广告是这样说的：美国海军的死亡率比纽约市民还要低。海军的官员具体就这个广告解释说：“根据统计，现在纽约市民的死亡率是每千人有16人，而尽管是战时，美国海军士兵的死亡率也不过每千人9人。”

如果以上资料为真，则以下哪项最能解释上述这种看起来很让人怀疑的结论？

A. 在战争期间，海军士兵的死亡率要低于陆军士兵

B. 在纽约市民中包括生存能力较差的婴儿和老人

C. 敌军打击美国海军的手段和途径没有打击普通市民的手段和途径多

D. 美国海军的这种宣传主要是为了鼓动入伍，所以，要考虑其中夸张的成分

4. 育才中学的四位老师在高考前对某理科毕业班学生的前景进行推测，他们特别关注班里的两个尖子生。

张老师说：“如果张山能考上清华，那么李斯也能考上清华。”

李老师说：“依我看这个班没有人能考上清华。”

王老师说：“不管李斯能否考上清华，张山考不上清华。”

赵老师说：“我看李斯考不上清华，但张山能考上清华。”

高考的结果证明，四位老师中只有一人的推测成立。

如果上述断定是真的，则以下哪项也一定是真的？（　　）

A. 李老师的推测成立

B. 王老师的推测成立

C. 赵老师的推测成立

D. 如果李斯考上了清华大学，则张老师的推测成立

5. 军训最后一天，一班学生进行实弹射击，几位教官谈论一班的射击成绩。

张教官说："这次军训时间太短，这个班没有人的射击成绩会是优秀。"

孙教官说："不会吧，有几个人以前训练过，他们的射击成绩会是优秀。"

周教官说："我看班长或者体育委员能打出优秀成绩。"

结果发现三位教官只有一人说对了。由此可以推出以下哪一项肯定为真？（　　）

A. 全班所有人的射击成绩都不是优秀

B. 班里有人的射击成绩是优秀

C. 班长的射击成绩是优秀

D. 体育委员的射击成绩不是优秀

6. 张山和李斯今年都报考了国家公务员考试，关于他们的考试有如下四个断言：

（1）他们两人至少有一个考上。

（2）张山并不必然考上。

（3）李斯确实考上了。

（4）并非张山可能没考上。

最后录取结果表明：这四个断言中有两个是真的，有两个是假的。

下面哪一个结果可以从上述条件推出？（　　）

A. 张山考上了，李斯没考上　　B. 张山和李斯都考上了

C. 张山和李斯都没考上　　D. 李斯考上了，张山没考上

本章小结

逻辑基本规律是各种特殊的思维形式所必须遵守的。它们从不同方面体现了正确思维的主要特征——确定性。思维的确定性是客观事物相对确定性的反映，也是传统逻辑基本规律的客观基础。逻辑基本规律对人们的思维具有规范作用，不遵守这些规律的要求，思维就会出现混乱和错误。

第九章

论　证

论证包括证明和反驳，它是引用已知为真的命题来确定某一个命题真实性或虚假性的逻辑方法。在论证的过程中，需要综合运用概念、命题和推理。其中，推理是论证的基础，论证总是借助于推理来进行的，论据相当于推理的前提，论题相当于结论，论证方式相当于推理形式，任何论证的过程都是运用推理的过程，没有推理就无法构成论证。

本章知识点

1. 证明的种类和规则
2. 反驳的方法

学习要求

理解并掌握证明和反驳的方法和规则。

第一节　证明

一、证明及其结构

证明就是用一个或一些真实命题确定另一命题真实性的思维过程。

从逻辑结构来分析，任何证明都是由三个要素组成的，即论题、论据和论证方式。

论题就是通过论证确定其真实性的命题。论题所回答的是“证明什么”的问题，人们说话写文章，总要提出自己的观点和看法，表明赞成什么，反对什么，这里的观点或看法，就称做论题。

论据是用来确定论题的真实性的那些命题。它回答的是“用什么证明”的问题，提出任何观点和看法，不能没有根据，没有根据的论题是不能令人信服的。作为论据的命题可以为已经证实的关于事实的命题、科学概念的定义，以及公理、原理等。

论证方式是指把论据和论题联系起来的方式。它回答的是“如何证明”的问题，论证是由论据的真实性推出论题的真实性，因此，仅仅有了论题、论据并不等于作了论证，必须有一个由论据到论题的推演过程。论证的推演过程总是借助于一定的推理形式完成的。因此，可以说论证方式是论证过程中的所有推理形式的总和。

二、证明的种类

依照不同的分类标准，可以对证明进行不同的分类。

（一）演绎证明和归纳证明

根据证明所用推理形式的不同，可以把证明分为演绎证明和归纳证明。

1. 演绎证明

演绎证明是运用演绎推理的形式所进行的证明，它是根据一般原理证明某一特殊论断的过程。在演绎证明中，一般是以科学原理、定理、定律或其他一般性的真实判断为根据，运用演绎推理的形式，推导出某一论题。例如，毛泽东在《为人民服务》一文中写道：

中国古时候有个文学家叫做司马迁的说过："人固有一死，或重于泰山，或轻于鸿毛。"为人民利益而死，就比泰山还重；替法西斯卖力，替剥削人民和压迫人民的人去死，就比鸿毛还轻。张思德同志是为人民利益而死的，他的死是比泰山还要重的。

这段话就是一个演绎证明，论题是"张思德的死是比泰山还要重的"，论据是司马迁说的话和张思德为人民利益而死的事实。其论证方式是三段论：大前提是一般原理，小前提是张思德同志为人民利益而死的事实，结论是"他的死是比泰山还要重的"。由于演绎推理的前提与结论之间具有必然的逻辑联系，前提蕴涵结论，因此，只要论据真实，演绎证明对论题真实性的确定就是完全有效的。

2. 归纳证明

归纳证明是运用归纳推理的形式所进行的证明，它是根据一些个别或特殊性论断证明一般原理的过程。

（二）直接证明和间接证明

根据证明的方法，可以把证明分为直接证明和间接证明。

1. 直接证明

直接证明是用论据的真实性直接推出论题的真实性的证明方法。直接证明是最重要、最常用的一种证明方法。它的特点是：论题直接从论据中推导出来，论据蕴涵论题，论据真则论题必真。

2. 间接证明

间接证明是通过证明与论题相关的其他论断假，从而证明该论题真的一种证明方法。间接证明又可分为反证法和排除法。

（1）反证法。

反证法就是通过证明与原命题相矛盾的反论题的虚假性来确定原论题真实性的间接证明方法。

例如，有这么一首反对迷信的诗："风水先生惯说空，指南指北指西东。倘若真有龙虎地，何不当年葬乃翁？"这就是一个反证法证明。它的证明过程是：倘若风水先生真的能找到龙虎地的话，那么他就会用这块地埋葬自己的先人了；事实上他并没有这样做，所以，风水先生是在用谎话骗人。

运用反证法的步骤大致为：第一，设与原题相矛盾的反论题；第二，通常用假言推理的否定后件式推出矛盾或者荒谬，从而推翻反论题；第三，根据排中律（两个相互矛盾的思想不能同假，必有一真)，由反论题为假，证明原论题必为真。

反证法的证明过程可表示如下：

论题：p
反论题：非 p
证明：如果非 p，那么 q
非 q
所以，非非 p
所以，p

(2) 排除法。

排除法也称选言证法，是通过证明选言命题所包含的除论题所指的可能性外，其余可能都是虚假的，从而推出论题真实性的间接证明方法。其证明步骤为：首先，找出与原论题有关的所有可能性，构成一个选言命题；其次，证明原论题外的其他所有选言支不成立；最后，根据选言推理的否定肯定式，推出原论题为真。

排除法的证明过程为：

原论题：p
证明：或 p，或 q，或 r
非 q，非 r
所以，p

三、证明的规则

证明的基本要求是证明要具有说服力，而遵守证明的规则是保证证明具有说服力的基础。由于证明是由论题、论据和论证的方式三要素组成的，因而证明的规则就是关于这三要素的规则。

(一) 论题应当清楚、明确，不能含糊其词、具有歧义

论题是证明的对象，证明的目的在于确立论题的真实性。因此，清楚、明确的论题是证明的前提和基础。只有论题清楚、明白，才能使论证有的放矢，达到证明的效果。如果论题本身不明确，不仅会使证明者自身的证明失去中心、漫无边际，而且会使听众产生歧义、思想混乱，根本无法达到证明的效果，而且在争论中往往会产生不必要的误解。违反证明的这一规则将导致“论题不清”的逻辑错误。

例如，这样一个推理：“所有的鸟是有羽毛的，拔光了羽毛的鸟是鸟，所以，拔光了羽毛的鸟是有羽毛的。”这个错误的结论之所以产生，就在于两个前提中所共同使用的概念“鸟”是有歧义的。大前提中的“鸟”是有羽毛的，而在小前提中，则是就被拔光了羽毛这个意义而言的。为了使论题确切、明白，证明者在对论题进行表述时，应尽量选用意义明确的词语，对于一些关键性的概念，往往需要进一步做出明确的界定。

(二) 论题应当保持同一，不得偷换或转移论题

证明的这一规则要求同一证明中的论题只能有一个，而且整个论证应始终围绕其进行，不得改变。违反证明的这一规则将导致“偷换论题”或“转移论题”的逻辑错误。

例如，王蒙的微型小说《雄辩症》：

一位医生向我介绍，他们在门诊中接触了一位雄辩症病人。医生说：“请坐。”

病人说："为什么要坐呢？难道你要剥夺我的不坐权吗？"医生无可奈何，倒了一杯水，说："请喝水吧。"病人说："这样谈问题是片面的，因而是荒谬的，并不是所有的水都能喝。例如，你如果在水里掺上氰化钾，就绝对不能喝。"

医生说："我这里并没有放毒药嘛，你放心！"

病人说："谁说你放了毒药呢？难道我诬告你放了毒药？难道检察院起诉书上说你放了毒药？我没说你放毒药，而你说我说你放了毒药，你这才是放了比毒药还毒的毒药！"

医生毫无办法，便叹了一口气，换了一个话题说："今天天气不错。"

病人说："纯粹胡说八道！你这里天气不错，并不等于全世界在今天都是好天气。例如北极，今天天气就很坏，刮着大风，漫漫长夜，冰山正在撞击……"

医生忍不住反驳说："我们这里并不是北极嘛！"

病人说："但你不应该否认北极的存在。你否认北极的存在，就是歪曲事实真相，就是别有用心。"

医生说："你走吧！"

病人说："你无权命令我走。这里是医院，不是公安机关，你不可能逮捕我，你不可能枪毙我。"

该故事中，病人就犯了"偷换论题"的逻辑错误。

（三）论据应当是已被确认为真的命题

论据是被用来证明论题真实性的命题，论题的真实性要从论据的真实性中推论出来，如果论据自身的真实性未知甚至虚假，则使论题真实性的基础丧失，从而论题无法得到有效证明。

在证明中，如果以虚假的命题作为论据，将导致"虚假理由"的逻辑错误。例如，亚里士多德认为"地球是宇宙的中心，因为日月星辰都是围绕地球转的"。在亚里士多德这个命题中，"因为日月星辰都是围绕地球转的"这一论据是假的。所以，这一论证就犯了"虚假理由"的错误。

在证明过程中，也不能以各种捕风捉影、道听途说的材料或科学假说等真假未定的命题作为论据，否则将导致"预期理由"的逻辑错误。

（四）论据的真实性不应依赖于论题的真实性

在证明过程中，论题的真实性是从论据的真实性中推导出来的，如果论据自身的真实性要靠论题来证明，即意味着论题本身也没有得到论证。违反证明的这一规则将导致"循环论证"的逻辑错误。

例如，鲁迅在《论辩的魂灵》一文中这样揭露了顽固派的诡辩手法："你说谎，卖国贼是说谎的，所以你是卖国贼。我骂卖国贼，所以我是爱国者。爱国者的话是最有价值的，所以我的话是不错的。我的话既然不错，你就是卖国贼无疑了。"

（五）从论据应能推出论题

证明的这一规则要求论证方式必须合乎推理的规则，论据与论题之间具有必然的逻辑联系，从论据能够合乎逻辑地推出论题。违反证明的这一规则将导致"推不出"的逻辑错误，"推不出"的具体表现形式主要有：

（1）推理形式不正确。

例如，有人认为"我学习成绩不好，是由于我运气不好"。然而事实上"学习成绩"

和“运气”两者之间并无必然联系。如果我们把这一错误的证明中包含的推理形式表述出来，那就是：

学习好的人运气都好，
我学习不好，
所以，我运气不好。

不难看出，这一推理违反了三段论的推理规则，犯了“中项不周延”的逻辑错误。这样，即使两个前提都是真的，但由于前提与结论之间无必然联系，结论并不一定真。因而论据虽真，但却证明不了论题的真，这就是证明中的“推不出”的逻辑错误。

（2）论题与论据不相干。

所谓论题与论据不相干，是指论据与论题之间根本不存在逻辑关系，从论据的真实性并不能推出论题的真实性，也即论据与论题风马牛不相及，理由不成其为理由。

例如，昆剧《十五贯》中，无锡知县过于固执，仅凭被害人尤葫芦养女苏戌娟年轻貌美这一点，便判定她是与熊友兰勾搭成奸、谋财杀死养父的凶手。其论断是：“看你艳如桃李，岂能无人勾引？年正青春，岂能冷若冰霜？你与奸夫情投意合，自然要生比翼双飞之意。父亲拦阻，因之杀其父而盗其财，此乃人之常情。”这个推理中论题“苏戌娟杀人”和论据她“年轻貌美”不存在必然的联系，就属于“推不出”的错误。

练习：

1. 分析下列证明的结构，指出其论题、论据和论证形式。

（1）毛泽东同志在《帝国主义和一切反动派都是纸老虎》一文中说：“我说一切所有号称强大的反动派统统不过是纸老虎，原因是他们脱离人民。你看，希特勒是不是纸老虎？希特勒不是被打倒了吗？我也谈到沙皇是纸老虎，中国皇帝是纸老虎，日本帝国主义是纸老虎，你看，都倒了。”

（2）礼让，是中华民族的传统美德。我国自古以来就流传着许多关于让的佳话。例如，“尧舜让位”“王泰让枣”“孔融让梨”“将相和”等不胜枚举。

（3）没有对外开放政策这一着，翻两番困难，因为现在任何国家要发达起来，闭关自守都不可能。我们吃过闭关自守的苦头，我们的老祖宗吃过这个苦头。恐怕明成祖时候，郑和下西洋还算是开放的。明成祖死后，明朝逐渐衰落，以后清朝康乾时代，不能说是开放的，如果从明朝中叶算起，到鸦片战争，有300多年的闭关自守。如果从康熙算起，也有近200年的闭关自守。把中国搞得贫穷落后，愚昧无知。新中国成立以后，第一个五年计划也是对外开放的，只不过是对苏联东欧开放。以后关起门来，没有什么发展。

（4）如果人们滥用DDT，那么它就向周围的地面和大气扩散开。如果它向周围的地面和大气扩散开来，那么它就随雨水降流到江河湖海中。如果它随雨水降流到江河湖海中，那么浮游生物吞噬后就积蓄到体内。如果浮游生物吞食后积蓄到体内，那么吞食浮游生物的鱼类就在体内积蓄较高浓度的DDT。那么长期食用这些鱼类的人体会发生病变（水鸟、海鸟也是如此），所以，如果人们滥用DDT，那么长期食用某些鱼类的人的身体就会发生病变。

（5）一个民族谋求文化的发展，必须具有坚定的民族自信心。如果一个民族丧失了自信心，全盘否定自己的文化传统，只知匍匐于外国文化的影响下，甘心接受人家的“同化”，这势必丧失民族文化的独立性；而丧失了文化的独立性，也将丧失民族的独立性，哪一个真正的中国人愿意丧失掉自己民族的独立性呢？

（6）科学是无禁区的。科学是人们在社会实践基础上对客观世界的日益正确的反映，是关于客观世界及其规律性的知识体系，它随着社会实践的发展而不断发展。因此，凡是社会实践所涉及的客观世界的一切领域，都需要科学去探索它、研究它。自然科学和社会科学，就是人们在对自然和人类社会探索的过程中，不断发展起来的。科学研究如果有禁区，就等于承认客观世界有不许接触、不能探索、不可认识的领域，这就是一种不可知论，就是蒙昧主义。斯大林说得好：“科学所以叫做科学，正是因为它不承认偶像，不怕推翻过时的旧事物，很仔细地倾听实践和经验的呼声。否则，我们就根本不会有科学，譬如说，不会有天文学，而直到现在还会信奉托勒密的陈腐不堪的地心宇宙体系说了；那我们就不会有生物学，而直到现在还会迷信上帝造人的神话了；那我们就不会有化学，而直到现在还会相信炼金术士的预言了。”

（7）巴基斯坦影片《人世间》里的律师曼索尔为主人公拉基雅辩护：如果拉基雅是凶手，那么，她手枪中的五颗子弹最少必有一发打中了她的丈夫，而现在经过现场检查，她手枪中的五发子弹都打在对面的墙上，打在墙上，当然没有打中她丈夫。再有，如果拉基雅是杀死她丈夫的凶手，那么，子弹一定是从正面打进她丈夫的身体的，因为拉基雅是面对面地对她丈夫开的枪。但是，经过法医检查，尸体上的子弹是从背后打进去的。

（8）江北大学还算不上是一个成熟的学校。如果是一个成熟的学校，那么在一批老教授离开自己的工作岗位后，应当有一批年轻的学术人才脱颖而出，勇挑大梁。而江北大学去年一批老教授退休后，大批青年学者纷纷外流，一下子没了学术带头人。

（9）学习新知识，需要勤奋好学、老老实实的好学风。不管做什么事情，都要有一个老老实实的态度。不懂就是不懂，不能装懂。在学习过程中，会出现许多我们不懂的东西。不懂怎么办？承认就是了，承认不懂，才能从不懂变懂；承认不会，才能从不会变会。装，只能使自己永远是外行，永远不懂，永远无知。当然，转化是有条件的。这条件，就是靠做和学。勤勤恳恳地学，老老实实地学，努力使自己从门外汉变成有知识、懂技术、会管理的内行。如果不是这样，而是靠装混日子，长此下去，实践就会将你军，社会就会将你的军，马脚就会越露越多，终将在社会发展过程中落伍。这个危害可就大了。

2. 分析下列论证有何逻辑错误。

（1）俄国作家屠格涅夫的小说《父与子》中，有个青年医生巴扎罗夫，他认为“逻辑是无用的”，并论证道：“逻辑对我们有什么用呢？您肚子饿了的时候，我想，您用不着逻辑帮您把一块面包放进嘴里去吧？”

（2）人类不是由猿猴进化而来的。因为，现在的人没有哪一个不是父母所生的，也没有哪一只猴子变成了人。因此，人类不是由猿猴进化而来的。

(3) 警察:“你为什么开车不系安全带?”

司机:“我以前每次都系安全带的,今天胃不舒服,就没有系。”

(4) 人的本性就是自私,因为动物都有保护自己的天性。

(5) 母亲:“我已经告诉过你准时回来,你怎么又晚回来一小时?”

女儿:“你总喜欢挑我的毛病。”

(6) 有这样一道数学考试题目:“有一个三角形,它的三条边分别为3cm、4cm、5cm。请问,这是个什么三角形?”有考生是这样论证的:从毕达哥拉斯定理得知,凡是直角三角形都是斜边的平方等于其他两边平方之和;这个三角形的斜边平方等于其他两边平方之和;所以,这个三角形是直角三角形。

(7) 假如宇宙是无限的,那么它就不能有一定的中心,但是一切物体都是以地球为中心的。因此,宇宙是有限的。

(8) 他的毛病改不了,因为他已是成年人。俗语说得好,出了窑的砖已经定型了。

(9) 一个人是否应有个人理想?我觉得应该有。因为社会发展到今天,分工越来越细。三百六十行,行行可以出状元。应该允许每个人自由选择职业。人们在选择职业时往往与个人的兴趣爱好有关。有的爱好文艺,立志当歌星、影星;有的爱好体育,志在夺取省级、国家级乃至世界级冠军;有的酷爱科学,幻想在科学上有所发明创造……个人的兴趣爱好往往是一个人追求的重要动力。所以,我认为一个人应该有自己的兴趣爱好。

第二节 反驳

一、反驳及其结构

反驳是运用真实命题来确定某一命题为假或某一论证不能成立的逻辑推演过程。反驳与证明是相辅相成的。“不破不立”,证明是确定某一命题的真实性,从而为“立”;而反驳则是确定某一命题的虚假性,从而为“破”。从一定意义上说,反驳是一种特殊形式的证明。证明与反驳在论证过程中往往是交互使用的,只不过其侧重点不同而已。

与证明的结构一样,反驳也是由三个部分组成的,即反驳的论题、反驳的论据和反驳的方式。

反驳的论题是被确定为假的命题,回答“要反驳什么”的问题。

反驳的论据是用来确定论题虚假性的命题,即反驳的根据和理由,回答“用什么来反驳”的问题。

反驳的方式是反驳过程中所运用的推理形式,回答“怎样反驳”的问题。

反驳的目的在于推翻对方的证明,由于证明是由论题、论据和论证方式三部分组成的,因此,反驳的对象也就无非是上述论题、论据和论证方式。反驳论题就是通过反驳确定对方的论题是虚假的、不能成立的。反驳论据就是通过反驳确定对方的论据是虚假的或是没有得到证明的。反驳论证方式，就是指出对方的论据与论题之间不具有必然的逻辑联系，即对方的论证犯了“推不出”的逻辑错误。

二、反驳的方法

反驳根据其论据与论题联系方式的不同，可以分为直接反驳、间接反驳和归谬法。

（一）直接反驳

直接反驳就是直接用真实命题确定某命题虚假的反驳方法。直接反驳是最主要、最常用的反驳方法。直接反驳常用的论证方式是根据对当关系中的矛盾关系或反对关系进行推理。

美国总统林肯曾经是一位能言善辩的律师。有一天，他获悉自己亡友的儿子小阿姆斯特朗被诬告犯了谋财害命罪。诬告者收买了证人福尔逊，福尔逊发誓说亲眼看到被告开枪打死了被害者。于是林肯就主动担任被告的律师，查阅案卷，勘查现场，确认此案的关键问题在于证人作了伪证，于是在法庭上，作为被告辩护律师的林肯和作为原告证人的福尔逊，进行了一场面对面的对质：

林肯：“你发誓说认清了小阿姆斯特朗？”

福尔逊：“是的。”

林肯：“你在草堆后，小阿姆斯特朗在大树下，两处相距二三十米，能认清吗？”

福尔逊：“看得很清楚，因为月光很亮。”

林肯：“你肯定不是从衣着方面认清的吗？”

福尔逊：“不是的，我肯定认清了他的脸蛋，因为月光正照在他的脸上。”

林肯：“你能肯定时间在十一点吗？”

福尔逊：“充分肯定。因为我回屋看了时钟，那时是十一点一刻。”

林肯问到这里，就转过身，发表了辩护演说：“我要告诉大家，证人福尔逊是个彻头彻尾的骗子，他的证词完全是一派胡言。因为十月十八日那天是上弦，晚上十一点钟月亮已经下山，根本不会有月光。退一步说，也许福尔逊把时间记错了，时间应稍有提前，当时还有月光，但那时的月光应是从西往东照，而大树在西边，草堆在东边，如果小阿姆斯特朗的脸朝着草堆，他就是背着月光的，这样，他的脸上就不可能有月光。”

从逻辑上来说，林肯的这段辩护词就是在对福尔逊的假证词进行直接反驳。

（二）间接反驳

间接反驳就是通过论证与被反驳的命题有矛盾关系或反对关系的命题的真实性，从而确定被反驳的命题为假的反驳方法。这是由于具有矛盾关系或反对关系的命题是不能同真的，因而只要能够证明某一论题为真，则和它相矛盾或相对立的论题都只能是虚假的。

间接反驳的基本步骤为：第一，设定与被反驳的论题相矛盾或相对立的论题；第二，通过推理证明反论题为真；第三，根据矛盾律推出被反驳的论题为假。

反驳过程可表示如下：

被反驳的论题：p

反论题：非 p

证明：非 p 真

所以，p 假

(三) 归谬法

归谬法是指从被反驳的论题推出明显的荒谬结论，进而由否定错误的结论推出被反驳的论题虚假的反驳方法。

归谬法的基本步骤为：首先，假设被反驳的论题为真，并以其作为假言命题的前件，从而推出后件，构成一个充分条件的假言命题；然后，由这一假言命题的后件明显荒谬否定假言命题的后件，进而根据充分条件假言推理否定后件式（充分条件后假言命题可以通过否定后件否定前件），最终达到反驳的目的。正是因为归谬法的这一特性，它也被称为“以退为进，引入荒谬”的反驳方法。东汉的唯物主义思想家王充在反驳“人死后会变鬼”时写了这样一段话：“天地开辟，人皇以来，随寿而死。若中年夭亡，以亿万数。计今人之数不若死者多，如人死辄为鬼，则道路之上，一步一鬼也。”就是说，从古至今，死人极多，活人不如死人多。如果人死后会变鬼，那么满街满巷尽是鬼了。这样，人们在街上每走一步都会碰上鬼。但是事实上并非如此，所以人死后会变鬼是错误的。在这里，王充正是用归谬法反驳的。

归谬法的反驳过程可表示如下：

被反驳的论题：p

假设：p 真

证明：如果 p，那么 q

非 q

所以，并非 p 真

所以，p 假

直接反驳、间接反驳和归谬法不仅适用于反驳论题，也适用于反驳论据。同时，由于反驳实际上是一种特殊的论证，因此，论证的全部规则都适用于反驳。

练习：

1. 分析下列反驳的结构，指出其中被反驳的论题的反驳方法。

(1) 短文章就没有分量？那不见得，文章不在长短，要看内容如何。内容有分量，尽管文章短小也是有分量的；如果内容没有分量，即使文章写得像万里长城那样长，但还是没有分量。所以不能用量压人，要讲求质。黄金只有一点点，但还是有分量的；牛粪虽然一大堆，分量却不见得有多重。说短文章没有分量是不切实际的。中国古代就有许多短文章，如《论语》《道德经》等。《论语》中有不少好的东西，就是《道德经》在那个历史时代也有它突出的地方。“三个臭皮匠，赛过诸葛亮”这样的话就很好。这十个字抵得过一大篇文章，类似的例子很多。

(2) 某被告的辩护人说：“被告在犯罪前工作积极，曾荣立三等功，希望法庭在量刑时考虑这一点，对被告从轻处罚或免于处罚。”公诉人答辩说：“赏罚分明，是我们党的一贯政策。功归功，过归过，一个人立功只能说明他的过去，不能说明他的现在，更不能拿过去立功抵消现在之过……如果过去立过功，今天就可以胡作非为，且可以从轻或免于处罚，怎么能够体现社会主义国家法律的严肃性呢？”

(3) 有人慨叹曰：中国人失掉自信力了……我们有并不失掉自信力的中国人在。我们从古以来，就有埋头苦干的人，有拼命硬干的人，有为民请命的人，有舍身求法的人……虽是等于为帝王将相作家谱的所谓“正史”，也往往掩不住他们的光耀，这就是中国的脊梁。这一类的人们，就是现在也何尝少呢？他们有确信、不自欺；他们在前仆后继的战斗，不过一面总在被摧残，被抹杀，消灭于黑暗中，不能为大家所知道罢了。说中国人失掉了自信力，用以指一部分人则可，倘若加于全体，那简直是诬蔑。

(4) 有人认为，中国的民族文化遗产完全是文化垃圾，是前进的包袱，“早该后继无人”。这种极端错误的偏颇之论，每一个正直的中国人都是无法接受的。诚然，在中国文化传统中，毫无疑问地含有一些明显落后可憎的东西……但是中国传统文化中也有一些精湛的光辉的内容，确实存在着值得弘扬的优秀成分。例如中国医学，其理论虽然深奥难懂，但疗效却非常显著；中国的绘画独具特色，为西方人所珍爱；中国的园林艺术亦受到西方人士的赞扬；中国的烹调更是为各国人民所欣赏。这些都是显而易见的。

(5) 倘若说，作品愈高，知音愈少。那么，推论起来，谁也不懂的东西，就是世界上的绝作了。

(6)“还是杂文时代，还要鲁迅笔法。”鲁迅处在黑暗势力统治下面，没有言论自由，所以用冷嘲热讽的杂文形式作战，鲁迅是完全正确的。我们也需要尖锐地嘲笑法西斯主义、中国的反动派和一切危害人民的事物，但在给革命文艺家以充分民主自由、仅仅不给反革命分子以民主自由的陕甘宁边区和敌后的各抗日根据地，杂文形式就不应该简单地和鲁迅的一样。我们可以大声疾呼，而不要隐晦曲折，使人民大众不易看懂。如果不是对于人民的敌人，而是对于人民自己，那末，“杂文时代”的鲁迅，也不曾嘲笑和攻击革命人民和革命政党，杂文的写法也和对于敌人的完全两样。对于人民的缺点是需要批评的，我们在前面已经说过了，但必须是真正站在人民的立场上，用保护人民、教育人民的满腔热情来说话。如果把同志当作敌人来对待，就是使自己站在敌人的立场上去了。我们是否废除讽刺？不是的，讽刺是永远需要的。

(7) 1961 年，一个西方的记者以挑衅性的口吻问周总理：中国人口这么多，是否对别国有扩张领土的要求？周总理反驳说：“你似乎认为一个国家向外扩张，是由于人口过多。我们不同意这种看法。英国的人口在第一次世界大战以前是四千五百万，不算太多，但是，英国在很长的时期内曾经是‘日不落’的殖民帝国。美国的面积略小于中国，而美国的人口还不到中国人口的三分之一，但是美国的军事基地遍于全球，美国的海外驻军达一百五十万人。中国人口虽多，但是没有一兵一卒驻在外国的领土上，更没有在外国建立一个军事基地。可见一个国家是否向外扩张，并不决定于它的人口多少。”

(8) 形而上学认为“绝对静止是物质的本质属性。”这种观点是不正确的。辩证唯物主义认为，运动才是物质的根本属性。物质是运动的物质，绝对静止、脱离运动的物质是没有的。从日、月、星系的宏观世界到分子、原子、微观粒子的微观世界，从没有生命的无机界到有生命的有机界，一直到人类社会，都处在永恒的变化之中，世界上没有绝对不动、凝固不变的东西。

2. 分析下列反驳有何逻辑错误。

(1) 听了韩素音的报告才知道，她原来是个医生。看来知名的作家开始都是学医的。你看契诃夫原来是个医生，柯南·道尔、鲁迅、郭沫若都学过医。

(2) 鲁迅先生在《论辩的魂灵》一文中揭露了反动派的诡辩手法，指出，按照反动派的说法："卖国贼是说谎的，所以你是卖国贼。我骂卖国贼，所以我是爱国者。爱国者的话是最有价值的，所以我的话是不错的，我的话既然不错，你就是卖国贼无疑了!"

(3) 小明的话是不会错的，因为据说他是听他父亲说的，而他父亲是一个治学严谨、造诣深厚的哲学家。

(4) 宋人有耕者，田中有株，兔走触株，折颈而死，因释其耒而守株，冀复得兔，兔不可复得，而身为宋国笑。

(5) 范景仁不信佛，苏轼问其原因。

范景仁："平生事非目见即不信。"

苏东坡："公亦安能然哉，设公有疾，令医切脉，医曰'寒'，则服热药，曰'热'，则服寒药。公何尝见脉而后信之?"

(6) 一个药剂师走进书店，从书架上拿下一本书，问书店老板："这本书有趣吗?"老板说："不知道，没读过。"药剂师说："你怎么卖你没有读过的书?"老板反问："难道你能把你药房里的药也都尝一遍吗?"

(7) 在一次国际会议上，某西方记者针对我国大使提出的"要坚持会议协商一致的原则"之观点进行反驳。他说："这是不对的。一个家庭有一个家长，在家庭发生纠纷的时候，需要家长来进行裁决，国际问题也是一样，出现了纠纷，也需要大国出来仲裁。如果什么问题都要坚持协商一致的原则，那么，什么问题也不能解决。"

(8) 某高校即将举行春季运动会，学校网站挂出了一个通知，本校全体师生员工必须参加运动会的开幕式。对此，大三的学生小明反对：我们学校的运动会是一个学校的运动会，如果一个学校的运动会要一个学校的全体人员参加开幕式，那么，奥林匹克运动会是全世界的运动会，就该让全世界的所有的人都参加开幕式，而这是不可能的，因此，我们学校全体师生员工都参加开幕式也是不必要的。

综合拓展题

1. 人类学家发现早在旧石器时代，人类就有了死后复生的信念。在发掘出的那个时代的古墓中，死者的身边有衣服、饰物和武器等陪葬物，这是最早的关于人类具有死后复生信念的证据。

以下哪项，是上述议论所假定的？(　　)

A. 死者身边的陪葬物是死者生前所使用过的

B. 死后复生是大多数宗教信仰的核心信念

C. 宗教信仰是大多数古代文明社会的特征

D. 陪葬物是为了死者在复生后使用而准备的

2. 1908 年，清朝 3 岁的宣统皇帝继位，接受文武百官的朝贺，钟鼓齐鸣，三呼万岁，把宣统皇帝吓得直哭。抱着宣统皇帝的摄政王安慰他说："快完了，快完了。"后来，清王朝于 1911 年被辛亥革命推翻。清朝的遗老遗少怪罪摄政王说，就是他在登基大典上说"快完了"，所以把大清朝的江山给葬送了。

   以下的哪一项与清朝的遗老遗少的说法相似？（　　）

   A. 这个码头坍塌，固然与建筑的质量有关，但与今年潮水过大也有一定的关系

   B. 这座大桥被冲垮了，完全是由于百年未遇的洪水的缘故

   C. 兴达公司如此兴旺发达，完全是因为这个公司的名字取得好

   D. 暂时没有攻克这个难关，是由于我们掌握的资料还不完全

3. 在对 6 岁儿童所做的小学入学前综合能力测试中，全天上甲学前班达 9 个月的儿童平均得分 58 分，只在上午上甲学前班达 9 个月的平均得分 52 分，只在下午上甲学前班达 9 个月的平均得分 51 分；全天上乙学前班达 9 个月的平均得分 54 分；而那些来自低收入家庭且没有上过学前班的 6 岁儿童，在同样的小学入学前综合能力测试中平均得分 32 分。在统计学上，32 分与上述其他分数之间的差距有重要的意义。

   从上面给定的数据，可以最合理地得出下面哪个假设性结论？（　　）

   A. 得 50 分以上的儿童可以上小学

   B. 要做出一个合乎情理的假设，还需要做更多的测试

   C. 应该给 6 岁以下儿童上学前班提供更多的经费支持

   D. 是否上过学前班与小学入学前的综合能力之间有相关性

4. 全国政协常委、著名社会学家、法律专家钟万春教授认为：我们应当制定全国性的政策，用立法的方式规定父母每日与未成年子女共处的时间下限，这样的法律能够减少子女平日的压力。因此，这样的法律也就能够使家庭幸福。

   以下各项如果为真，哪项最能够加强上述的推论？（　　）

   A. 父母有责任抚养好自己的孩子，这是社会对每一个公民的起码要求

   B. 大部分孩子平常都能够与父母经常地在一起

   C. 这项政策的目标是降低孩子们在平日生活中的压力

   D. 未成年孩子较高的压力水平是成长过程以及长大后家庭幸福很大的障碍

5. 在反映战国到秦朝这一时期的电影《英雄》和《刺秦》中，许多骑马打仗的镜头不符合历史的真实情况。今天看到的秦兵马俑，绝大多数战马是没有马鞍的，有马鞍的战马一律没有马镫。没有马镫，士兵在马背上就待不住，也使不上劲，所以当时的骑兵没法在马上打仗。

   以下哪一个选项是上述论证所依赖的假设？（　　）

   A. 秦时的陪葬品能够反映当时社会的真实情况

   B. 秦时的骑兵骑着马冲到敌人跟前，然后翻身下马与敌人打仗

   C. 在唐代雕刻的昭陵六骏浮雕上，每匹骏马的身上都有马鞍和马镫

   D. 在历史上，马镫是一件可以彻底释放士兵战斗力的重要军事装备

6. 孔子非常懂得饮食和养生的道理，《论语·乡党》就列出了很多"食"和"不食"的主张，比如"不时不食"，意思是说不要吃反季节蔬菜。

   以下哪项陈述是上述解释所必须依赖的假设？（　　）

A. 孔子在饮食方面的要求很高
B. 饮食不仅滋养人的身体，还塑造人的心灵
C. 我们可以选择吃当季蔬菜，还是吃反季节蔬菜
D. 孔子生活的时代既有当季蔬菜，也有反季节蔬菜

7. 近20年来，美国女性神职人员的数量增加了两倍多，越来越多的女性加入牧师的行列。与此同时，允许妇女担任神职人员的宗教团体的教徒数量却大大减少，而不允许妇女担任神职人员的宗教团体的教徒数量则显著增加。为了减少教徒的流失，宗教团体应当排斥女性神职人员。
如果以下陈述为真，哪一项将最有力地强化上述论证？（ ）
A. 宗教团体的教徒数量多不能说明这种宗教握有真经，所以较大的宗教在刚开始时教徒数量都很少
B. 调查显示，77%的教徒说他们需要到教堂净化心灵，而女性牧师在布道时却只谈社会福利问题
C. 女性牧师面临的最大压力是神职和家庭的兼顾，有56%的女性牧师说，即使有朋友帮助，也难以消除她们的忧郁情绪
D. 在允许女性担任神职人员的宗教组织中，女性牧师很少独立主持较大的礼拜活动。

8. 政府应该不允许烟草公司在其营业收入中扣除广告费用。这样的话，烟草公司将会缴纳更多的税金。它们只好提高自己的产品价格，而产品价格的提高正好可以起到减少烟草购买的作用。
以下哪个选项是上述论点的前提？（ ）
A. 烟草公司不可能降低其他方面的成本来抵消多缴的税金
B. 如果它们需要付高额的税金，烟草公司将不再继续做广告
C. 如果烟草公司不做广告，香烟的销售量将受到很大影响
D. 烟草公司由此所增加的税金应该等于价格上涨所增加的盈利

9. 某商场失窃，涉嫌职员被询问。公安局办案人员的第一个问题是："看你以后还敢不敢再偷？"
上述提问方式和下列哪项最为类似？（ ）
A. "文化大革命"中，在一次批斗会上，造反派质问被批斗的老干部："你以后还敢不敢再走资本主义道路了？"
B. 李斯花了一大笔钱去某地游玩，结果大失所望，王武幸灾乐祸，问李斯："以后还去吗？"
C. 张山酒后驾车，结果翻车住院，还被罚了款，张山的爱人又气又急，问："你以后还敢酒后驾车吗？"
D. 某歌舞厅因提供色情服务被查封，半年后复业，执法人员问老板："你以后还敢不敢再犯？"

10. 清朝雍正年间，市面流通的铸币，其金属构成是铜六铅四，即六成为铜，四成为铅。不少商人出于私利，纷纷融币取铜，使得市面的铸币产生匮乏，不少地方出现以物易物现象。但朝廷征于市民的赋税，须以铸币缴纳，不得代以实物或银子。市民只得以银子向官吏购兑铸币用以纳税，不少官吏因此大发了一笔。这种情况，雍正之前的明

清两朝历代从未出现过。

从以上陈述可推出以下哪些结论？（　　）

Ⅰ. 上述铸币中所含铜的价值要高于该铸币的面值。

Ⅱ. 上述用银子购兑铸币的交易中，不少并不按朝廷规定的比价成交。

Ⅲ. 雍正以前明清两朝，铸币的铜含量均在六成以下。

A. Ⅰ、Ⅱ和Ⅲ　　B. Ⅱ和Ⅲ　　C. Ⅰ和Ⅲ　　D. Ⅰ和Ⅱ

11. 只要待在学术界，小说家就不能变伟大。学院生活的磨炼所积累起来的观察和分析能力对小说家非常有用。但是，只有沉浸在日常生活中，才能靠直觉把握生活的种种情感，而学院生活显然与之不相容。

以下哪项陈述是上述论证所依赖的假设？（　　）

A. 伟大的小说家都有观察和分析能力

B. 对日常生活中情感的把握不可能只通过观察和分析来获得

C. 没有对日常生活中情感的直觉把握，小说家就不能成就其伟大

D. 伴随着对生活的投入和理智的观察，会使小说家变得伟大

12. 帕金森病是一种严重危害大脑的疾病。那些在体内不能生成细胞色素 P405 的人，和那些体内能生成这种细胞色素的人相比，在他们进入中老年后，患帕金森病的可能性要大三倍。因为细胞色素 P405 具有使大脑免受有毒化学物质侵害的功能，所以有害化学物质很可能是造成帕金森病的重要原因。

以下哪项如果为真，最能加强上述论证？（　　）

A. 人类很快就能人工合成细胞色素 P405，并把它用于治疗因体内不能生成这种细胞色素而导致的疾病

B. 那些体内无法生成细胞色素 P405 的人，往往同时无法生成其他多种人体有用物质

C. 细胞色素 P405 除了能使大脑免受有毒化学物质侵害之外，对大脑没有其他影响

D. 多巴胺是一种在大脑中自然生成的化学物质，当对帕金森氏病患者使用多巴胺进行治疗时，他们的症状大都明显缓解

本章小结

本章我们学习了证明和反驳的方法和规则。需要指出的是，虽然实践检验在确定某一论断的真实性方面也具有相当重要的作用，而且往往与逻辑论证交织在一起，但实践检验不能代替逻辑论证。一方面，不仅科学命题的提出是一个逻辑的推演过程，而且已被实践检验的某种认识也只有借助于逻辑论证才能完成由实践到理论的过渡。另一方面，逻辑论证还是人们获取新知识的重要手段，人们可以在已有知识的基础上通过论证获得新知识。此外，科学知识的传播也往往需要逻辑论证。

参考文献

1. 欧文·M. 柯匹，卡尔·科恩. 逻辑学导论. 张建军，潘天群，等译. 北京：中国人民大学出版社，2007.

2. 苏珊·哈克. 逻辑哲学. 罗毅，译. 2版. 北京：商务印书馆，2003.

3. 陈波. 逻辑学导论. 北京：中国人民大学出版社，2006.

4. 郭桥，资建民. 大学逻辑导论. 北京：人民出版社，2003.

5. 吴家国. 普通逻辑原理. 北京：高等教育出版社，2000.

6. 何向东. 逻辑学教程. 2版. 北京：高等教育出版社，2004.

7. 宋文坚. 逻辑学. 北京：人民出版社，1998.

8. 王宪钧. 数理逻辑引论. 北京：北京大学出版社，1998.

9. 中国人民大学哲学系逻辑教研室. 逻辑学. 北京：中国人民大学出版社，2002.

10. 金岳霖. 形式逻辑. 2版. 北京：人民出版社，2006.

图书在版编目（CIP）数据

逻辑学教程/赵颖主编．—2版．—北京：中国人民大学出版社，2019.8
ISBN 978-7-300-27184-2

Ⅰ.①逻… Ⅱ.①赵… Ⅲ.①逻辑学-教材 Ⅳ.①B81

中国版本图书馆CIP数据核字（2019）第161681号

逻辑学教程（第二版）
主编 赵 颖
Luojixue Jiaocheng

出版发行	中国人民大学出版社		
社　　址	北京中关村大街31号	**邮政编码**	100080
电　　话	010－62511242（总编室）		010－62511770（质管部）
	010－82501766（邮购部）		010－62514148（门市部）
	010－62515195（发行公司）		010－62515275（盗版举报）
网　　址	http://www.crup.com.cn		
经　　销	新华书店		
印　　刷	中煤（北京）印务有限公司	**版　　次**	2014年1月第1版
规　　格	185 mm×260 mm　16开本		2019年8月第2版
印　　张	12.5	**印　　次**	2022年1月第2次印刷
字　　数	296 000	**定　　价**	32.00元